中国对东盟直接投资的贸易效应研究

支宇鹏 ◎著

中国书籍出版社
China Book Press

图书在版编目 (CIP) 数据

中国对东盟直接投资的贸易效应研究 / 支宇鹏著 . -- 北京：中国书籍出版社，2023.11
ISBN 978-7-5068-9665-8

Ⅰ.①中… Ⅱ.①支… Ⅲ.①对外投资 – 直接投资 – 研究 – 中国②东南亚国家联盟 – 外商投资 – 直接投资 – 研究 Ⅳ.① F832.6 ② F833.304.8

中国国家版本馆 CIP 数据核字（2023）第 229021 号

中国对东盟直接投资的贸易效应研究

支宇鹏　著

丛书策划	谭　鹏　武　斌
责任编辑	李国永
责任印制	孙马飞　马　芝
封面设计	博健文化
出版发行	中国书籍出版社
地　　址	北京市丰台区三路居路 97 号（邮编：100073）
电　　话	（010）52257143（总编室）　（010）52257140（发行部）
电子邮箱	eo@chinabp.com.cn
经　　销	全国新华书店
印　　厂	三河市德贤弘印务有限公司
开　　本	710 毫米 ×1000 毫米 1/16
字　　数	265 千字
印　　张	16.75
版　　次	2024 年 1 月第 1 版
印　　次	2024 年 1 月第 1 次印刷
书　　号	ISBN 978-7-5068-9665-8
定　　价	98.00 元

版权所有　翻印必究

目 录

第1章 绪论 ……………………………………………………… 1
  1.1 研究背景 ……………………………………………………… 1
  1.2 研究目的与意义 ……………………………………………… 3
  1.3 研究内容及框架 ……………………………………………… 6
  1.4 研究方法与技术路线 ………………………………………… 8
  1.5 创新与不足 …………………………………………………… 11

第2章 主要概念与文献综述 …………………………………… 13
  2.1 主要概念 ……………………………………………………… 13
  2.2 文献综述 ……………………………………………………… 19

第3章 直接投资贸易效应的理论分析框架 …………………… 39
  3.1 直接投资贸易效应的理论基础 ……………………………… 39
  3.2 直接投资贸易效应的理论机制：产业结构与生产效率
     视角 ……………………………………………………………… 49
  3.3 直接投资贸易效应的理论拓展：外部因素的调节效应
     视角 ……………………………………………………………… 55
  3.4 本章小结 ……………………………………………………… 59

第4章 中国对东盟直接投资贸易效应的现实考察 …………… 62
  4.1 中国与东盟经贸关系的发展历程 …………………………… 62
  4.2 中国对东盟直接投资发展情况 ……………………………… 66
  4.3 中国对东盟直接投资贸易效应的分析 ……………………… 75
  4.4 中国对东盟直接投资贸易效应存在的主要问题 …………… 91
  4.5 本章小结 ……………………………………………………… 97

第 5 章　直接投资对双边贸易的直接效应实证分析 …………… 98
　5.1　直接投资对进出口贸易的效应分析 ………………………… 98
　5.2　规模视角：中国对东盟直接投资贸易效应分析 …………… 104
　5.3　结构视角：中国对东盟直接投资贸易效应分析 …………… 116
　5.4　国别视角：中国对东盟直接投资贸易效应分析 …………… 133
　5.5　本章小结 ……………………………………………………… 141

第 6 章　直接投资与双边贸易：间接效应和调节效应视角 …… 143
　6.1　直接投资与双边贸易：间接效应视角 ……………………… 143
　6.2　直接投资与双边贸易：调节效应视角 ……………………… 153
　6.3　本章小结 ……………………………………………………… 167

第 7 章　中国与东盟投资贸易发展的潜力分析 ………………… 169
　7.1　基于随机前沿引力模型的分析 ……………………………… 170
　7.2　变量选取及数据说明 ………………………………………… 174
　7.3　实证检验与分析 ……………………………………………… 177
　7.4　贸易效率与贸易潜力测算 …………………………………… 185
　7.5　本章小结 ……………………………………………………… 195

第 8 章　政策建议 …………………………………………………… 196
　8.1　推进中国对东盟直接投资转型 ……………………………… 197
　8.2　优化中国对东盟直接投资方式 ……………………………… 206
　8.3　加强政策与投资环境支持建设 ……………………………… 216

第 9 章　主要研究结论与展望 …………………………………… 225
　9.1　研究结论 ……………………………………………………… 225
　9.2　研究展望 ……………………………………………………… 227

参考文献 ……………………………………………………………… 229

附图 …………………………………………………………………… 255

第1章 绪 论

1.1 研究背景

中国和东盟建立对话关系 30 多年以来,双边经贸关系和区域经济合作全面发展。中国与东盟国家间经贸发展呈现迅猛增长的态势,尤其是中国—东盟自由贸易区建设开启后保持稳步增长的趋势。2002 年,中国与东盟国家签署了《中国与东盟全面经济合作框架协议》,启动中国自由贸易区建设(CAFTA),逐步实现货物和服务贸易自由化。2002 年,中国与东盟国家双边贸易额为 545.05 亿美元,其中对东盟国家的进口贸易额为 311.72 亿美元。2020 年,中国与东盟双边贸易额达到 6750.36 亿美元,出口贸易额为 3756.62 亿美元,进口贸易额为 2993.74 亿美元。2002 年至 2020 年间,中国对东盟国家出口贸易额平均年增幅达 14.2%,而双边贸易总额平均年增幅达 15.8%,在中国对外贸易总额的比重从 8.7% 上升为 14.5%。2020 年,在新冠病毒疫情的冲击下,中国与东盟国家的双边贸易额不降反增,进出口贸易额高达 6846 亿美元,较 2019 年同比增长 6.7%,这也充分凸显了中国—东盟经贸关系的强大韧性和强劲动力。

贸易合作是直接投资的先导,为双边直接投资的发展奠定了初始基础,而双边贸易的进一步深入发展与直接投资的持续增加有直接关系。2003 年以来,中国企业主动开展对外投资合作,对东盟国家直接投资的流量和存量均呈现上升趋势。从直接投资流量方面来看,2020 年中国对东盟国家直接投资流量为 160 亿美元,中国对东盟全行业直接投资增长了 52.1%,其中排前三位的为新加坡(66.3 亿美元)、印尼(19.8 亿美元)、越南(13.8 亿美元),投资同比增速排前三位的是文莱(增长 182.8%)、菲律宾(增长 132.1%)、新加坡(增长 104.7%)。从中国对东盟直接投资存量上看,2003年中国对东盟国家的直接投资额仅为5.8亿美元,占同年中国对外直接投资存量的比重不足2%。2011年,中国对东盟直接投资出现"井喷式"增长,直接投资存量从2010年143亿美元增长至214.6亿美元,较2010年增长50.1%。"一带一路"倡议提出后,中国对东盟直接投资存量再次迅猛增长。在新型冠状病毒疫情冲击下,中国对东盟投资增量资金大幅度上升,其中直接投资存量额增长至1276亿美元,同比增长16.21%。2020年东盟国家的整体外来投资下降,而中国对东盟全行业直接投资大幅增长,充分体现了中国—东盟经贸互补性、活力强的特征。中国企业积极开展在东盟国家的投资布局,充分利用东盟国家在劳动力、自然资源等方面的比较优势,构建符合自身需求的区域产业分工网络,将优质富余产能转移到东盟国家,有效提升了中国与东盟国家的产业内和产业间贸易发展的质量。

当前,经贸摩擦、新冠病毒疫情与众多区域贸易协定安排相互交织,新一轮信息技术革命带来了产业形态、生产方式和消费方式的巨大变革,导致全球价值链朝着碎片化、分散化的方向发展[1],而产业链、供应链也出现了区域化和本土化的发展态势。虽然中国与东盟不断提升合作共赢的意愿和动力,使得中国与东盟国家的贸易得到进一步发展,但仍存在着一系列制约直接投资贸易效应的因素。比如中国对东盟直接投资的产业结构存在明显失衡,企业的直接投资主要集中在制造业等领域的低附加值环节,忽视了对高新技术、数字经济、绿色经济等领域的直接投资布局,且直接投资活动的政策支持与保障措施不健全,较易受到国际市场需求波动和双边政治、制度环境等因素的制约,导致中国与东盟共同面临产业链、供应链和价值链领域的挑战,直接投资的贸易促进效应停留在较低水平。当然,中国同东盟各国全方位合作持续深化,双边也面临新的发展机遇。区域全面经济伙伴关系协定(RCEP)、中国—东盟自贸区3.0建设为双方合作注入了新的发展动力,可以有效推进直接投资和要素流动的自由化和便利化,畅通区域产业链和供应链的梗阻,更好地联通国内国际两个市场、优化配置资源,进一步促进双边贸易的高质量发展。在这种新的时代背景下,中国加强对东盟国家的直接投资,充分利用对外直接投资的价值链构建效应,改变被动融入的传统发

---

[1] 卢潇潇,梁颖."一带一路"基础设施建设与全球价值链重构[J].中国经济问题,2020(01):11-26.

展模式和路径[①],优化区域产业分工,构建和巩固中国—东盟区域产业链、供应链和价值链体系,以进一步提升中国与东盟国家产业内和产业间贸易发展的质量,并在全球经济复苏中扮演非常重要的角色。这不仅符合中国—东盟自由贸易区 3.0 版的建设需求,也有助于打造更高水平的中国—东盟战略伙伴关系,推动构建更为紧密的中国—东盟命运共同体。

国际贸易和国际投资是经济全球化的主要路径,在新形势下国际贸易与对外直接投资之间的关系引起学术界的高度重视,全球产业链"切片化"的产业演变模式赋予了发展中国家对外直接投资对其贸易发展新的意义[②]。中国与东盟国家山水相连、文化相通、血脉相亲,且彼此互为第一大贸易伙伴。我们不禁需要思考,在新的时代背景和发展机遇下,能否继续推进直接投资,以促进双边贸易高质量发展?这种直接投资贸易效应的内在作用渠道和外部影响因素是什么?中国对东盟国家直接投资促进双边贸易发展潜力有多大?沿着这一思路,我们从出口、进口和进出口贸易三个方面,从贸易规模、贸易结构和国别差异三个维度考察中国对东盟直接投资的贸易效应,从产业结构、生产效率、双边政治关系、文化认同和制度距离等角度分析中国对东盟直接投资贸易效应的内在作用渠道和外部调节因素,从贸易发展潜力角度考察投资贸易的发展空间,为中国与东盟国家双边贸易高质量发展提供政策参考。

1.2 研究目的与意义

1.2.1 研究目的

在新型冠状病毒疫情冲击、贸易保护主义抬头的背景下,经济发展和产业结构转型面临着诸多不确定性。2020 年 4 月,习近平总书记提

[①] 古柳,宋婕."一带一路"背景下中国对外直接投资的价值链构建效应[J]. 国际经贸探索,2020,36(11):99-114.

[②] 强永昌,胡迪锋. 发展中国家对外直接投资贸易效应研究[C]."中国与世界区域经济开放与发展"全国学术研讨会,2007.

出要构建以国内大循环为主体、国内国际双循环相互促进的新发展格局。这就要求我们在刺激国内需求,提高国内经济的弹性和韧性的同时,继续加大对外直接投资力度,稳定国际贸易,重塑国际合作和竞争新优势,在变局中实现经济高质量发展。现阶段,东盟国家与中国互为第一大贸易伙伴,区域经贸关系日益密切,产业结构存在较强的互补性,这为区域产业结构布局与重构提供了空间,中国与东盟国家具备共建区域产业链和价值链的基础。后疫情时代,贸易关系的深入发展是双边关系持续健康运行的"稳定器"和"压舱石",有利于稳固和平与发展的大局。本书立足于传统理论和现实发展实际,梳理中国对东盟直接投资贸易效应中存在的问题,深入探究中国对东盟直接投资与双边贸易的联系强度、间接效应以及外部因素的调节效应,提出具有针对性、可行性的政策建议,以期为更好地发挥直接投资的作用,构建中国—东盟区域产业链、价值链和供应链,促进双边贸易高质量发展提供政策和实践支撑。

1.2.2 理论意义

作为全球最大的发展中国家,中国对外直接投资不仅向发达国家(如美国、澳大利亚等)和发达经济体(如欧盟)流动,也更多地向新兴市场国家或地区(如东盟)流动聚集,这一新现象超越了传统理论对国际资本流动的认知,学术界仍缺乏对中国直接投资贸易效应的理论模型基础的研究。同时,对外投资和国际贸易是国际分工的两种基本途径,以直接投资为先导构建区域产业链、供应链和价值链,提高产业内国际分工水平,增强中国与东盟国家之间贸易互补性,进一步激发双边贸易高质量发展的潜力。此外,区域产业链、供应链和价值链的建立可以进一步保障中国与东盟双边贸易发展。因此,研究中国对东盟直接投资与双边贸易之间的关系、间接效应和外部因素的调节效应,有利于补充和完善二者的理论基础,丰富国际投资和国际分工理论的内涵,为进一步推进东盟研究奠定坚实的理论基础。

1.2.3 现实意义

在中国—东盟关系中,政治经济互动并交替发挥主导作用的好处日

第 1 章 绪论

益明显,经济合作的开展已经很大程度上加深了双边关系的依存度,为双边的政治互信奠定了基础[1]。然而,随着中国—东盟自由贸易区的全面建成,由关税减让引发的贸易扩大效应正在逐步弱化,这就迫切需要采取新的方式进一步挖掘中国与东盟国家的贸易潜力。同时,经贸摩擦、新冠肺炎疫情与一系列区域贸易协定安排相互交织,新一轮信息技术革命带来了产业形态、生产方式和消费方式的巨大变革,导致全球价值链朝着碎片化、分散化的方向发展[2]。同时,美国、日本等国家出台政策措施鼓励产业链回流,使得全球产业链出现区域化、本土化的收缩趋势[3],进而形成东亚、北美、欧洲三大产业链中心和区域性生产网络。在全球价值链网络条件下,发达国家以跨国公司为核心牢牢掌控全球产业链、供应链和价值链的主导权,为维持其价值链高阶地位或获取垄断利润,利用其核心能力来约束发展中经济体的知识创造和企业能力提升,以阻碍发展中经济体向价值链高端环节攀升发展[4][5]。全球价值链的治理结构和利益分配格局已不能适应国际经济格局的调整和变化,长期处于价值链低端和"微笑曲线"底部的发展中经济体及企业迫切需要围绕全球产业链高端环节进行转型升级,重构全球要素配置方式和生产体系[6]。新冠病毒疫情的发生揭示了全球价值链过长引发的产业链和供应链的脆弱性。东盟是中国推进"一带一路"倡议和开展国际产能合作的重点区域,也是中国不可或缺的贸易伙伴。因此,推进中国与东盟双边贸易发展,继续巩固和深化中国与东盟经贸合作,维护中国在这一地区的核心利益,是当前迫切需要思考和解决的重大问题。

中国和东盟国家双边经贸保持频繁和密切的发展趋势,在推进区域

---

[1] 梁颖. 中国—东盟政治经济互动及机制研究[M]. 北京:人民出版社,2016.
[2] 卢潇潇,梁颖. "一带一路"基础设施建设与全球价值链重构[J]. 中国经济问题,2020(01):11-26.
[3] 牛志伟,邹昭晞,卫平东. 全球价值链的发展变化与中国产业国内国际双循环战略选择[J]. 改革,2020(12):28-47.
[4] 刘志彪,郑江淮. 价值链上的中国:长三角选择性开放新战略[M]. 北京:中国人民大学出版社,2012.
[5] 张慧明,蔡银寅. 中国制造业如何走出"低端锁定"——基于面板数据的实证研究[J]. 国际经贸探索,2015,31(01):52-65.
[6] 毛蕴诗,王婕,郑奇志. 重构全球价值链:中国管理研究的前沿领域——基于 SSCI 和 CSSCI(2002—2015 年)的文献研究[J]. 学术研究,2015(11):85-93+160.

产业链与价值链构建上具有共同意愿和战略诉求[①],价值链分工中的技术差异、优势产业之间较强的互补性为双边构建区域产业链和价值链奠定了坚实的基础。对外直接投资可以促进投资国经济结构调整,绕开国际贸易壁垒,推进国际产能合作,推动全球价值链重构[②],使区域国家间实现资源整合、优势互补,形成相对完善的产业链和供应链,激发中国与东盟国家贸易发展潜力,形成国家间互利共赢的发展格局。同时,为更好地构建"双循环"发展格局,要求进一步发挥对外直接投资的先导作用,充分利用邻近市场和资源优势,加快构建区域产业链、供应链和价值链,实现中国与东盟国家贸易结构互补。在此基础上研究中国对东盟直接投资与双边贸易之间的关系、间接效应和外部因素的调节效应,不仅有利于推动区域产业链、供应链和价值链的构建,完善区域性产业分工网络,同时也能为后疫情时期中国与东盟双边贸易高质量发展提供现实指导。

1.3　研究内容及框架

本研究梳理了中国与东盟经贸关系的发展历程、中国对东盟国家的直接投资情况以及现阶段直接投资贸易效应存在的问题。从规模、结构和国别视角探究中国对东盟直接投资与双边贸易发展的强度,剖析中国对东盟直接投资与双边贸易的间接效应和外部因素的调节效应,探讨进一步发挥中国对东盟国家直接投资的贸易效应,构建区域产业链、供应链和价值链,优化区域产业分工体系,以更好地推进双边贸易高质量发展。

基本思路:第一,阐述了直接投资、国际贸易、产业结构和价值链等主要概念,分析梳理了直接投资的贸易效应、直接投资溢出的传导效应以及直接投资溢出的外部因素调节效应相关的研究文献,总结现有文献

---

① 张彦.中国与东盟共建区域价值链问题探讨——以制造业为例[J].国际展望,2019,11(06):68-89+152-153.
② 刘源丹,刘洪钟.中国对外直接投资如何重构全球价值链:基于二元边际的实证研究[J].国际经贸探索,2021,37(11):20-36.

研究的成果、对本书研究的价值以及不足之处。第二，构建本书的理论分析框架，阐述了直接投资贸易效应的理论基础、理论机制和理论拓展，为后文研究提供理论支撑。第三，考察中国对东盟直接投资的投资主体、总量规模、产业结构和国别差异等情况，从多重角度总结了中国对东盟直接投资的贸易效应存在的问题。第四，从规模、结构和国别视角分析中国对东盟直接投资对双边贸易发展的作用强度。第五，采用中介效应和调节效应探究中国对东盟直接投资与双边贸易发展的间接效应和外部因素的调节效应。第六，采用随机前沿引力模型扩展分析了中国对东盟直接投资贸易发展的潜力，进一步说明直接投资促进双边贸易的重要性。第七，根据前文研究结论提出政策建议。

主要内容：本论文共分为九章。

第一章，绪论。阐述了本论文的研究背景、研究意义，梳理国内外关于直接投资与国际贸易之间关系的研究现状，明确研究思路、研究内容和创新与不足。

第二章，主要概念与文献综述。围绕研究主题，明确直接投资、贸易发展、贸易质量和贸易结构等相关核心概念，并回顾了直接投资与国际贸易关系、直接投资溢出的传导效应以及外部调节的相关研究。

第三章，中国对东盟直接投资贸易效应的理论分析框架。首先，回顾了直接投资与国际贸易关系的传统理论，为后文研究直接投资与双边贸易的直接效应提供理论基础。其次，本书从产业结构和生产效率视角进一步分析了直接投资贸易效应的理论机制，为后文探究直接投资与双边贸易的间接效应提供理论支撑。最后，从外部因素的调节作用视角进一步拓展了直接投资贸易效应的理论分析边界，分析政治、文化和制度因素对直接投资贸易效应的外部影响。

第四章，中国对东盟直接投资与双边贸易发展的现实考察。首先，简要回顾中国—东盟经贸发展历程，主要从初始阶段（1978—1990年）、深入阶段（1991—2001年）、中国—东盟自由贸易区阶段（2002—2013年）、"一带一路"倡议阶段（2014至今）进行回顾，以掌握中国与东盟经贸关系发展的历程及各阶段的特点。其次，分析中国对东盟直接投资的投资主体、总量规模、产业结构和国别差异等方面的情况。再次，立足于中国对东盟直接投资的贸易效应发展实际，从产业结构、国别差异等角度阐述在发挥直接投资贸易效应中存在的问题。最后，对本章的内容进行分析总结。

第五章,中国对东盟直接投资贸易效应的实证分析。首先从理论层面推导直接投资与进口贸易、出口贸易的关系。然后从贸易规模、贸易结构和国别差异视角探究中国对东盟直接投资的贸易效应。在贸易规模方面,运用两阶段最小二乘法分析中国对东盟直接投资对双边贸易规模的作用强度;在贸易结构方面,构建中国对东盟直接投资对双边贸易产品结构的贸易引力模型,从不同贸易产品结构、不同贸易方式、不同产业类型、不同产品类型等层面分析中国对东盟直接投资对贸易结构的影响;在国别差异方面,采用变参数模型分析中国对东盟直接投资的贸易效应的国别差异,考察中国对东盟不同国家直接投资的进出口贸易弹性。最后对本章的内容进行分析总结。

第六章,中国对东盟直接投资与双边贸易的间接效应和外部因素调节效应。在明晰中国对东盟直接投资贸易效应的基础上,探究中国对东盟直接投资与双边贸易发展的间接效应作用渠道和外部因素的调节效应。采用中介效应模型从产业结构、生产效率等方面探析中国对东盟直接投资与双边贸易发展的间接效应作用渠道,运用调节效应模型从双边政治关系、文化认同和制度距离等视角分析外部因素对直接投资贸易效应的调节作用,为进一步以直接投资推进中国与东盟贸易发展探寻有效路径。

第七章,中国与东盟双边投资贸易的潜力分析。基于前文中国对东盟直接投资与双边贸易的直接效应、间接效应以及外部因素的调节效应,从贸易发展潜力的角度进行拓展分析,进一步分析说明可以通过发挥直接投资贸易效应,进一步挖掘贸易发展潜力,促进双边贸易规模的增长。

第八章,根据前文的研究,提出合理的政策建议,以期更好地发挥直接投资贸易效应。

第九章,总结研究结论,并提出研究展望。

1.4　研究方法与技术路线

1.4.1　研究方法

本书在梳理相关文献成果及数据资料的基础上,通过理论推导与实证研究相结合、定性分析与定量研究相结合的方式进行研究。具体如下：

一是文献归纳与逻辑演绎法。本书根据研究主题，整理和总结了直接投资贸易效应、直接投资溢出、产业结构、生产效率、政治关系、文化认同以及制度距离等相关文献，并进行了系统性梳理和评述，为本书的研究提供了文献借鉴。同时在文献梳理过程中，对直接投资与双边贸易关系进行逻辑推演，为本书研究提供理论基础。

二是现实考察法。通过对中国对东盟直接投资、双边进出口贸易数据和资料的搜集、整理以及统计，对中国与东盟国家经贸发展阶段；中国对东盟直接投资的规模、结构、国别差异等方面进行了较为全面的现实考察，以为实证分析提供现实依据。

三是计量分析法。首先是采用两阶段最小二乘法（2SLS）、变参数模型等方法，从规模、结构和国别差异角度分析了中国对东盟直接投资对双边进出口贸易的影响；其次是采用中介效应和调节效应模型考察了中国对东盟国家直接投资对双边贸易的间接效应和外部因素的调节作用，以期更好地从理论层面分析中国对东盟直接投资与双边进出口贸易关系中的现实问题；最后是运用随机前沿贸易引力模型，测算了中国与东盟国家的贸易效率和贸易发展空间。

1.4.2 技术路线

本书遵循如下技术路线来撰写：第一步，介绍本研究的背景、目的以及内容框架；第二步，阐述直接投资、国际贸易等相关概念，对现有国内外文献进行梳理，总结研究进展，发现不足并明确研究方向；第三步，阐述相关理论，并据此搭建本书的理论框架；第四步，对中国对东盟国家投资贸易效应进行现实考察，分析中国与东盟经贸合作的发展历程、中国对东盟直接投资的发展情况以及直接投资贸易效应存在的问题；第五步，从规模、结构和国别视角实证检验中国对东盟直接投资与双边贸易的直接效应；第六步，从中介效应和调节效应视角考察了中国对东盟直接投资与双边贸易的间接效应和外部因素调节作用；第七步，基于贸易发展潜力视角，采用随机前沿引力模型拓展分析中国对东盟投资贸易的发展潜力，进一步说明发挥直接投资贸易效应的重要性；第八步，根据本书的理论实证研究结果，提出合理有效的政策建议；第九步，总结本书研究结论,并提出未来研究展望。具体技术路线如图1-1所示。

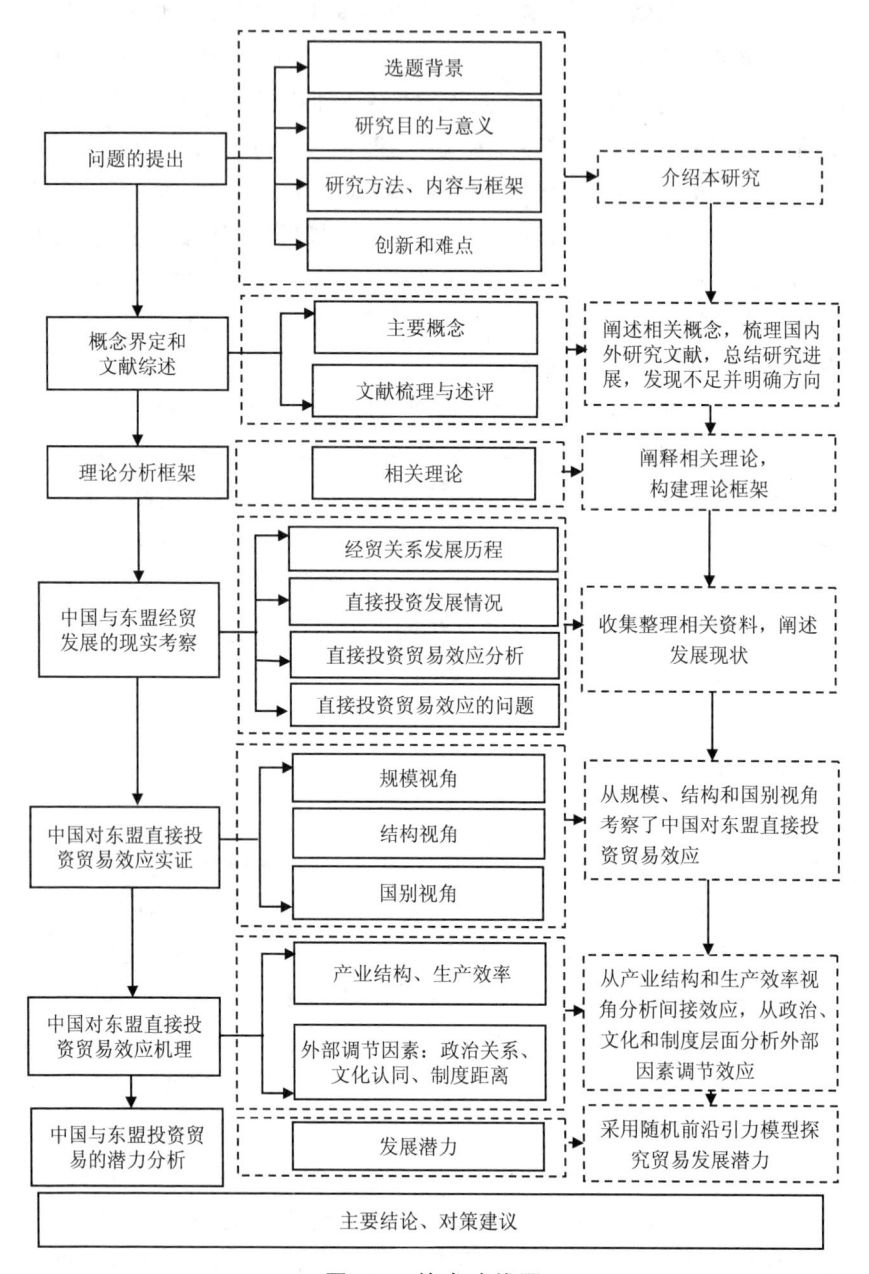

```
问题的提出 ──┬── 选题背景
            ├── 研究目的与意义 ──→ 介绍本研究
            ├── 研究方法、内容与框架
            └── 创新和难点

概念界定和 ──┬── 主要概念        ──→ 阐述相关概念,梳理国内
文献综述     └── 文献梳理与述评        外研究文献,总结研究进
                                     展,发现不足并明确方向

理论分析框架 ── 相关理论 ──→ 阐释相关理论,
                              构建理论框架

中国与东盟经贸 ──┬── 经贸关系发展历程
发展的现实考察   ├── 直接投资发展情况 ──→ 收集整理相关资料,阐述
                 ├── 直接投资贸易效应分析    发展现状
                 └── 直接投资贸易效应的问题

中国对东盟直接投 ──┬── 规模视角
资贸易效应实证     ├── 结构视角  ──→ 从规模、结构和国别视角
                   └── 国别视角      考察了中国对东盟直接投
                                     资贸易效应

中国对东盟直接投 ──┬── 产业结构、生产效率   从产业结构和生产效率视
资贸易效应机理     └── 外部调节因素:政治关系、──→ 角分析间接效应,从政治、
                         文化认同、制度距离      文化和制度层面分析外部
                                                因素调节效应

中国与东盟投资贸 ── 发展潜力 ──→ 采用随机前沿引力模型探
易的潜力分析                      究贸易发展潜力

主要结论、对策建议
```

图 1-1 技术路线图

Figure 1-1 Technical Route

· 10 ·

1.5 创新与不足

1.5.1 创新点

本书的创新点主要体现在如下三个方面：

(1) 在研究内容上，系统全面地研究中国对东盟直接投资贸易效应，不仅关注直接投资对贸易规模的影响，也聚焦贸易结构和国别差异等重要层面，可以有效弥补现有东盟领域投资贸易研究不够深入全面的不足。本书也尝试洞悉中国对东盟直接投资与双边贸易的间接效应以及外部因素的调节效应，为进一步推进中国与东盟贸易高质量发展提供合理路径，为在"一带一路"背景下中国全面推进国际产能合作提供必要的现实指导。此外，在现有产品生产周期理论、国际生产折衷理论以及新贸易理论等基础上，进一步研究直接投资对国际贸易的影响及作用机理，并试图将研究结论上升为理论成果，对现有投资贸易理论进行有效补充。

(2) 在研究视角上，分析直接投资与双边贸易的间接效应和外部因素调节作用，强调以中国对东盟直接投资为手段，构建区域产业链、供应链和价值链，让更多的产业部门和企业加入区域产业分工体系，进而推进双边贸易高质量发展。同时，关注双边政治关系、制度距离和文化认同等因素对直接投资贸易效应的外部影响。在研究过程中不仅运用传统的经济学理论，也会引入国际政治经济学、产业经济学等多学科交叉理论，使研究的视角更加丰富。

(3) 在研究方法上，除采用传统的定性研究方法外，主要采取两阶段最小二乘法(2SLS)、变参数模型、中介效应模型、调节效应模型、随机前沿引力模型等计量经济学的实证模型法，考察中国对东盟直接投资与双边贸易的直接效应、间接效应和外部因素的调节效应，力图增强研究成果的可靠性。同时，在分析中国对东盟直接投资和双边贸易发展变化时运用图表演绎法，展现中国对东盟直接投资与双边贸易发展的运动轨迹。

1.5.2 不足之处

当然,同其他研究成果一样,本书也存在一些不足之处。第一,由于数据获取方面存在难度,本书主要采用宏观数据进行分析,尚未涉及企业微观层面。第二,本书的贸易额仅指货物贸易,并未涉及服务贸易领域,在研究范围上存在一定的局限性。第三,东盟国家政府的数据统计能力差别很大,致使本书在研究过程中搜集和获取的数据不完整。

第 2 章 主要概念与文献综述

2.1 主要概念

在新型冠状病毒疫情冲击、贸易保护主义抬头的背景下,全球产业链出现区域化、本土化的收缩趋势,经济发展和产业结构转型面临着诸多不确定性,这就要求我们必须稳定国际贸易发展水平,重塑国际合作和竞争新优势,构建更有韧性的区域产业链、供应链和价值链。对外直接投资可以促进投资国经济结构调整,绕开国际贸易壁垒,推进国际产能合作,构建相对完善的区域产业链、供应链和价值链,促进区域国家间实现资源整合、优势互补,保障中国与东盟国家贸易发展,形成国家间互利共赢的发展格局。基于此,本书研究中国对东盟直接投资贸易效应,有必要厘清直接投资、国际贸易、产业链和价值链的概念和内在逻辑关系。

2.1.1 直接投资

直接投资(Direct Investment)是国际资本流动的重要形式,指境内投资者以控制其他国家企业的经营管理权为核心的经济活动。根据统计局《对外直接投资统计制度》的要求,直接投资企业应是境内投资者直接拥有或控制 10% 或以上股权、投票权或其他等价利益的境外企业,主要分为子公司、联营公司和分支机构。根据现有文献的分析,直接投资可以分为表 2-1 中的几类。

表 2-1 直接投资的分类

Table 2-1　Classification of Direct Investment

序号	分类标准	类型
1	是否累计	流量、存量
2	投资方式	跨国并购、绿地投资
3	投资动机	市场寻求型、资源寻求型、效率寻求型
4	投资类型	水平型、垂直型
5	投资形式	股权投资、收益再投资、债务工具
6	是否占有股权	股权投资、非股权投资

随着经济全球化的发展，跨国公司开始积极开展直接投资活动，在世界范围内设立分支机构或子公司，构建和布局合理的生产与销售网络。为了解释国际资本跨区域流动的现象，学术界创造并发展了国际投资的相关理论。一般认为，国际投资理论的产生是从海默(S. H. Hymer)的垄断优势理论开始的，主要包括垄断优势理论、内部化理论、产品生命周期理论、国际生产折衷理论、国际直接投资发展阶段理论。这些国际投资理论可以在一定程度上较为合理地解释跨国企业直接投资的现象，但仍存在局限性。垄断优势理论较好地解释了美国对外直接投资的动机和优势，却难以有效阐述发展中国家企业对外直接投资的现象；内部化理论从原材料、加工等生产环节说明了垂直一体化跨国企业的成因，但该理论无法解释直接投资的区位原因和跨国经营网络现象；产品生命周期理论较好地解释了技术优势变化对企业对外投资的影响，即企业对外投资的动机问题；国际直接投资发展阶段理论证实了发展中国家的跨国发展与其经济发展阶段必然相关，适用于解释多类型的国际投资问题，但该理论缺乏动态分析，导致其在实践中的解释力不足。总体上看，上述国际投资相关理论从不同角度为直接投资活动提供了一定的理论支撑。

2.1.2　国际贸易

国际贸易(International Trade)是基于国际分工和商品交换形成的，指不同国家或地区之间的商品和劳务的交换活动，也被称为"世界贸易"。在现有研究中,更多关注进口贸易和出口贸易。进口贸易是外国商品输入至本国市场销售的贸易活动。相反,出口贸易则为本国商品输出至外国市场销售的贸易活动。在进、出口贸易活动中,以货币表示的进、出口商品到货所发生的全部商品金额即为进、出口贸易额。从原始社会到当代,国际贸易逐步超越了空间、时间等范畴的束缚,规模、形态、流向、统计标准等都发生了明显变化,其分类如表2-2所示。

表 2-2 国际贸易的分类

Table 2-2 Classification of International Trade

序号	分类标准	类型
1	商品形态	有形贸易、无形贸易
2	商品流向	出口贸易、进口贸易、过境贸易
3	统计境界标准	总贸易、专门贸易
4	是否有第三国参加	直接贸易、间接贸易、转口贸易
5	贸易参加国数量	双边贸易、多边贸易
6	清偿工具	自由结汇贸易、易货贸易
7	贸易国经济发展水平	水平贸易、垂直贸易

一般认为,社会生产力的发展、社会分工的出现、商品生产活动的开展、商品交换范围的扩大以及国家形态的出现等是国际贸易产生的必要条件[①]。国际贸易的发展与人类历史的三次社会大分工及其占有形式密切相关,三次社会大分工实现了从偶然的物物交换过渡到以货币为媒介的商品流通,从简单生产发展到手工业与农业的职能分离,加速了交换关系的扩大和私有制的产生,并逐步跨越国界开展商品交换行为,产生了国际贸易的最初形态。随着社会形态和体制的更迭,国际贸易的规模和范围不断超越原有界限,并得到较大的发展。在奴隶社会,国际贸易在奴隶主占有制生产方式的基础上发展起来,其主要交易对象为奴隶,但国际贸易的比重较低。在奴隶制度崩溃后,封建社会国际贸易得到了一定的发展,但仍属于自给自足的自然经济,国际贸易规模、范围、结构较为有限,其中国际贸易的范围主要集中在地中海东部、意大利北

---

① 张玮.国际贸易原理[M].北京:中国人民大学出版社,2009.

部、波罗的海以及黑海沿岸地区、中国东部沿海地区。比如在汉武帝时期,中国开辟了丝绸之路,将中国丝绸、茶叶等产品输送到西方国家,并从西方国家运回皮货、药材、香料等产品。随着地理大发现和技术革命的兴起,国际贸易发生了巨大变革,国际贸易市场范围和生产范围急剧扩大,流通商品的数量、结构、种类大幅增加。为在国际贸易中降低商品成本,以获得最大化利润,许多国家的企业逐步基于比较优势进行商品生产,国际贸易分工逐步开始形成,使得各国的贸易关系进一步密切和发展。

2.1.3 产业结构

产业结构(Industrial Structure)是农业、工业和服务业等社会经济主要组成部分所占的比重。在社会经济研究和分析管理过程中,一般常用的分类方法主要有四种,即两大部类分类法、三次产业分类法、资源密集度分类法以及国际标准产业分类法,如表 2-3 所示。

表 2-3 产业结构的分类
Table 2-3 Classification of Industrial Structure

序号	分类方法	类型
1	两大部类分类法	生产资料生产、消费资料生产
2	三次产业分类法	第一产业、第二产业、第三产业
3	资源密集度分类法	劳动密集型、资本密集型、技术密集型
4	国际标准行业分类	农业、制造业、仓储与通信、修理业等

产业结构不是一成不变的,而是从低技术水平、低效率部门、低附加值状态向高新技术水平、高效率部门、高附加值状态的动态转变的过程[①]。从微观来看,产业结构升级是指企业通过研发创新,改进现有生产模式,以提高产品附加值,并实现前向和后向关联发展。从中观来看,产业结构升级是指通过微观产业升级的过程在产业内得到有效扩展,大

---

① 黎绍凯,朱卫平,刘东.高铁能否促进产业结构升级:基于资源再配置的视角[J].南方经济,2020(02):56-72.

多数企业实现了从低效率、低附加值向高效率、高附加值的动态转变,使得整个行业基本形成了更高级的产业结构。从宏观角度来看,产业结构升级是产业从低技术水平产业部门向更高级的产业业态的跃迁过程。

在现有研究中,学者通常将产业结构升级划分为纵向和横向两个维度,即纵向的产业结构高级化以及横向的产业结构合理化。产业结构高级化主要体现了经济生产活动从低等级产业向高等级产业再分配,也体现了在一系列因素的综合作用下产业结构的演变方向[①]。而产业结构合理化指在生产要素的充分流动下,各产业间的要素投入与产出的生产率趋于一致,生产要素实现了相对合理的配置[②],使得各产业间能够形成协调发展的格局。

2.1.4 价值链

价值链(Value Chain)的思想起源于波特(Porter,1985)提出的价值体系概念,其认为企业是进行研发设计、生产销售和仓储运输等活动的集合体,正是所有这些活动的进行,才使得商品可以从最初生产者转移到最终消费者手中,这整个转移过程可以用价值链来表明。寇加特(Kogout,1985)在《涉及全球战略:比较与竞争的增值链》一书中明确提出了价值链的概念,其认为价值链是在单一环节中将技术、原料和劳动融合在一起,然后把各个单一环节组合形成最终产品,并在交易市场中转移给最终消费者。在此基础上,学者沙恩克和哥芬达拉加(John Shank & Govindarajan,1992)、海恩斯(Peter. Hines,1993)、雷波特和斯威尔克拉(Rayport & Sviokla,1995)、克鲁格曼(Krugman,1995)等人对价值链理论进行了深入研究,逐步将该理论从企业层面扩展到国家乃至全球生产网络层面。格里芬(Gereffi,1999)首次提出了全球价值链的概念,被用来分析国际分工和产业的内在联系。现阶段,学术界对价值链的研究主要聚焦全球价值链(Global Value Chain,GVC)、区域价值链(Regional Value Chain,RVC)、国内价值链(National Value Chain,NVC)等

---

① 赵国庆,沈冰阳. 产业结构高级化的演化与度量[J]. 数量经济研究,2021,12(03):36-55.

② 张明,任烜秀. 经济波动与产业结构合理化的相互作用关系研究[J]. 经济问题,2019(06):55-64.

领域。

全球价值链是指在实现商品和服务的价值的过程中,贯穿研发设计、采购生产、仓储运输、销售经营和回收处理等环节的跨区域、跨企业的网络化架构,包括所有经济活动的参与者及其利润分配。全球价值链上的企业覆盖面较广,包括设计、产品开发、生产制造、营销、交货、消费、售后服务、最后循环利用等各种增值活动。从宏观层面来看,全球价值链的延伸有助于经济增长和技术扩散。全球价值链的快速增长给发展中国家带来了空前的发展机遇,发展中国家通过模仿学习先进管理经验、吸收转化前沿科学技术,缩小与发达国家之间的技术差距,促进自身管理效率的改善与生产率的提升,增加国内附加值水平。从微观层面来看,全球价值链的延伸使得企业获得技术含量更高的中间投入品,学习上下游企业的先进技术,进而显著提高企业生产率[1]。改革开放后,中国凭借丰富的土地资源和低廉的劳动力成本,吸引众多的跨国企业率先参与国际价值创造[2],嵌入全球价值链体系的中低端环节中,这使中国形成相对完善的工业体系,促进了外资的流入和贸易的快速发展。然而,随着我国生产要素成本的不断上涨,传统贸易比较优势也逐渐消失,这种发展路径使得我国在开放环境下面临着全球价值链"低端锁定"的风险[3]。同时,美国、日本等国家出台政策措施鼓励以制造业为主导的产业链回流,使得全球产业链出现区域化、本土化的收缩趋势[4]。在这种情况下,越来越多的学者关注国内价值链和区域价值链。

国内价值链是指国内本土企业基于本国经济需求,发挥自身在资源、技术品牌或营销渠道等方面的优势,整合本国国内原材料供应、生产加工、仓储运输、销售经营、售后维护等环节,形成类似于全球价值链的一种新的国内生产分工体系[5]。一般认为,国内价值链强调国内资源的

---

[1] 李坤望,马天娇,黄春媛. 全球价值链重构趋势及影响[J]. 经济学家,2021(11):14-23.

[2] 刘金全,郑荻. 中国在全球价值链中的地位变迁与路径升级[J]. 西安交通大学学报(社会科学版),2022,42(02):14-21.

[3] 支宇鹏,黄立群,陈乔. 自由贸易试验区建设与地区产业结构转型升级——基于中国286个城市面板数据的实证分析[J]. 南方经济,2021(04):37-54.

[4] 牛志伟,邹昭晞,卫平东. 全球价值链的发展变化与中国产业国内国际双循环战略选择[J]. 改革,2020(12):28-47.

[5] 黎峰. 中国国内价值链是怎样形成的?[J]. 数量经济技术经济研究,2016,33(09):76-94.

配置整合①,在国内产业结构优化中发挥决定性的作用②。而区域价值链是一种介于国内价值链和全球价值链的一种区域生产分工体系③④,其辐射范围一般是产业互补性较强的周边国家和地区。在战略层面上看,全球价值链过长隐藏着较大的断裂风险,逐步转变和缩短到区域价值链是更为务实的选择⑤,通过制度安排或区域协同,形成产业共同体的区域性网络组织⑥,突破全球价值链"低端锁定"的局面⑦,在区域内实现高效的要素资源配置与灵活的产业链、供应链布局,形成更加密切、更具韧性的区域产业链分工体系。

2.2 文献综述

根据研究内容和框架,本书从直接投资贸易效应相关研究、直接投资溢出效应、直接投资溢出效应的外部调节等三个方面来进行文献分析。

2.2.1 关于直接投资贸易效应的研究

随着经济全球化的发展,直接投资与国际贸易一直是学术界研究的热点问题。在本节中,先梳理中国对东盟直接投资贸易效应的研究,然

---

① 黎峰. 增加值视角下的中国国家价值链分工——基于改进的区域投入产出模型[J]. 中国工业经济,2016(03):52-67.
② 刘培青. 增加值视角下中国产业结构升级:国内价值链还是全球价值链?[J]. 产业经济评论(山东大学),2020,19(03):64-82.
③ 赵江林. 大区域价值链:构筑丝绸之路经济带共同利益基础与政策方向[J]. 人文杂志,2016(05):21-28.
④ 张彦. RCEP区域价值链重构与中国的政策选择——以"一带一路"建设为基础[J]. 亚太经济,2020(05):14-24+149.
⑤ 张彦. 中国与东盟共建区域价值链问题探讨——以制造业为例[J]. 国际展望,2019,11(06):68-89+152-153.
⑥ 魏龙,王磊. 从嵌入全球价值链到主导区域价值链——"一带一路"战略的经济可行性分析[J]. 国际贸易问题,2016(5):104-115.
⑦ 闫东升,马训."一带一路"倡议、区域价值链构建与中国产业升级[J]. 现代经济探讨,2020(03):73-79.

后回溯分析学术界关于直接投资与国际贸易的关系的研究文献,以更好地梳理直接投资贸易效应的研究。

2.2.1.1 中国对东盟直接投资贸易效应的研究

中国与东盟国家山水相连、文化相通,中国是东盟国家的重要投资来源国和贸易伙伴,而东盟是中国推进"一带一路"倡议和开展国际产能合作的重点区域,也是中国不可或缺的贸易伙伴。随着中国—东盟自由贸易区和"21世纪海上丝绸之路"的建设发展,学术界越来越关注中国对东盟直接投资与双边贸易发展之间的关联性和内在机理。赖石成等选取 2003—2009 年间中国与东盟各国双边贸易和直接投资面板数据进行分析,研究发现中国对东盟国家直接投资可以有效推动进口贸易、出口贸易和进出口总贸易的发展[1];刘在起等实证分析了 2003—2011 年中国对东盟国家直接投资与进出口贸易关系,研究认为中国对东盟直接投资存在明显的贸易创造效应,其中出口贸易效应略大于进口创造效应[2];郑磊等比较了中国对北美自贸区、欧盟和东盟的直接投资贸易效应,实证结果表明中国对东盟直接投资的贸易创造效应明显高于北美自贸区和欧盟区域[3];吴玲玲采用 2004—2015 年中国对东盟直接投资与贸易数据进行分析,结果表明中国对东盟的直接投资对进出口具有创造效应,但这种创造效应的大小会因国家的不同而产生差别[4];李立民等利用 2005—2016 年中国对东盟国家直接投资数据进行分析,认为中国对东盟整体的直接投资可以有效促进双边进出口贸易的发展,而对东盟成员国的直接贸易效应表现出国别异质性,其中中国对文莱的直接投资会扩大出口贸易规模,而中国对其余东盟 9 国的直接投资反而会替代出口贸易[5];林创伟等基于 2003—2015 年中国对东盟国家直接投资和双

---

[1] 赖石成,钟伟.中国与东盟各国间的贸易与 FDI 关系实证研究[J].东南亚纵横,2011(07):16-20.
[2] 刘再起,谢润德.中国对东盟 OFDI 的国别贸易效应实证分析[J].世界经济研究,2014(06):80-86+89.
[3] 郑磊,刘亚娟.中国对外直接投资的贸易效应研究:基于对北美自贸区、欧盟、东盟投资的比较分析[J].数学的实践与认识,2014,44(16):22-30.
[4] 吴玲玲.中国对东盟直接投资的贸易效应研究[D].云南师范大学,2017.
[5] 李立民,张越,王杰.OFDI 对中国—东盟贸易影响研究[J].国际经济合作,2018(09):76-86.

边贸易数据进行实证分析,研究发现中国对东盟直接投资具有明显的贸易创造效应,其中直接投资流量每增加1个百分点,对东盟出口贸易额将增加0.53%,进口同步增加0.62%[1]。

2.2.1.2 直接投资的贸易互补效应的研究

随着国际资本流动和贸易自由化的发展,众多学者认为直接投资可以有效促进国际贸易发展,二者存在明显的互补效应。目前,学术界大量实证研究均支持直接投资与国际贸易之间存在互补性的观点。Kojima基于日本对外投资和国际贸易的发展实际,认为边际产业对外投资与东道国的技术差距较小,可以充分挖掘东道国潜在比较优势,也为投资国的产业和技术升级提供空间,为更大规模的贸易发展创造条件,此时直接投资可以进一步扩大国家间的贸易规模[2];Weiss基于美国对44个国家的直接投资和贸易数据进行分析,研究发现美国对外直接投资增加将促进双边贸易规模的增长[3];Yamawaki使用44个行业层面数据进行分析,研究发现对美国分销网络的直接投资可以显著扩大日本出口贸易规模[4];Clausing采用1977—1994年美国对29个国家或地区的直接投资和贸易数据进行分析,结果表明美国对外投资与进出口贸易之间存在较强的互补关系[5];Bajo采用西班牙1977—1998年季度数据进行研究,研究表明对外直接投资与出口贸易之间存在明显的互补关系[6];Chiappini研究指出日本制造业对外直接投资与出口贸易之间的互补效

---

[1] 林创伟,谭娜,何传添.中国对东盟国家直接投资的贸易效应研究[J]. 国际经贸探索,2019,35(04):60-79.

[2] Kiyoshi Kojima. Foreign Investment:A Japanese Model of Multinational Business Operation[M]. London:Croom Helm,1978.

[3] Weiss L M Y. Foreign Production and Exports in Manufacturing Industries[J]. The Review of Economics and Statistics,1981,63(4):488-494.

[4] Hideki,Yamawaki. Exports and Foreign Distributional Activities:Evidence on Japanese Firms in the United States[J]. The Review of Economics and Statistics,1991(3):294-300.

[5] Clausing K A. Does Multinational Activity Displace Trade? [J]. Economic Inquiry,2000,38(2):190-205.

[6] Bajo-Rubio O,María Montero-Muñoz. Foreign Direct Investment and Trade:A Causality Analysis[J]. Open Economies Review,2001,12(3):305-323.

应占据主导地位,尤其是在机电设备、运输设备和精密机械等领域[①]。

中国企业"走出去"发展成为必然趋势,学术界日益关注直接投资与国际贸易之间的关联性,特别是中国对其他国家直接投资的贸易效应。邱立成认为国际投资促进了战后跨国公司国际生产的发展以及全球生产供销网络体系的建立,促进了国际间产品、技术和服务的流动,使得大规模生产和出口成为可能[②];张应武采用实证方法分析了 2000—2004 年中国对 72 个国家的直接投资与进出口贸易关系,结果表明不论是直接投资流量还是存量,其与国际贸易之间是相互促进的互补关系,而非替代关系[③];莫莎等采用实证方法分析了 2002—2003 年中国对非洲 33 个国家直接投资与双边贸易的关系,研究表明中国直接投资与贸易存在互补效应,其中资源开发型投资促进了中国资源密集型产品进口和资本品出口贸易[④];叶文佳等考察了欧盟对中国直接投资与双边贸易的关系,结果表明欧盟与双边贸易存在互补效应,其中直接投资存量对中国出口促进作用较大[⑤];刘向丽分析了日本对中国制造业直接投资与双边制成品产业内贸易的关系,研究发现日本对中国制造业直接投资对制成品产业内贸易存在长期促进效应[⑥];项本武实证分析了 2000—2006 年我国对 50 个国家直接投资和进出口贸易的关系,研究认为中国对外直接投资对双边贸易进出口存在长期拉动作用[⑦];谢杰等基于新经济地理学空间视角分析直接投资贸易效应,研究认为中国对外直接投资与双边贸易存在空间互补效应[⑧];张春萍实证分析了 1996—2010 年中国对 18

---

① Chiappini R. Do overseas investments create or replace trade? New insights from a macro-sectoral study on Japan[J]. Journal of international trade & economic development,2016,25(3-4):403-425.

② 邱立成. 论国际直接投资与国际贸易之间的联系[J]. 南开经济研究,1999(06):33-39.

③ 张应武. 对外直接投资与贸易的关系:互补或替代[J]. 国际贸易问题,2007(06):87-93.

④ 莫莎,刘芳. 中国对非洲直接投资与贸易的关系研究——基于面板数据的实证分析[J]. 国际经贸探索,2008,24(8):46-50.

⑤ 叶文佳,于津平. 欧盟对中国 FDI 与中欧贸易关系的实证研究[J]. 世界经济与政治论坛,2008(04):21-28.

⑥ 刘向丽. 日本对华制造业 FDI 对中日制成品产业内贸易影响的实证分析[J]. 国际贸易问题,2009(01):67-72.

⑦ 项本武. 中国对外直接投资的贸易效应研究——基于面板数据的协整分析[J]. 财贸经济,2009(04):77-82+137.

⑧ 谢杰,刘任余. 基于空间视角的中国对外直接投资的影响因素与贸易效应研究[J]. 国际贸易问题,2011(06):66-74.

个国家的直接投资与双边贸易关系,结果表明中国对外直接投资存在较强的出口创造效应,但是对新兴经济体和发展中国家存在较低水平的进口引致效应[①];李东阳等采用2003—2010年双边数据进行分析,结果表明中国对中亚五国的直接投资属于顺梯度贸易导向型,且出口贸易效应大于进口贸易效应[②];王恕立等使用2003—2012年中国对45个国家及地区直接投资与进出口贸易的跨国面板进行实证检验,研究结果表明中国对外直接投资可以有效促进双边贸易规模增长,且直接投资对进口贸易的引致效应明显高于出口创造效应[③];蒋冠宏和蒋殿春采用倍差法对2005—2007年1498家存在对外直接投资的工业企业进行分析,研究表明中国企业对外直接投资促进了企业出口,其中投资高收入国家的"出口效应"更为显著[④];王胜等利用2003—2011年面板数据分析了中国对外直接投资贸易效应的国别差异,认为中国对资源丰裕类国家的直接投资与双边贸易呈现正相关关系[⑤];毛其淋和许家云从微观层面分析直接投资贸易效应,研究认为中国企业可以带动出口贸易的快速增长[⑥];范红忠等采用2003—2014年中国对182个国家直接投资数据进行分析,研究表明中国对这些国家的直接投资具有显著的贸易促进效应,其中中国直接投资对低收入国家的贸易促进效应要显著强于中高收入国家和高收入经合组织国家,对亚洲国家的促进效应强于欧洲与非洲国家[⑦];任志成等采用2003—2016年中国对"一带一路"沿线55个国家的直接投资与双边贸易数据,基于引力模型实证表明对外直接投资可以促进中国与"一带一路"沿线国家的进出口贸易,但在一定程度上对中国与东

---

① 张春萍.中国对外直接投资的贸易效应研究[J].数量经济技术经济研究,2012,29(06):74-85.

② 李东阳,杨殿中.中国对中亚五国直接投资与双边贸易关系研究[J].财经问题研究,2012(12):90-95.

③ 王恕立,向姣姣.创造效应还是替代效应——中国OFDI对进出口贸易的影响机制研究[J].世界经济研究,2014(06):66-72+89.

④ 蒋冠宏,蒋殿春.中国企业对外直接投资的"出口效应"[J].经济研究,2014,49(05):160-173.

⑤ 王胜,田涛,谢润德.中国对外直接投资的贸易效应研究[J].世界经济研究,2014(10):80-86+89.

⑥ 毛其淋,许家云.中国对外直接投资促进抑或抑制了企业出口?[J].数量经济技术经济研究,2014,31(09):3-21.

⑦ 范红忠,陈攀.我国OFDI与出口贸易关系及其时空差异分析[J].国际商务(对外经济贸易大学学报),2017(02):16-25.

盟、印度和俄罗斯等国家或地区的出口贸易产生替代效应,转而促进中国与"一带一路"其他国家的进出口贸易①;王煌采用GTAP模型模拟分析了"一带一路"背景下中国对外直接投资贸易效应,研究认为中国对"一带一路"沿线国家的直接投资可以显著扩大双边贸易规模②;毛海欧等采用2005—2016年中国对78个国家的直接投资和贸易面板数据进行研究,基于TII模型分析了直接投资影响双边贸易互补关系的机理,认为中国对外直接投资显著提高了双边贸易互补程度,其通过构建区域生产网络,深化了国家间产业联系和贸易联系③;滕堂伟等(2020)研究认为,中国对"一带一路"沿线国家的直接投资具有显著的出口贸易促进效应;张苑斌和赖伟娟采用2003—2017年我国与"一带一路"沿线51个国家的双边投资贸易等数据进行分析,研究认为中国对外直接投资与双边贸易存在明显的互补效应④。

2.2.1.3 直接投资的贸易替代效应的研究

直接投资的贸易替代效应指一国对外直接投资的发生会转移母国的生产能力,对贸易存在明显的替代作用。Mundell(1957)以赫克歇尔-俄林的理论分析框架为出发点,假定只存在两个国家、两种要素和两类商品,其推论认为在不存在贸易壁垒的情况下,跨国直接投资会取代国际贸易,二者存在明显的替代关系;基于贸易成本的考虑,Brainard提出了"近似集中度"理论,认为贸易成本决定了企业对外直接投资的决策,在接近性收益高于集中性收益时,直接投资与进出口贸易之间会存在一定程度的替代关系,跨国公司将以海外投资来取代出口贸易⑤;Gruber和Vernon对美国跨国公司和不同产业进行分析,认为随着技术的扩散和外部竞争压力的增大,跨国公司的垄断优势逐步丧失,在当地进行直

---

① 任志成,朱文博.中国对外直接投资与进出口贸易关系——基于"一带一路"沿线国家的实证分析[J].南京审计大学学报,2018,15(05):103-111.
② 王煌,邵婧儿."一带一路"建设下中国OFDI的贸易效应研究——基于GTAP模型的分析[J].国际经贸探索,2018,34(02):36-52.
③ 毛海欧,刘海云.中国对外直接投资对贸易互补关系的影响:"一带一路"倡议扮演了什么角色[J].财贸经济,2019,40(10):81-94.
④ 张苑斌,赖伟娟.我国对"一带一路"沿线国家OFDI的贸易效应研究[J].商业经济研究,2021(12):143-146.
⑤ Brainard S L. An Empirical Assessment of the Proximity-Concentration Trade-off between Multinational Sales and Trade[J]. American Economic Review,1997,87(4):520-544.

第 2 章　主要概念与文献综述

接投资替代出口贸易以继续获得超额利润,这揭示了跨国公司从出口转向直接投资的动因、条件和转换过程[1];Horst 对美国对加拿大出口贸易的产业结构进行研究,认为考虑关税等因素,企业直接投资与贸易之间存在明显的替代关系[2];Helpman、Melitz 和 Yeaple 采用了美国对 38 个国家 52 个部门的数据,构建了多国多部门一般均衡模型,结果证明了直接投资与国际贸易的替代关系[3];Markusen 和 Venables 提出在国民收入水平趋同的情况下,对外直接投资可能取代产业内贸易[4];Pain 和 Wakelin 分析了 1971—1992 年经合组织成员国的直接投资和贸易数据,研究认为直接投资存在国家异质性特征,总体上对国际贸易存在替代效应,而随着贸易和资本市场壁垒的逐步降低,对外投资和出口贸易之间的替代效应将有所增强[5];Kimimo 等分析了 1989—1992 年 17 个国家对日本直接投资贸易效应,研究发现跨国公司的市场扩张型或贸易壁垒引致型投资对贸易存在替代效应[6];Gopinath 和 Vasavada 考虑了直接投资与国际贸易的国家异质性,研究发现对外投资的贸易替代效应主要存在于发达国家之间,而发达国家与发展中国家之间不存在类似关系[7]。

薛敬孝分析了日本对中国直接投资与贸易关系,研究发现直接投资对当地市场份额的占有等同于出口的延长,而不表现为国际贸易的扩大

---

[1] Gruber W, Vernon R, Keesing D B. The r & d factor in international trade and international investment of United States industries[J]. Thunderbird International Business Review, 1967, 9(3):5-5.

[2] Horst T. The Industrial Composition of U. S. Exports and Subsidiary Sales to the Canadian Market[J]. American Economic Review, 1972, 62(1/2):37-45.

[3] Helpman, Elhanan, Marc J. Melitz, and Stephen R. Yeaple. Export Versus FDI with Heterogeneous Firms[J]. American Economic Reviewer, 2004(3):300-316

[4] Markusen, J. R. and Venables, A. J. 'The Increased Importance of Direct Investment in North Atlantic Economic Relationships: a Convergence Hypothesis', in M. B. Canzoneri, W. J. Ethier and V. Grilli(eds), The New Transatlantic Economy, Cambridge, Cambridge University Press. 1996.

[5] Pain N, Wakelin K. Export Performance and the Role of Foreign Direct Investment [J]. The Manchester School, 1998, 66(S):62-88.

[6] Kimimo S, Saal D S, Driffield N. Macro determinants of FDI inflows to Japan: an analysis of source country characteristics[J]. The World Economy, 2007, 30(3):446-469.

[7] Gopinath, M., Pick, D. and Vasavada, U. Exchange Rate Effects on the Relationship between FDI and Trade in the U. S. Food Processing Industry[J]. American Journal of Agricultural Economics, 1998(80):1073-1079.

市场占有率的途径,其本质是国际投资的结果而不是国际贸易本身的发展,进而认为国际投资与国际贸易之间存在替代效应①;汪素芹等分析了日本和美国对中国直接投资与出口贸易之间的关系,研究发现直接投资与出口贸易的关系存在国家异质性,其中美国对中国直接投资与出口贸易之间存在替代关系②;周昕等实证分析了 2003—2009 年中国对 40 个国家的直接投资与不同类别商品出口贸易的关系,研究表明在高关税壁垒情况下,直接投资与工业制成品出口贸易存在显著的替代关系③;欧定余等基于 2003—2013 年中国对 41 个国家或地区的双边数据进行分析,研究表明不论是发达国家还是发展中国家,中国对外直接投资会替代出口贸易,且在发展中国家的替代效应比发达国家更为显著④;程中海等采用分位数引力模型研究了中国对中亚国家直接投资的能源进口贸易效应,结果表明随着条件分位数的提高,对外直接投资对能源进口的负向影响逐渐增强⑤。

2.2.1.4 直接投资与贸易混合效应的研究

直接投资的贸易替代理论和贸易互补理论存在一定的假设前提,这些假设条件在现实经济中很难得到满足,直接投资与国际贸易关系的不确定性是从实证角度来分析,这种不确定性更多的是一种混合效应,而不是理论问题⑥。Neary 运用比较静态的分析方法进行研究,认为直接投资流入进口竞争性的行业,则二者具有替代效应;若直接投资流入出口竞争性的行业,则二者具有互补效应⑦;Svensson 采用 1974—1990

---

① 薛敬孝. 日本对华直接投资与对华贸易的关系——促进效果与替代效果[J]. 南开管理评论,1997(03):3-7.

② 汪素芹,姜枫. 对外直接投资对母国出口贸易的影响——基于日本、美国对华投资的实证分析[J]. 世界经济研究,2008(05):78-81+86+89.

③ 周昕,牛蕊. 中国企业对外直接投资及其贸易效应——基于面板引力模型的实证研究[J]. 国际经贸探索,2012,28(05):69-81+93.

④ 欧定余,魏聪. OFDI 促进了中国的出口吗?——基于动态面板模型的系统 GMM 检验[J]. 湘潭大学学报(哲学社会科学版),2016,40(02):73-79.

⑤ 程中海,冯梅,袁凯彬. "一带一路"背景下中国对中亚区域 OFDI 的能源进口贸易效应[J]. 软科学,2017,31(03):30-33+67.

⑥ 康振宇. 全球价值链下中国对外直接投资的贸易效应[M]. 北京:知识产权出版社,2017.

⑦ J. P. Neary. Factor Mobility and International Trade[J]. Canadian Journal of Economics,1995(28):53-68.

第2章 主要概念与文献综述

年瑞典跨国公司的数据进行分析,研究表明对外直接投资可以替代制成品的出口贸易,而对中间产品的出口贸易具有促进作用[①];Blonigen采用1972—1994年日本对美国企业汽车零部件和耐用消费品行业的数据进行分析,研究发现日本对美国的零部件和消费品行业投资替代了日本对美国出口,而日本对美国汽车行业的投资却促进了汽车零部件行业的出口贸易,即产品层面的直接投资与贸易存在替代效应,而行业层面的直接投资与贸易表现为互补效应[②];Svensson利用1974—1994年部分OECD国家对美国直接投资与进出口贸易的数据进行分析,研究结果表明直接投资与进出口不仅存在互补效应,也存在一定程度的替代效应,这些结果的差异性由SITC分类的产品水平所决定[③];Mullen等使用1989—2007年加拿大与20个经合组织国家的直接投资与出口贸易数据,研究认为加拿大对外直接投资出口贸易活动的影响较为模糊,二者间不存在显著相关性[④]。

项本武利用1999—2001年中国对49个国家的直接投资和出口贸易数据进行分析,认为中国对这些国家的直接投资促进中国的出口贸易额,但对中国从东道国的进口贸易具有明显的替代效应[⑤];蔡锐等采用1990—1999年中国对发达国家直接投资与双边贸易数据进行分析,认为中国对发达国家直接投资的目的不在于降低成本和获取利润,其对出口贸易的关系不太显著,而对进口贸易存在明显的替代效应[⑥];王迎新认为对外直接投资与双边贸易之间表现为混合效应,这一结果与跨国公司的投资动机、类型和发展阶段有关[⑦];陈石清分析了中国、美国等国家的对外直接投资与出口贸易效应,研究表明中国对外直接投资无法促进

---

① Roger,Svensson. Effects of Overseas Production on Home Country Exports:Evidence Based on Swedish Multinationals[J]. Weltwirtschaftliches Archiv,1996(2):304-329.

② Bruce,A,Blonigen. In search of substitution between foreign production and exports[J]. Journal of International Economics,2001(53):81-104.

③ Swenson D L. Foreign Investment and the Mediation of Trade Flows[J]. Review of International Economics,2004,12(4):609-629.

④ Mullen J K,Williams M. Bilateral FDI and Canadian Export Activity[J]. International Trade Journal,2011,25(3):349-371.

⑤ 项本武. 对外直接投资的贸易效应研究——基于中国经验的实证分析[J]. 中南财经政法大学学报,2006(03):9-15+142.

⑥ 蔡锐,刘泉. 中国的国际直接投资与贸易是互补的吗?——基于小岛清"边际产业理论"的实证分析[J]. 世界经济研究,2004(08):64-70.

⑦ 王迎新. 论海外直接投资与贸易的关系[J]. 财贸经济,2003(01):81-86+98.

出口贸易增长[①]；胡兵等采用中国对 62 个国家或地区的直接投资与双边贸易数据进行分析，研究发现总体上中国对外直接投资存在微弱的替代效应，其中直接投资可以促进中国对发展中国家的出口贸易，而抑制中国对发达国家的出口贸易规模[②]；綦建红等利用 2003—2009 年中国对 92 个国家的直接投资和贸易数据进行实证分析，研究表明中国对发展中国家的直接投资可以引致和创造更大规模的出口贸易，而对发达国家的直接投资反而会替代出口贸易[③]；陈俊聪等利用 2004—2010 年 30 个省份的面板数据进行分析，研究表明中国对外直接投资促进了制成品出口技术提升，但尚未对出口规模扩张起到明显促进作用，反而通过影响出口技术进步抑制了粗放型出口规模的扩张[④]；杨平丽等采用倾向得分匹配法分析了中国企业对外直接投资对进出口贸易的影响，研究表明中国对发展中国家直接投资的贸易效应均不显著[⑤]；林志帆（2016）实证分析了 2003—2014 年中国对 155 个国家的对外直接投资与出口贸易的关系，结果表明总体上中国对外直接投资与出口贸易的关系不显著，其中对发达国家的直接投资会轻微替代出口贸易，而控制个体固定效应后，对发展中国家直接投资的替代和促进效应均会消失[⑥]；魏兰叶等选取 2003—2015 年中国对中亚国家的直接投资与进出口贸易数据进行实证分析，研究结果表明总体上中国对中亚的直接投资尚不能显著扩大出口贸易规模，而中国对哈萨克斯坦、吉尔吉斯斯坦和塔吉克斯坦的直接投资与进口贸易从互补转为替代关系，对土库曼斯坦和乌兹别克斯坦的直接投资存在积极的进口贸易创造效应[⑦]；李晓钟等利用 2007—2016 年中国对"一带一路"沿线 59 个国家的直接投资和进出口贸易数据进行

---

① 陈石清. 对外直接投资与出口贸易：实证比较研究[J]. 财经理论与实践，2006(01)：56-61.

② 胡兵，乔晶. 中国对外直接投资的贸易效应——基于动态面板模型系统 GMM 方法[J]. 经济管理，2013，35(04)：11-19.

③ 綦建红，陈晓丽. 中国 OFDI 的出口效应：基于东道国经济发展水平差异的实证分析[J]. 学海，2011(03)：136-142.

④ 陈俊聪，黄繁华. 中国对外直接投资的贸易效应研究[J]. 上海财经大学学报，2013，15(03)：58-65.

⑤ 杨平丽，张建民. 对外直接投资对企业进出口贸易的影响——来自中国工业企业的证据[J]. 亚太经济，2016(05)：113-119.

⑥ 林志帆. 中国的对外直接投资真的促进出口吗[J]. 财贸经济，2016(02)：100-113.

⑦ 魏兰叶，陈晓. 中国在中亚直接投资对双边贸易的影响——基于丝绸之路经济带的研究视角[J]. 现代经济探讨，2017(12)：41-48.

分析,研究发现总体上直接投资对"一带一路"沿线国家的进出口贸易影响不显著,其中对资本与技术密集型产品出口贸易存在显著替代效应,然而直接投资对初级产品的出口贸易存在引致作用[①];谢娜从东道国制度质量视角考察了中国对外直接投资的贸易效应,研究表明直接投资与双边贸易的关系会受到制度距离的影响,其中在制度距离差异小的国家呈现出口创造效应,而制度距离较大国家呈现短期替代、长期创造效应[②]。

2.2.2 直接投资溢出的传导效应

2.2.2.1 宏观层面:产业结构升级

国际直接投资是产业结构调整的主要力量,其对于发展中国家而言尤为重要[③]。从现有文献来看,学术界对直接投资与东道国产业升级进行了大量研究,取得了较为丰硕的成果。在理论层面上,通过生产率效应、要素供给效应、技术溢出效应和价格效应[④],直接投资可以影响东道国的市场结构[⑤]、技术结构[⑥][⑦],弥补东道国资金短缺,提高生产要素存

---

① 李晓钟,徐慧娟. 中国对"一带一路"沿线国家直接投资贸易效应研究[J]. 国际经济合作,2018(10):4-9.

② 谢娜. 中国对"一带一路"沿线国家直接投资的贸易效应研究——基于制度距离差异的实证分析[J]. 宏观经济研究,2020(02):112-130+164.

③ 张娜,李立民. 基于产业内贸易视角的中国与东盟产业结构调整探讨[J]. 东南亚纵横,2008(04):22-27.

④ 贾妮莎,雷宏振. 中国 OFDI 与"一带一路"沿线国家产业升级——影响机制与实证检验[J]. 经济科学,2019(01):44-56.

⑤ Dimelis, Sophia P. Spillovers from foreign direct investment and firm growth: technological, financial and market structure effects[J]. International Journal of the Economics of Business,2005,12(1):85-104.

⑥ Keller W, Yeaple S. Multinational Enterprises, International Trade, and Productivity Growth: Firm-Level Evidence from the United States[J]. National Bureau of Economic Research, Inc, 2003.

⑦ Girma S. Absorptive capacity and productivity spillovers From FDI: a threshold regression analysis[J]. European Economy Group Working Papers,2003,67(3):281-306.

量,优化供需结构,以促进东道国的产业结构升级①。在实证分析层面上,大多数学者研究发现,直接投资改善了东道国产业内部结构②,可以促进东道国的产业结构升级③④⑤⑥⑦。在古典经济理论中,产业关联是外商直接投资在经济部门之间创造外部经济的一种有效途径,其关联作用主要侧重于外溢性。这种溢出效应主要通过水平和垂直两种产业间关联效应来实现⑧⑨,其中水平关联是外商直接投资对一国或地区的同类型行业产生溢出效应,而垂直关联则指外商直接投资对一国或地区的上下游关联企业产生溢出效应。一般而言,直接投资能够创造更强的本地区部门间关联,更多地购买东道国当地的要素,这是促进发展中国家产业结构升级的重要途径⑩。从国家层面上,直接投资的流入将有效地发挥东道国的比较优势,实现东道国产业结构调整和转型升级⑪,并推动东道国走上一条有效的新型工业化道路⑫。

根据经典贸易理论,在完全竞争的条件下,一国的贸易结构可以反映该国的产业结构和静态比较优势。在贸易自由化时代,一国对外贸易

---

① Buzdugan S R, Tüselmann. Making the Most of FDI for Development: 'New' Industrial Policy and FDI Deepening for Industrial Upgrading[J]. Transnational Corporations, 2018,25(1):1-21.

② 杨俊龙,张媛媛. 外商直接投资与我国产业结构调整[J]. 宏观经济管理,2004(07):40-42.

③ CAVES, R. E. Multinational Firms, Competition and Productivity in Host-country Markets[J]. Economica,1974(41):176-193

④ Blomstrom M,Persson H. Foreign investment and spillover efficiency in an underdeveloped economy:Evidence from the Mexican manufacturing industry[J]. World Development, 1983,11(6):493-501.

⑤ 纪祥裕. OFDI、制度质量与"一带一路"沿线国家产业结构升级[J]. 湖南科技大学学报(社会科学版),2019,22(02):52-59.

⑥ 乔敏健. 对外直接投资带动东道国产业升级的效果分析——来自"一带一路"国家的经验证据[J]. 亚太经济,2019(05):103-112+152.

⑦ 田晖,谢虎,肖琛,宋清. 我国对外直接投资与东道国产业结构升级——基于"一带一路"倡议的调节效应[J]. 中南大学学报(社会科学版),2021,27(06):105-118.

⑧ Venables M. Foreign direct investment as a catalyst for industrial development[J]. European Economic Review,1999,43(2):335-356.

⑨ 潘伟康. 农业 FDI 的贸易效应及其微观解释[D]. 浙江大学,2018.

⑩ 朱东波,任力. 环境规制、外商直接投资与中国工业绿色转型[J]. 国际贸易问题,2017(11):70-81.

⑪ 刘强. 走出外贸低迷——基于对外直接投资和国际技术扩散的视角[M]. 北京:中国社会科学出版社,2021.

⑫ 郭树华. 外国直接投资与东道国产业关联演进[J]. 思想战线,2004(02):11-15.

第 2 章 主要概念与文献综述

的比较优势主要源于该国的技术优势,在这些国家中具有技术优势的产业结构将形成以技术密集型为主的贸易结构。换句话说,一国或地区的贸易结构是产业结构在空间范围上的扩展,产业结构的调整与优化升级将带动国家对外贸易的跃级发展[1],巩固对外贸易成果。从比较优势的角度来讲,由于技术进步和要素禀赋的差异性,各国产业结构也会存在不同,表现为在相同产量情况下,两种不同贸易产品的边际转换率不同,这就意味着该国生产两种产品的比较优势不同,而比较优势的差异是构成贸易结构的重要基础。因此,产业结构在一定程度上决定了比较优势结构,而比较优势结构决定该国的对外贸易结构[2]。随着产业结构的升级,技术密集型产业部门的比较优势会伴随资本要素密集度、研发创新要素密集度的提高而发生动态变化,进而引发该国总体比较优势的结构性变动,增加东道国中间产品进口贸易产品的需求量以及产业内零部件的出口贸易产品的供给量[3]。相反,东道国低层次的产业结构也加深了产业内贸易合作的局限性[4]。中国对发展中经济体的直接投资可以增强当地企业和落后产业的科研创新能力、资本投入和管理能力,并帮助其更好地拓展产品的市场销售渠道,推动东道国产业结构转型升级[5],不仅能够缓解转型经济体过程中瓶颈产业的资源短缺问题,而且能够改善其国内产业结构升级过程中所面临的资本相对稀缺的现状[6],扩大国家间半成品、零部件等中间产品贸易的规模。

---

[1] 沈潇. 以产业升级促进对外贸易跃级发展[J]. 人民论坛,2018(20):72-73.

[2] 金秀,杨文兵. 经济增长:产业结构和贸易结构互动升级之结果[J]. 现代财经(天津财经大学学报),2011,31(09):118-123.

[3] 刘强. 走出外贸低迷——基于对外直接投资和国际技术扩散的视角[M]. 北京:中国社会科学出版社,2021.

[4] 张娜,李立民. 基于产业内贸易视角的中国与东盟产业结构调整探讨[J]. 东南亚纵横,2008(04):22-27.

[5] 刘来会,邓文慧. 中国对"丝绸之路经济带"沿线国家直接投资:现状、动机与政策建议——基于不同发展经济体的比较研究[J]. 经济问题探索,2017(05):101-109.

[6] 韩立岩,顾雪松. 中国对外直接投资是过度还是不足?——基于制度视角与跨国面板数据的实证研究[J]. 中国软科学,2013(10):21-34.

2.2.2.2 微观层面:生产效率提升

从微观层面上看,直接投资可以分散企业创新不确定性风险[1],有效整合自身的资金技术、创新资源与东道国市场优势、产业基础优势和低成本优势[2]。通过联系效应、人员流动、示范效应和竞争效应等,国际技术外向扩散溢出至东道国企业[3],进而促进了东道国企业劳动生产率或技术生产效率[4]、技术创新能力[5][6]的提升。众多学者从实证角度进行了分析,Globerman 研究发现,外商直接投资对加拿大制造业劳动生产率存在正向的溢出效应[7]。Chuang 和 Lin 采用我国台湾地区企业层面数据进行分析,研究发现外商直接投资对于技术效率具有外溢效应[8]。PENEDER 研究认为,通过直接投资的引导和推动作用,高生产率要素禀赋将加速流入东道国低生产效率部门,实现东道国低生产效率部门向高效率生产部门转变[9]。孙浦阳和彭伟瑶研究发现,外商直接投资通过缓解企业外源性融资约束,能显著改善资本在企业间的配置效率,使得企业生产率趋于集中,从而在行业总体上有益于生产率的提

---

[1] 盛明泉,刘悦. 外商直接投资如何影响企业全要素生产率[J]. 现代经济探讨,2021(06):84-93.

[2] 江小涓. 中国的外资经济对增长、结构升级和竞争力的贡献[J]. 中国社会科学,2002(06):4-14+204.

[3] 杨俊,邵汉华. 环境约束下的中国工业增长状况研究——基于 Malmquist-Luenberger 指数的实证分析[J]. 数量经济技术经济研究,2009,26(09):64-78.

[4] Kokko A. Technology, market characteristics, and spillovers[J]. Journal of Development Economics,1994(2),279-293.

[5] Blomstrom M, Economics J, Regibeau P, et al. Foreign Investment and Productive Efficiency:The Case of Mexico[J]. The Journal of Industrial Economics,1986,35(1):97-110.

[6] 赵宸宇,李雪松. 对外直接投资与企业技术创新——基于中国上市公司微观数据的实证研究[J]. 国际贸易问题,2017(06):105-117.

[7] Steven Globerman. Foreign Direct Investment and &♯x27;Spillover&♯x27;Efficiency Benefits in Canadian Manufacturing Industries[J]. Canadian Journal of Economics,1979,12(1):42.

[8] Chuang, Yih-Chyi, Lin, Chi-Mei. Foreign direct investment, R&D and spillover efficiency:Evidence from Taiwan's manufacturing firms[J]. Journal of Development Studies,1999,35(4):117-137.

[9] PENEDER M. Industrial structure and aggregate growth[J]. Structural change and economic dynamics,2003,14(4):427-448.

第 2 章　主要概念与文献综述

高[①]。杨栋旭和于津平研究认为,外商直接投资的进入可以降低东道国的市场垄断程度,促进市场竞争,进而提高资源配置效率,推动当地企业生产效率提升[②]。孙晓华和王昀等研究认为,外商直接投资渠道溢出的 R&D 资本对全要素生产率具有一定的促进作用[③]。蒋樟生研究认为,直接投资行业内技术溢出和行业间后向关联程度能有效促进内资制造业技术效率和全要素生产率的提高[④]。还有学者认为外商直接投资的质量显著促进了全要素生产率的增长,但是这种影响存在明显的区域差异[⑤]和空间异质性[⑥]。此外,也有学者研究认为,直接投资的流入尚不能有效提升东道国的生产效率。Harrison 采用委内瑞拉数据进行实证分析,研究发现外商直接投资与全要素生产率的提升呈现负向关系[⑦]。盛明泉等研究发现,外商直接投资的引入自身优势挤出了本土竞争者,导致我国市场的不公平竞争,抑制了东部地区的全要素生产率[⑧]。王春法研究认为,大量直接投资的流入将抑制东道国企业的研发投入,抑制了东道国国内生产效率的提升,导致东道国企业不得不依赖跨国公司的现有生产技术[⑨]。范丹研究发现,外商直接投资阻碍了行业环境全要素生产率的增长[⑩]。也有部分学者从"污染天堂"假说的角度进行分析[⑪],即

---

① 孙浦阳,彭伟瑶. 外商直接投资、资源配置与生产率提升——基于微观数据的验证[J]. 中南财经政法大学学报,2014(06):131-139+160.

② 杨栋旭,于津平. 投资便利化、外商直接投资与"一带一路"沿线国家全要素生产率[J]. 经济经纬,2021,38(02):54-63.

③ 孙晓华,王昀,郑辉. R&D 溢出对中国制造业全要素生产率的影响——基于产业间、国际贸易和 FDI 三种溢出渠道的实证检验[J]. 南开经济研究,2012(05):18-35.

④ 蒋樟生. 制造业 FDI 行业内和行业间溢出对全要素生产率变动的影响[J]. 经济理论与经济管理,2017(02):78-87.

⑤ 李敏杰,王健. 外商直接投资质量与中国绿色全要素生产率增长[J]. 软科学,2019,33(09):13-20.

⑥ 冯伟,徐康宁. 外商直接投资对提升地区生产率存在溢出效应吗——来自我国省级动态面板数据的实证分析[J]. 财经科学,2014(02):114-121.

⑦ Harrison A. Do Domestic Firms Benefit from Direct Foreign Investment? Evidence from Venezuela[J]. American Economic Review,1999,89(3):1369-1401.

⑧ 盛明泉,刘悦. 外商直接投资如何影响企业全要素生产率[J]. 现代经济探讨,2021(06):84-93.

⑨ 王春法. FDI 与内生技术能力培育[J]. 国际经济评论,2004(02):19-22.

⑩ 范丹. 经济转型视角下中国工业行业环境全要素生产率及增长动力分析[J]. 中国环境科学,2015,35(10):3177-3186.

⑪ Copeland B R. International Trade and the Environment:Policy Reform in a Polluted Small Open Economy[J]. Journal of Environmental Economics and Management,1994,26(1):44-65.

基于利润最大化的考虑,跨国公司将污染产品的生产活动转移至发展中国家,从而制约了发展中国家全要素生产率的提升。

生产效率提升主要有两种源泉,一种是被动的"干中学"和技术外溢,另一种是主动的研发创新。然而,不论一个国家生产效率提升的动力来源于何种因素,其都会通过出口与进口对该国的贸易发展产生重要的促进作用[1],这一点在新贸易理论中也得到了支持。在生产效率与贸易发展的文献中,赵维、邓富华、霍伟东研究认为,完善产业链条引致的技术外溢来提升企业的全要素生产率,可以有效延伸贸易产业链,进而扩大东道国的竞争优势和贸易规模[2]。李小平研究认为,技术进步和进出口贸易之间处于长期均衡状态,且全要素生产率的提升将促进进出口贸易规模的增长[3]。黄建忠、郑智昕在H-O模型的基础上引入外生的希克斯中性技术进步,研究发现东道国出口部门的技术进步会促进该国出口规模和进口规模的增加[4]。也有学者认为东道国生产率与国际贸易存在负相关关系。梁会君、史长宽研究发现,东道国企业生产率对制造业企业出口有明显的负向影响,即存在"生产率悖论"[5]。

2.2.3 直接投资溢出的调节效应

直接投资存在多种溢出路径,但能否实现溢出效应还受到很多因素的影响,其风险来自外部环境以及内部条件因素所导致的不确定性[6],涉及政治、经济、文化以及社会等诸多方面。随着国际资本跨区域流动的快速发展,学术界对直接投资的影响因素及其溢出效应开

---

[1] 强永昌. 国际直接投资的贸易理论研究[M]. 上海:复旦大学出版社,2013.

[2] 赵维,邓富华,霍伟东. "一带一路"沿线国家互联网基础设施的贸易效应——基于贸易成本和全要素生产率的中介效应分析[J]. 重庆大学学报(社会科学版),2020,26(03):19-33.

[3] 李小平. 国际贸易与技术进步的长短期因果关系检验——基于VECM的实证分析[J]. 中南财经政法大学学报,2007(01):26-31.

[4] 黄建忠,郑智昕. 基于H-O模型的外生技术进步与国际贸易分析[J]. 商业研究,2011(09):111-115.

[5] 梁会君,史长宽. 中国制造业出口"生产率悖论"的行业分异性研究[J]. 山西财经大学学报,2014,36(07):59-69.

[6] 徐莉. 中国企业对外直接投资风险影响因素及控制策略研究[D]. 山东大学,2012.

第 2 章 主要概念与文献综述

展了大量研究。根据学术界现有研究表明,双边政治关系①②③、制度质量④⑤⑥⑦⑧⑨⑩、文化差异⑪⑫、资源禀赋⑬⑭⑮、市场规模⑯、投资壁

---

① Globerman S,D Shapiro. Global Foreign Direct Investment Flows:The Role of Governance Infrastructure[J]. World Development,2002,30(11):1899-1919.

② 张建红,姜建刚. 双边政治关系对中国对外直接投资的影响研究[J]. 世界经济与政治,2012(12):133-155+160.

③ 姜丽群,张新蕾,黄江英. 双边政治关系、投资动机与对外直接投资——基于12个主要交易国面板数据的实证研究[J]. 哈尔滨商业大学学报(社会科学版),2020(05):55-66.

④ Habib M,Zurawicki L. Corruption and Foreign Direct Investment[J]. Journal of International Business Studies,2002,33(2):291-307.

⑤ 蒋冠宏,蒋殿春. 中国对发展中国家的投资——东道国制度重要吗?[J]. 管理世界,2012(11):45-56.

⑥ 冀相豹. 中国对外直接投资影响因素分析——基于制度的视角[J]. 国际贸易问题,2014(09):98-108.

⑦ 谢孟军. 出口抑或对外投资——基于制度距离的视角[J]. 国际商务(对外经济贸易大学学报),2015(06):114-124.

⑧ 雷瑞. 中国与东南亚国家制度距离对投资的影响研究[J]. 经济问题探索,2017(05):148-154.

⑨ 王金波. 双边政治关系、东道国制度质量与中国对外直接投资的区位选择——基于2005—2017年中国企业对外直接投资的定量研究[J]. 当代亚太,2019(03):4-28+157.

⑩ 丁世豪,张纯威. 制度距离抑制了中国对"一带一路"沿线国家投资吗[J]. 国际经贸探索,2019,35(11):66-81.

⑪ 陈相森. 国家文化影响外商对华直接投资的实证分析[J]. 科学学与科学技术管理,2013,34(11):70-81.

⑫ 刘爱兰,王智烜,黄梅波. 文化差异比制度差异更重要吗?——来自中国对非洲出口的经验证据[J]. 世界经济研究,2018(10):91-107+137.

⑬ 王永钦,杜巨澜,王凯. 中国对外直接投资区位选择的决定因素:制度、税负和资源禀赋[J]. 经济研究,2014,49(12):126-142.

⑭ 吴亮,吕鸿江. 资源禀赋、制度环境与中国企业海外进入模式选择[J]. 国际经贸探索,2016,231(03):75-88.

⑮ 王晓颖. 东道国自然资源禀赋、制度禀赋与中国对ASEAN直接投资[J]. 世界经济研究,2018(08):123-134+137.

⑯ 杨嬛,邓涛涛. 市场距离、市场规模与中国企业对外直接投资的市场进入次序[J]. 经济管理,2017,561(09):20-34.

垒①②③、金融发展④⑤、金融市场效率⑥⑦、技术差距⑧、基础设施水平⑨等因素影响对外直接投资水平及其溢出效应。

从现有文献来看,学术界研究直接投资溢出效应侧重于聚焦东道国特征因素,如金融市场效率、基础设施水平、市场规模、资源禀赋等因素,而对直接投资的国家间差异的关注度不够,如制度距离、政治关系等。对于跨国公司而言,对东道国的直接投资是一项长期投资,其初期的直接投资决策可能取决于东道国的制度质量、金融市场效率以及资源禀赋等因素。但是跨国公司一旦开展新建企业或者并购活动后,这些因素对直接投资及其溢出效应的影响已经被固化。此时,企业直接投资溢出效应的影响因素更多地取决于未来的政治、文化等外部环境的不确定因素,即受到外部因素的调节效应。

2.2.4 研究评述及本书研究方向

从以上文献综述来看,直接投资与国际贸易的关系是复杂的。在20世纪80年代,传统贸易理论认为对外直接投资的发生会转移母国的生产能力,二者是相互替代的关系,而众多实证研究也支持了这一观点。随着国际资本流动的加快和国际贸易壁垒的弱化,众多学者认为直接投

---

① 王启洋,任荣明.投资壁垒的博弈分析及我国企业的应对策略研究[J].国际贸易问题,2013(03):88-94.

② 郭卫军,黄繁华.东道国外商投资壁垒与中国对外直接投资[J].世界经济研究,2020(05):85-97+136-137.

③ 陆建明,姚鹏,卢萌.投资壁垒与海外投资企业数量的增长边际[J].国际贸易问题,2020(01):144-158.

④ 蒋冠宏,张馨月.金融发展与对外直接投资——来自跨国的证据[J].国际贸易问题,2016,397(01):166-176.

⑤ 刘志东,高洪玮.东道国金融发展、空间溢出效应与我国对外直接投资——基于"一带一路"沿线国家金融生态的研究[J].国际金融研究,2019,388(08):45-55.

⑥ 刘和东,施建军.FDI技术溢出的渠道、影响因素分析[J].科技管理研究,2009,29(06):347-348+343.

⑦ 王雪,马野驰.东道国金融发展、经济政策不确定性与中国对外直接投资的空间溢出效应[J].云南财经大学学报,2021,37(08):1-15.

⑧ 陈涛涛.影响中国外商直接投资溢出效应的行业特征[J].中国社会科学,2003(04):33-43+204.

⑨ 郑秀君.我国外国直接投资技术溢出效应影响因素的实证研究[J].国际贸易问题,2007(03):72-77.

第 2 章 主要概念与文献综述

资可以有效促进国际贸易。目前,学术界大量实证研究均支持直接投资与国际贸易之间存在互补性的观点。然而,也有一些学者认为直接投资的贸易替代理论和贸易互补理论存在一定的假设前提和适用条件,这些假设条件在现实经济中很难得到满足,在现实经济中表现为既有替代关系,又有互补关系。由于国际环境和国内条件的变化,一个国家直接投资的贸易替代效应和贸易互补效应是动态发展的,这种变化的发展可能受到技术比较优势、产业结构和营商环境等多方面的影响。总体而言,学术界对直接投资贸易效应的研究取得了长足的发展,得到了很多具有理论意义和现实意义的研究成果,但是直接投资贸易效应研究也存在不少缺陷,还有较大的发展空间。

东盟国家是中国重要的直接投资目的地和贸易伙伴,中国对东盟国家直接投资的贸易效应也日益受到学术界的关注。然而,中国对东盟直接投资贸易效应方面的众多研究均停留在较浅层次,在理论分析和实证分析上均存在明显不足,主要有以下几个方面的缺陷。

第一,通过梳理相关文献可以发现,中国对东盟直接投资贸易理论的研究相对匮乏,多数研究基于跨国公司行为的对外直接投资理论作为分析框架。然而,中国对东盟直接投资具有自身特点,学术界尚未形成合理的理论模型和框架,这些理论的适用性仍需进一步分析。中国对东盟直接投资贸易效应的研究中,尚未有效深入触及其内在机理,即直接投资通过何种途径影响双边贸易。此外,现有文献研究视角较为单一,停留在研究直接投资与国际贸易的联系强度层面,缺乏从产业结构、生产效率、政治关系、文化认同、制度距离等角度考察中国对东盟直接投资的贸易效应。

第二,中国对东盟直接投资贸易效应的实证分析中,主要集中在直接投资与国际贸易规模的关系验证方面。从贸易规模视角论证了中国对东盟直接投资具有创造效应,但对直接投资与贸易结构、贸易条件和贸易竞争力等因素之间关系的研究较为缺乏。虽然少数学者从贸易产品结构层面分析了中国对东盟直接投资的贸易结构效应,但国内学者在该方面的研究也尚未完全展开,缺乏进一步深入研究。同时,在全球经济发展过程中,国际环境和双边政治等因素对直接投资与国际贸易之间关系的影响不可忽视。学术界较少关注外部因素对直接投资贸易效应的影响,导致直接投资贸易效应的结论存在偏误。此外,在实证分析中,众多研究在直接投资和贸易数据时间范围、贸易国家数量选取和控制变量选择上存在差异和问题,缺乏统一的研究框架,导致许多研究得出相反的结论。

第三,中国对东盟直接投资贸易效应的研究中缺乏异质性分析,导致其现实指导意义不强。部分学者研究了中国对东盟国家直接投资贸易效应的国别差异,但只是比较了不同国家之间贸易效应的差异,对国家和行业异质性因素缺乏更深入的分析。东道国在制度质量、营商环境、经济发展水平、技术吸收能力和研发投入强度等方面存在较大差异,这种差异无疑会影响直接投资对双边贸易发展的效果。同时,由于各国在国际分工中的地位存在差异,不同行业所处的产业链和价值链环节不同,不同行业直接投资可能对进出口贸易产生截然不同的影响。在国外文献中,较多研究从行业和产品层面切入以分析直接投资的贸易效应,而国内研究较少涉及行业和产品层面,导致直接投资贸易效应的现实意义不强。

第 3 章 直接投资贸易效应的理论分析框架

基于上一章的分析,本章在现有研究的基础上构建直接投资贸易效应的理论分析框架。具体而言,首先立足传统投资贸易效应的理论,为后文分析直接投资对双边贸易的直接效应奠定理论基础。其次,引入技术溢出理论、产业结构演进理论和产业链升级理论,形成较为完善合理的直接投资贸易效应的理论机制,为后文分析直接投资对双边贸易的间接效应提供理论支撑。最后,引入政治关系、文化认同、制度距离与直接投资贸易效应的相关理论分析,以更好地分析外部因素对直接投资贸易效应的调节作用。

3.1 直接投资贸易效应的理论基础

对外投资和国际贸易是国际分工的两种基本途径,随着各国对外直接投资和跨国公司的快速发展,二者之间的关系引发了经济学界的关注,并在理论层面进行了大量的有益探讨。早期对外直接投资和国际贸易理论或多或少隐含着二者相互关系的论述,但着重专门探讨二者关系的研究始于蒙代尔的投资贸易理论[①]。随后,越来越多的学者开始关注直接投资的贸易效应,并得到了较多的研究成果。根据现有理论文献,直接投资的贸易效应理论大致可以分为三类:一是直接投资的贸易替代效应;二是直接投资的贸易互补效应;三是直接投资的贸易混合效应,即直接投资与贸易之间的关系存在不确定性。

---

① 胡兵,乔晶. 我国对外直接投资的贸易效应及政策研究[M]. 北京:科学出版社,2019.

3.1.1 关于投资与贸易替代效应的相关理论

直接投资和国际贸易是参与国际市场竞争的两种不同方式,既可以选择开展直接投资活动以建立海外生产贸易网络,也可以采取出口贸易的方式参与全球贸易产品市场的竞争。因此,有学者认为直接投资与国际贸易是替代关系,其中主要理论为蒙代尔完全替代理论和赫斯特贸易替代理论。

3.1.1.1 蒙代尔完全替代理论

蒙代尔(Mundell)于1957年在《国际贸易与要素流动》一书中提出并建立了国际贸易与直接投资的替代关系模型。基于两个国家、两个产品和两种生产要素的假设,考察了两种极端情况:一是生产要素可以实现完全流动,国家或经济体之间不存在贸易往来;二是生产要素不能自由流动,但存在自由贸易。基于赫克歇尔-俄林的要素禀赋理论,蒙代尔完全替代模型也采用了两个国家、两种要素和两种产品的分析框架。在蒙代尔完全替代理论模型中,为保证商品的价格均等化、要素价格均等化的关系成立,提出了如下假设。

(1)假定存在A国和B国,则这两个国家的生产函数相同,且生产函数均为一次齐次方程形式,即投入与产出同比例增加或减少。

(2)假定存在X和Y两种产品,则一种产品的要素投入比例高于另一种产品的要素投入比例,即两种产品的要素投入不同。

(3)在条件(1)和(2)的基础上,假定A国和B国同时生产X产品和Y产品,即A国或B国不存在专业化生产形式。

作为分析的起点,假设生产要素在A国和B国之间不能自由流动,同时不存在任何贸易壁垒,即可以实现自由贸易。为了分析的方便,在前文假定的基础上,进一步假定A国、B国分别生产劳动密集型产品X、资本密集型产品Y。在这种情况下,由于生产要素的相对差异,A国和B国都存在相对比较优势,两国必然发生贸易往来,即A国出口劳动密集型产品X,选择进口资本密集型产品Y;而B国出口资本密集型产品Y,选择进口劳动密集型产品X。如图3-1所示,曲线TP、T'P'为A国、B国的生产可能性边界,直线l和L为贸易平衡状态下的商品相对价格。生产可能性曲线与商品相对价格曲线的切点为 A 国或 B 国的最佳生产组合点。对于 A 国而言,其最佳生产组合点为 e',最佳消费组合点为 e;相反,对于 B 国来说,其最佳生产组合点为 E',最佳消费组合点为 E。此时,A 国会选择出口 $O'e'$ 的产品 X,进口 $O'e$ 的产品 Y。相应的,B 国会选择进口 OE 的产品 X,出口 OE' 的产品 Y。根据贸易平衡关系,三角形 $O'e'e$ 与三角形 $OE'E$ 的面积大小相同。在相同的商品价格比率(直线 l 和 L 的斜率相同)条件下,A 国和 B 国达到了贸易平衡状态,将不会再发生资本的跨区域流动。

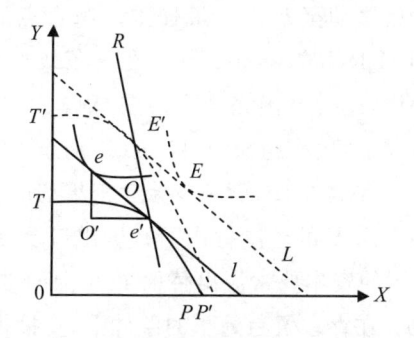

图 3-1 自由贸易情况下的蒙代尔完全替代模型

Figure 3-1　Mundell Complete Substitution Model in The Case of Free Trade

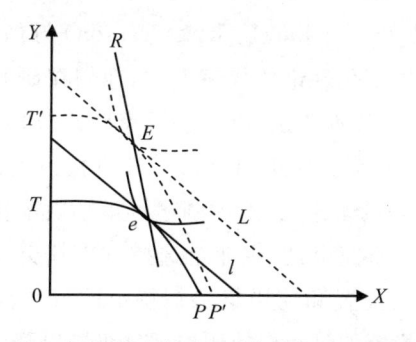

图 3-2 存在贸易壁垒情况下的蒙代尔完全替代模型

Figure 3-2　Mundell's Complete Substitution Model in the Presence of Trade Barriers

现在进一步分析生产要素可以实现完全流动且国家间不存在贸易往来的情况。在原有假设条件的基础上,我们继续假定 A 国对从 B 国进口的 Y 产品征收关税,即存在国家间存在贸易壁垒,这必然会增加 B 国产品 Y 在 A 国的销售价格。由于 B 国产品 Y 的销售价格高于 A 国生产的 Y 产品的价格,即存在价格差距和利润空间,因此 A 国生产部门将扩大 Y 产品的生产规模,导致生产要素从产品 X 生产部门流向产品 Y 的生产部门。如图 3-2 所示,由于产品 X 为劳动密集型产品,产品 Y 为资本密集型产品,A 国对从 B 国进口的 Y 产品征收关税后,B 国的资本要素流出并进入 A 国生产部门,导致 A 国的生产可能性边界从曲线 TP 外移至曲线 $T'P'$。在商品相对价格比率不变的情况下,A 国的最佳生产组合点从 e 点移动至 E 点。最佳生产组合点的连线为 R 线,即为雷布津斯基线(TM Rybczynski Line),在这条线上,资本要素可以实现对贸易的完全替代,此时 B 国完全不会向 A 国出口产品 Y。在 A 国消费结构不变的情况下,生产组合点从 e 点移动至 E 点也意味着 A 国增加资本密集型产品 Y 的生产,而减少劳动密集型产品 X 的生产,即 A 国增加资本密集型产品 Y 的生产替代了 B 国出口至 A 国的资本密集型产品 Y,换言之,B 国的资本要素流出替代了 A 国的进口贸易(B 国的出口贸易)。由此可见,在存在贸易壁垒的条件下,直接投资与国际贸易存在替代关系,且关税壁垒的存在促进了资本要素的跨区域流动。

3.1.1.2 市场内部化理论

英国学者巴克利(Buckley)、卡森(Casson)与加拿大学者拉格曼(Rugman)是市场内部化理论的代表人物,他们在研究中采用了新厂商理论和市场不完全的基本假定,以发达国家跨国公司为主要研究对象,将科斯的交易成本理论引入跨国公司对外直接投资的研究分析中,于 1976 年在《跨国公司的未来》一书中阐述了市场内部化理论。该理论认为,由于外部市场的不完全性,企业会选择以内部交易机制来取代外部市场,将知识要素的配置和使用集中在特定的行政范围内进行统一管辖,并在对外直接投资的过程中使用内部化机制以降低交易成本。该理论存在三个基本假设。

(1)在不完全市场竞争中,企业从事生产经营活动的目标是追求自身利润最大化。

(2)由于中间产品市场的不完全性特征,企业选择通过直接投资来克服外部市场的缺陷,同时在组织内部创造市场以获得最大化利润。

(3)跨国公司是跨越国界的市场内部化过程的产物。

企业实施内部化的动因主要有四点：一是防止企业在跨国生产经营中失去技术优势；二是源于企业参与特殊产品交易的需要；三是企业对规模经济的追求；四是利用内部转移价格获得高额利润，规避外汇管制和贸易壁垒。内部化理论可以解释大多数跨国企业的直接投资行为，当内部化过程超越国界，跨国公司便应运而生，其开展国际直接投资是为了避免因交易不确定性而导致的高交易成本，实质是企业在所有权基础上的管理与控制权的扩张，而不再是简单的资本转移过程。为实现利润最大化的目标，企业会比较其所需支付的交易成本与实施内部化的收益，再决定是否进行直接投资活动或者内部化行为。如果通过对外直接投资的方式所能获得的收益大于企业实施内部化的成本，其中内部化的成本包括通讯成本、政治风险成本、管理成本、国际风险成本、规模经济损失成本等，此时企业才会选择采用对外直接投资的方式来替代出口贸易。相对于蒙代尔模型，该理论较好地解释了发达国家和发展中国家国际资本流动的现象，更具有一般性。然而，该理论忽视了国际经济环境的影响，如市场结构、国家政策、行业竞争力量等因素。

3.1.2 关于投资与贸易互补效应的相关理论

3.1.2.1 边际产业扩张理论

日本学者小岛清(Kojima)于1977年在《对外直接投资论》一书中阐述了边际产业扩张理论，该理论认为产业转移应遵循一定的规律，即依次从已经处于或即将处于比较劣势的边际产业开始，这不仅为国内比较优势产业的发展提供了空间，也有利于东道国通过承接产业转移来实现产业结构升级。根据各国的投资实践，该理论将投资划分为"日本式对外直接投资"和"美国式对外直接投资"。"日本式对外直接投资"的投资主体为中小企业，多采用合资形式，且集中在发展中国家；而"美国式对外直接投资"的主体为大型跨国公司，多采用独资形式，将比较劣势产业转移到东道国，以维持自身的垄断地位。在投资与贸易的关系上，该理论认为"日本式对外直接投资"可以创造和扩大贸易，其与双边贸易存在互补关系。对外直接投资表现为货币资本的跨国流动,但其本质上还夹杂着技术、管理经验等生产要素。母国开展对外投资的过程中,企业会将技术、管理等比较优势移植到东道国,充分整合和利用东道国劳动力、资源等生产要素禀赋,有效降低交易成本和生产成本,使得东道国生产效率和能力得到快速提升,进而提升东道国的出口贸易规模和经济增长动能。同时,母国优先考虑从边际产业进行转移,可以为发展优势产业提供更充足的空间,以更低的成本进口东道国的初级产品,提高劣势企业的竞争能力。在边际产业转移理论中,小岛清也采用了 $2\times2\times2$ 的国际贸易分析框架,其模型的假设条件如下:

(1)假定 A 国拥有相对丰裕的资本,而 B 国则拥有充足的廉价劳动力,两国都生产不同数量的劳动密集型产品 X 和资本密集型产品 Y。

(2)假定 A 国在生产资本密集型产品 Y 上存在比较优势,而 B 国在生产劳动密集型产品 X 上存在比较优势。

(3)假定 A 国和 B 国的生产函数存在差异,且 A 国在资本密集型 Y 和劳动密集型产品 X 的生产中均存在技术优势。然而,两国在生产技术上存在差距,即在资本密集型产品 Y 的生产中存在较大的技术差距,而在劳动密集型产品 X 的生产中存在较小的技术差距。

(4)假定 A 国和 B 国的技术差距较小时,B 国较容易吸收 A 国的先进技术。同时,A 国在产业转移过程中的直接投资不是大量货币资本的流出,而是包含少量货币资本、技术、管理等要素的产业能力转移。

如图 3-3 所示,假定条件中不考虑少量货币资本的转移,A 国对 B 国的直接投资主要是先进技术的转移,因此 A 国生产可能性曲线不会发生变化。由于 A 国转移先进技术至 B 国,这使得 B 国劳动密集型产品 X 的供给增加,进而导致 A 国在劳动密集型产品 X 上的比较优势减弱,在资本密集型产品 Y 上的比较优势进一步增强。此时,A 国生产的最佳组合点从 E 点变为 E' 点,劳动密集型产品 X 的生产量减少,而资本密集型产品 Y 的生产增加。A 国消费的无差异曲线与商品相对价格比率曲线的切点从 T 点变成 T' 点。A 国对劳动密集型产品 X 的进口从 OT 变成 $O'T'$,对资本密集型产品的出口从 OE 变成 $O'E'$,贸易规模从三角形 OTE 变成三角形 $O'T'E'$。同理,由于接受 A 国的直接投资所带来的技术转移,B 国的生产可能性曲线从 PQ 向外拓展至 PQ'。由于商品的价格比率保持不变,B 国生产的最佳组合点将沿着 R 线(雷布津斯基线)向外移动。同时,B 国消费无差异曲线与商品价格比率曲线

第3章 直接投资贸易效应的理论分析框架

相切点从 e 点移动至 e′，该国对劳动密集型产品 X 的出口量从 ot 增加至 o′t′，对资本密集型产品的进口量从 oe 增加至 o′e′。B 国的贸易规模从三角形 ote 扩大至三角形 o′t′e′。由此可见，A 国对 B 国开展直接投资，扩大了两国的双边贸易规模。

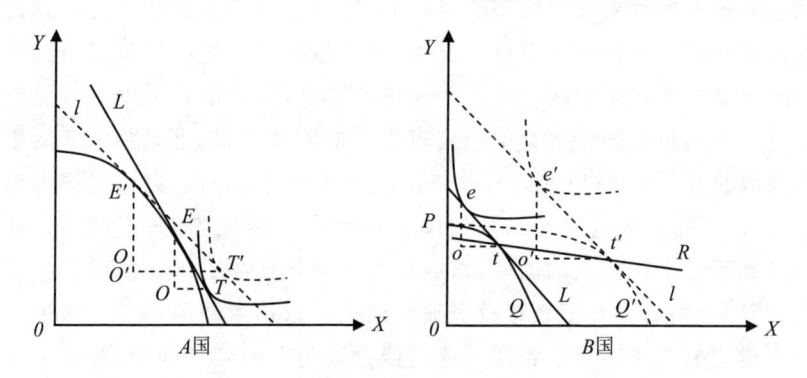

图 3-3 小岛清的边际产业扩张理论

Figure 3-3 Marginal Industrial Expansion Theory

3.1.2.2 新贸易理论

迪克西特（Dixit）和斯蒂格利茨（Stiglitz）于 1977 年在《垄断竞争和最优产品多样化》一文中提出了两难冲突模型（DS 模型）。随后，克鲁格曼（Krugman,1979）、赫尔曼（Helpman,1984）等人将该模型应用到国际贸易分析中，并逐步发展起来。在传统贸易理论的基础上，该理论吸收了投资活动中的产业组织理论的思想[①]，采用一般均衡模型解释直接投资与国际贸易的关系问题以及跨国公司的产生。在新贸易理论的分析中，仍然采用 2×2×2 的国际贸易模型的假设条件，该理论的建构目标在于阐释企业跨国投资的基本动因[②]。根据 Helpman(1984)、Helpman & Krugman(1985)的研究，假定两个国家外生禀赋存在差异性，在不同产品的生产过程中所使用的劳动和"通用要素"的投入比例也不同。基于利润最大化的考量，跨国企业将不同产品的生产环节进行跨区域分工布局，以充分利用不同国家的比较优势共同服务于企业生产经营

---

① 左孝顺.从新贸易理论看国际直接投资理论的新主张[J].南方经济,1996(02):25-26.
② 王阳.中国对欧盟直接投资的贸易效应研究[D].武汉大学,2016.

活动。在这种比较优势和要素资源配置状态下,一国将出口该国所生产的部分差异性产品,同时从另一国进口部分同质化产品。当两个国家的要素禀赋较为接近时,运输成本可能高于其在国外生产所获得的收益,这明显不利于企业的垂直化直接投资。只有当两国之间要素禀赋差异较大但远未达到极端的情况下,跨国企业才会选择对资本或技术稀缺的国家进行垂直型直接投资,将产品的整个生产环节布局在不同的国家。类似于边际产业扩张理论的结果,该类型直接投资将促使先进生产函数的国家放弃生产比较劣势的同质产品,而选择由落后生产函数的另一国家进行生产,并选择进口该国贸易产品,以满足国内市场需求。同时,先进生产函数的国家将生产比较优势的贸易产品,并出口到落后生产函数的国家,以满足其差异化产品需求。从国家角度看,跨国公司的垂直型直接投资战略促进了双边贸易的增长。该理论的突出贡献在于融合了跨国企业直接投资与国际贸易理论,解决了比较优势与收益递增的两难选择问题[①]。

3.1.3 关于投资与贸易混合效应的相关理论

3.1.3.1 产品生命周期理论

在研究国际贸易的理论中,众多学者主要从劳动力、资本、自然资源禀赋的视角考虑国际贸易。随着产业技术的快速发展,技术被认为是一种生产要素,其动态变化逐步被纳入引发国际贸易的重要因素集合。波斯奈(Posner,1961)建立的技术差距模型,各国在经济发展水平和技术上的差距使技术领先的国家存在相对比较优势,选择扩大技术密集型产品的出口,但随着原有先进技术的扩散以及他国的技术模仿,这种相对比较优势也会随之消失。该理论较为合理地解释了技术上的比较优势对国家间贸易的影响,但没有说明技术比较优势产生和消失的具体原因。

---

① 左孝顺. 从新贸易理论看国际直接投资理论的新主张[J]. 南方经济,1996(02):25-26.

第3章 直接投资贸易效应的理论分析框架

美国教授弗农(Vernon)于1966年在《产品周期中的国际投资与国际贸易》一文中提出并详细阐述了产品生命周期理论,其认为任何产品都会经历开发、引进、成长、成熟、衰退这几个阶段。基于技术创新、技术进步和技术传播的视角,产品生命周期理论较为合理地解释了跨国投资流向和国际贸易之间的变化关系、国际贸易比较利益动态化的发展过程。不同阶段的产品存在不同的特征:(1)在产品创新发展阶段。企业投入人力、资本等生产要素进行产品设计研发和测试生产,大规模生产和销售的条件还不成熟,新产品的价格往往较高,市场对该产品的接受度有限。此时,为控制潜在的投资风险,企业倾向于在国内进行生产,并以较高的价格出口到国外市场,而不选择进行对外投资。(2)在产品成长阶段。新产品的生产和销售趋于成熟,获得市场购买者认可,并获得了一定的市场份额。此时,企业倾向于标准化生产以扩大产品规模,采取更为主动的产品出口措施。然而,由于新产品在东道国市场占有率的提升,进口国出于保护本国企业利益的考虑,会实施贸易配额、提高关税和设置非关税壁垒等措施,提高企业的产品出口成本和数量,从而限制该产品的大规模进口。为绕开贸易壁垒,有效降低出口产品成本,企业往往选择在进口国或第三方国家进行直接投资,以逐步替代原有的产品出口贸易。同时,该行业存在超额利润,众多生产者涌入该行业参与产品生产,使同类产品供给量增加,价格随之下降,企业利润增长速度逐步减慢。(3)在产品成熟阶段。由于实施大规模出口贸易、直接投资以及行业竞争者的挤压,该产品实现了完全标准化和专业化,企业原有的技术优势基本丧失,价格优势成为该产品竞争力的核心。由于竞争的加剧和市场需求趋于饱和,同类产品生产企业进一步增加在产品质量、包装服务等方面的成本投入,产品边际收益持续下降。此时,企业为保持竞争优势,选择以直接投资的方式将生产转移到生产成本更低的国家或地区,并从该地区将产品出口到其他国家。(4)在产品衰退阶段。由于产品吸引力下降以及性价比更高的新产品进入市场,导致处于衰退阶段的产品的利润极低,已不能适应市场需求,但由于经济发展水平等因素的制约,不发达国家充分利用产品技术实现进口替代。如图3-4。

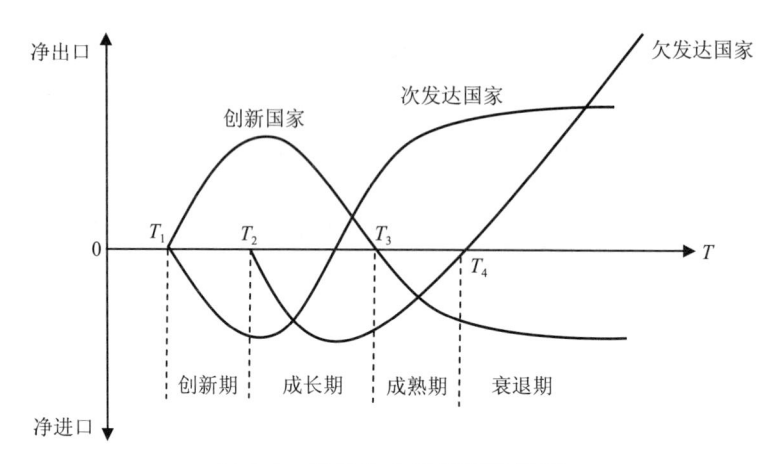

图 3-4 产品生命周期理论模型

Figure 3-4 Theoretical Model of Product Life Cycle

3.1.3.2 国际生产折衷理论

英国学者邓宁(Dunning)于 1977 年在《Trade,Location of Economic Activity and the MNE:A Search for an Eclectic Approach》[1]中首次提出了国际生产折衷理论,该理论融合了对外直接投资、国际贸易、产业区位选择等领域的研究成果,较为全面地解释了跨国公司对外直接投资和国际贸易的目的、路径和方式,其核心是所有权特定优势、内部化特定优势和区位特定优势,如表 3-1 所示。通过综合考虑企业的所有权优势、内部化优势、区位优势来探讨如何对外开展直接投资或者国际贸易。企业对外直接投资的前提是存在竞争优势,且所有权优势使得企业在国外生产比在国内生产更具比较优势。企业有能力利用所有权优势构建符合自身需求的跨国生产网络,实现跨区域的要素资源的优化配置和生产分工,减少外部交易成本以获取内部化优势。同时,企业的跨国投资经营活动还需要结合东道国的区位优势,比如市场发展情况、资源禀赋、制度质量、政策环境等因素。国际生产折衷理论认为,对外直接投资的必要条件是企业具有所有权优势和内部化优势,而区位优势则是企业对外直接投资的充分条件。若企业仅具备所有权优势,则企业不会选择开展直

---

① Dunning J H. Trade,Location of Economic Activity and the MNE:A Search for an Eclectic Approach[M]. Palgrave Macmillan UK,1977.

接投资活动,而是考虑将技术专利授权给东道国家企业进行生产销售;若企业具备所有权和内部化优势,采取出口贸易方式是企业发展的优先选项;若企业不仅具备所有权优势,还具备内部化优势和区位优势,则企业倾向于对外直接投资,实施区域乃至全球化发展战略,构建企业自身的跨国生产、供应和销售网络。

表 3-1 国际生产折衷理论的内涵

Table 3-1 Connotation of International Production Compromise Theory

	所有权优势	内部化优势	区位优势	企业选择
契约型	有	无	无	技术专利授权
贸易型	有	有	无	在国内生产,实施出口贸易策略
投资型	有	有	有	选择对外直接投资,开展跨国生产经营

3.2 直接投资贸易效应的理论机制:产业结构与生产效率视角

根据边际产业扩张理论、产品生命周期理论,由于母国与东道国存在产业级差,母国将不符合自身发展需求的产业或是处于衰退期的产品技术转移至东道国。显然,对于东道国而言,这些产业的转移符合该国的产业结构发展需求,也可以加快促使该国嵌入全球价值链分工体系中。母国企业进入东道国后,将逐步产生技术垂直和水平溢出效应,提高该国产品的规模化生产效率、国际市场竞争力,提升其在全球贸易网络的地位,促进该国与其他国家进出口贸易的发展。随着外商直接投资的大量涌入,东道国上下游企业的技术效率和技术水平得到显著提升,促进了该国低附加值、低效率的产业向高附加值、高效率的产业转型升级,进一步发挥该国的比较优势,以促进对外贸易高质量发展。

3.2.1 技术溢出理论

Macdougall[①]在分析一般福利效应时提出了技术溢出理论,后来该理论得到了学术界的广泛关注。经 Caves[②]、Kopecky[③]的继承和发展,逐步形成了较为完善的技术溢出理论。该理论认为,通过示范模仿、竞争以及培训等途径,直接投资的流入在水平方向上促进同行业内企业生产率的提高[④],而垂直方向上的技术溢出则提高上下游产业间的企业生产效率[⑤],也提高了东道国的资本存量和劳动生产率水平,推动了东道国企业的技术进步[⑥]。

伴随着直接投资的流入,其对东道国企业的技术溢出效应主要有三个渠道,即学习示范效应、竞争效应、人力资本效应以及改变东道国市场结构[⑦⑧]。首先,当跨国公司进入东道国后,其在生产过程中会积极运用先进的设计理念、前沿的生产技术和高效的组织管理经验,这将对东道国公司起到一定的示范作用,并促进积累性学习效应技术溢出和"干中学"行为的发生。通过"干中学"行为,东道国企业可以学习跨国公司的先进技术、工艺和管理经验,在自身发展实践中改进原有生产方式和优化管理方式等,进而提升东道国企业的生产力水平。其次,直接投资企业在东道国建立分支网络后,会加剧东道国人才市场和产品市场的竞

---

① Macdougall G D A. The benefits and costs of private investment from abroad:a theoretical approach 1 [J]. Oxford Bulletin of Economics and Statistics,1960,22(3):189-211.

② Caves R. E. Multinational Firms,Competition and Productivity in Host Country Market[J]. Economica,1974,41(162):176-193.

③ Kopecky K. Economic growth, capital movements and the international transfer of technical knowledge[J]. Journal of International Economics,1977,7(1):45-65.

④ 傅元海,唐未兵,王展祥. FDI 溢出机制、技术进步路径与经济增长绩效[J]. 经济研究,2010,45(06):92-104.

⑤ Lin,P,Liu, et al. Do Chinese domestic firms benefit from FDI inflow?:Evidence of horizontal and vertical spillovers[J]. CHINA ECONOMIC REVIEW -GREENWICH-,2009,20(4):677-691.

⑥ E. Borensztein. How does foreign direct investment affect economic growth? [J]. Journal of International Economics,1998,45(1):115-135.

⑦ Caves R. E. Multinational Firms, Competition and Productivity in Host Country Market[J]. Economica,1974,41(162):176-193.

⑧ 刘宇飞,王征. 基于外商直接投资渠道的国际技术溢出文献综述[J]. 科学决策,2017(02):76-96.

第3章 直接投资贸易效应的理论分析框架

争。为保护自身市场占有率和发展空间,东道国企业将提升自身的生产工艺水平、管理水平,优化研发创新资源配置效率①,进而提高自身的竞争优势和比较优势。从长期来看,竞争效应将促使东道国企业整体技术水平和管理能力的提升,促进该国实现相关产业的迭代升级。再次,跨国公司会聘用本地人员以满足东道国法律要求以及本地区市场管理需要,这将使得劳动者得到更好的培训和管理②。随着劳动力的流动,一些具有跨国企业工作经历的劳动者将进入东道国本土企业,会将其在跨国公司学习到的知识、技能和管理经验运用到本土公司的生产实践中,进而提高企业的生产效率水平③。这一渠道是直接投资实现技术溢出的重要传播方式,可以有效促进国家之间的贸易,符合小岛清的理论④。当然,直接投资给同行业东道国企业所带来的负向竞争效应大于正向集聚效应⑤,可能会对东道国企业产生负面溢出效应,导致该国企业的生产效率下降⑥。相对东道国企业,直接投资企业具有更为先进的管理和技术经验,其进入和存在可能会垄断东道国原有的产品市场,缩小东道国原有企业的市场规模⑦,抢占本地区企业的优质人力资本和稀缺资源,导致本土企业生产能力的下降⑧。

---

① 吴林海,罗佳,杜文献.跨国R&D投资技术溢出效应的理论分析框架[J].中国人民大学学报,2007(02):113-119.
② Grg H,Strobl E,F Walsh. Why Do Foreign-Owned Firms Pay More? The Role of On-the-Job Training[J]. World Scientific Book Chapters,2016.
③ Strobl H G. Features ‖ Multinational Companies and Productivity Spillovers: A Meta-Analysis[J]. Economic Journal,2001,111(475):F723-F739.
④ 唐杰英.日本对外直接投资的贸易效应及其启示[J].世界经济研究,2009(12):65-70+86.
⑤ 李平,卢霄.外资自由化与中国制造业企业生产率[J].南开经济研究,2020,(04):88-106.
⑥ 毛其淋,方森辉.外资进入自由化如何影响中国制造业生产率[J].世界经济,2020,43(01):143-169.
⑦ Aitken B J,Harrison A E. Do Domestic Firms Benefit from Direct Foreign Investment? Evidence from Venezuela[J]. American Economic Review,1999,89(3):605-618.
⑧ 何洁.外国直接投资对中国工业部门外溢效应的进一步精确量化[J].世界经济,2000(12):29-36.

3.2.2 产业结构演进理论

产业结构演进的思想理论最早可以追溯到古典经济学时期,其整体发展过程呈现出一定的规律性①。配第(William Petty,1671)在《政治算术》中描述了产业间收入差异状态下人口在农业、制造业和商业之间转移的现象,揭示了劳动力在产业转移和产业结构演进中的一般规律。新西兰经济学家费夏(Fisher,1935)在《安全与进步的冲突》中对各国的产业数据进行分析后提出了三次产业的划分方法。随后,英国经济学家、统计学家克拉克(Clark,1940)在吸收和继承配第(Petty)和费夏(A. G. Fisher)观点的基础上,在《经济发展条件》一书中提出了"配第—克拉克定理",其认为伴随着国民收入的增加,一国的劳动人口先逐步从第一产业流向第二产业,然后继续从第二产业转移到第三产业,其最终结果是劳动力在第一产业的占比逐年降低,在第二产业和第三产业中的占比逐年增加。基于克拉克(Clark)等人的研究,库兹涅茨(Kuznets,1941)在《国民收入及其构成》一书中提出并阐述了国民收入与产业结构之间的联系,形成了著名的库兹涅茨产业结构理论。该定理认为,随着一国经济的不断持续增长,农业部门的增加值在整个国民收入中的比重逐步降低,同时农业劳动力在全部劳动力人口中的比重也相应下降;工业部门的增加值在整个国民收入中的比例保持增长趋势,但工业部门所吸纳的劳动力人数在全部劳动力中所占的比重基本保持不变,其根本原因是工业部门的劳动生产效率始终在不断提升;服务部门所吸纳的劳动力和产出所占的比重都处于上升态势。

德国经济学家霍夫曼(Hoffmann,1931)在《工农业化的阶段和类型》一书中提出并阐述了著名的"霍夫曼定理"。该理论认为,工业不同性质部门之间的发展趋势存在差异,即消费资料工业净产值、资本资料工业净产值所占比重存在波动。随着工业化发展进程的推进,消费资料工业净产值与资本资料工业净产值的比例呈现下降趋势,这意味着工业化程度越高,该比值也越小。在此基础上,霍夫曼根据比值区间标准将工业化划分为四个不同的发展阶段。在工业化发展的第一阶

---

① 易善策. 产业结构演进与城镇化互动发展研究[D]. 武汉大学,2011.

段,霍夫曼比例为5(±1),此时消费资料工业的生产处于主导地位,而资本资料工业的产出仍处于较低水平;在工业化发展的第二阶段,霍夫曼比例为2.5(±1),此时消费资料工业的增速明显滞后于资本资料工业的增速,但消费资料工业的产出水平仍处于较高水平;在工业化发展的第三阶段,霍夫曼比例是1(±0.5),此时消费资料工业与资本资料工业的产出规模基本持平;在工业化发展的第四阶段,霍夫曼比例小于1,资本资料工业的产出规模已经远超消费资料工业部门。霍夫曼定理较好地解释了随着经济的发展,初级产品的生产比例优势逐步被中间产品、最终产品所替代,劳动密集型产业的优势逐步被资本、技术密集型产业所替代[①],实现产业结构的高级化演进。

3.2.3 产业链升级理论

英国古典经济学家斯密(Adam Smith,1776)在《国富论》中阐述了关于分工的观点和论述,这是关于产业链思想的最早起源,其隐含的朴素的产业链分工思想仅聚焦企业内部活动和自身资源的利用。在此基础上,马歇尔(Marsll,1920)把分工思想扩展到企业与企业之间,强调不同企业间分工协作的重要性[②]。美国发展经济学家赫希曼(Hirschman,1958)在其《经济发展战略》一书中论述了产业链的概念,其从根本上说明了发展主导产业的必要性以及产业的前向关系和后向关联的标准。然而,随着学术界转向关注供应链、价值链等理论,对产业链的理论分析的关注度降低[③④]。杨公朴和夏大慰(2002)在《现代产业经济学》中指出,产业链的实质是产业关联,由前向和后向关联关系组成的一种网络结构,这种关于产业链的论述较符合社会认知。

美国经济学家格里芬(Gereffi,1999)认为,产业结构升级是一个企业或者经济体迈向具有获利能力的资本和技术密集型经济领域的过程,并将产业升级划分为四个不同层次。一是产品层次的升级,即同类型商

[①] 潘伟康. 农业 FDI 的贸易效应及其微观解释[D]. 浙江大学,2018.

[②] 魏然. 产业链的理论渊源与研究现状综述[J]. 技术经济与管理研究,2010(06):140-143.

[③] 李一鸣,刘军. 产业发展中的相关理论与实践问题研究[M]. 成都:西南财经大学出版社,2006.

[④] 刘贵富. 产业链基本理论研究[D]. 吉林大学,2006.

品的功能和用途逐步扩大化；二是在经济活动层次上的升级，即提升企业在研发设计、生产和销售等环节的能力；三是在部门层次上的升级，即从单一部门向复杂部门、从低端生产制造环节向高端生产性服务业发展，拓展产业链的前向和后向关联度；四是部门间层次上的升级，即从低技术水平、低效率部门、低附加值状态向高技术水平、高效率部门、高附加值状态的动态转变①。在 Gereffi 产业结构升级层次分类的基础上，Humphrey 和 Schmitz(2002)提出了新的产业升级分类方法，即流程升级（Process Upgrading）、产品升级（Product Upgrading）、功能升级（Functional Upgrading）和链条升级（Intersecoral Upgrading）。在这些类型中，流程升级、产品升级集中在企业内部经济活动中，其核心是降低成本和提升产品的市场竞争力。功能升级强调向价值链高端环节攀升，承担产业链的关键环节的研发、生产和销售，而链条升级则要求剥离原有的生产经营活动而进入新的产业链，将原有技术生产能力应用到新的产业领域②。从区域产业链转移和分工角度来看，不发达经济体在产业升级的过程中存在四个渐进性的阶段，即组装（OEA, Original Equipment）、贴牌生产（OEM, Original Equipment Manufacture）、自主设计制造（ODM, Original Design Manufacture）以及自主品牌制造（OBM, Original Brand Manufcture），比如韩国、新加坡等东亚经济体均沿着 OEA—OEM—ODM—ODB 的路径发展。日本学者小岛清（Kojima）在1977年出版的《对外直接投资论》中阐述了边际产业扩张理论，提出将处于或即将处于比较劣势地位的边际产业转移到该产业正处于优势地位或具有潜在比较优势的经济体。对于承接产业转移的国家而言，采取以吸收外国直接投资的方式快速切入产业链分工体系，同时参与并嵌入全球价值链网络，这本质上也是不发达经济体实现产业结构升级的重要方式。

---

① 朱卫平,陈林.产业升级的内涵与模式研究——以广东产业升级为例[J].经济学家,2011(02):60-66.
② 吴彦艳.产业链的构建整合及升级研究[D].天津大学,2009.

3.3 直接投资贸易效应的理论拓展：外部因素的调节效应视角

从前文的理论分析中可以看到，母国企业开展直接投资活动以转移优质富余的产能至东道国，通过示范模仿、竞争以及培训等途径对东道国上下游企业产生技术垂直和水平溢出，可以提升东道国相关产业的生产效率，促进东道国的产业结构转型升级，进而提升东道国与其他国家的贸易发展水平。然而，正如《跨国公司的未来》中所描述的，"直接投资的流动反映了全球社会、地理和政治关系的格局……直接投资本身就是转移社会态度和社会结构的机制，所以国家间的相同因素会影响直接投资"[1]。一般而言，不同国家在资源禀赋、金融效率、制度环境等方面存在差距，这些因素会对直接投资的贸易效应产生影响。对于中国与东盟国家而言，双边政治关系、制度距离以及文化差异对直接投资贸易效应的影响更为明显。因此，下面重点分析政治关系、制度距离和文化认同与直接投资溢出效应的关系。

3.3.1 政治关系与直接投资溢出

对外直接投资是一项长期性的跨区域资本流动，其短期内很难从东道国逃离或撤离[2]。在国家间发生政治冲突时，东道国政府能较容易地将冲突成本转移给在其国境内的母国投资商，其必然会破坏直接投资企业与国内企业的产业内贸易联系。因此，双边政治关系成为影响一国对外直接投资的溢出效应的重要因素。现有文献研究表明，学术界对政治关系与直接投资溢出效应的关系进行了大量有益的探索，得到了一致的

---

[1] Buckley P J, Casson M. The Future of the Multinational Enterprise 25th Anniversary [M]. London: Palgrave Macmillan, 2002.

[2] 韩剑，徐秀军. 美国党派政治与中国对美直接投资的区位选择[J]. 世界经济与政治, 2014(08):135-154+160.

结论,即双边政治关系的友好与亲密可以促进直接投资的发展[1][2][3]。从理论上看,政治关系的优化有利于各种规则的完善,降低企业外部发展环境的不确定性,有助于投资者对东道国制度的适应与自我调整和修正[4],有助于直接投资企业更好地进行技术扩散和进出口贸易活动。具体表现为:第一,友好的双边政治关系降低了经济发展环境的不确定性[5],对东道国制度环境具有一定的优化效应[6],减少东道国政治风险给直接投资带来的不利影响[7][8],更好地促进对外直接投资的发展,对一些比较敏感和重要的投资活动能起到保障作用[9],为企业的直接投资溢出创造了相对稳定的空间。第二,友好的双边政治关系能够改善企业直接投资的形象,发挥直接投资选择的信号作用,增强企业赴东道国开展直接投资的意愿[10],有助于扩大企业对外直接投资的规模,提高跨国投资活动的成功率[11],进而更高效地开展产业内和产业间贸易活动。

---

[1] Nigh D. Political Events and the Foreign Direct Investment Decision: An Empirical Examination[J]. Managerial & Decision Economics,1986,7(2):99-106.

[2] Desbordes R, Vicard V. Foreign direct investment and bilateral investment treaties: An international political perspective[J]. Journal of Comparative Economics,2009,37(3):372-386.

[3] 戴利研,李震. 双边政治关系、制度质量与中国对外直接投资[J]. 经济理论与经济管理,2018(11):94-109.

[4] 张建红,姜建刚. 双边政治关系对中国对外直接投资的影响研究[J]. 世界经济与政治,2012(12):133-155+160.

[5] 王珏,李昂,周茂. 双边政治关系距离对中国出口贸易的影响:基于联合国大会投票数据的研究[J]. 当代财经,2019(01):96-107.

[6] 刘晓光,杨连星. 双边政治关系、东道国制度环境与对外直接投资[J]. 金融研究,2016(12):17-31.

[7] 杨连星,刘晓光,张杰. 双边政治关系如何影响对外直接投资——基于二元边际和投资成败视角[J]. 中国工业经济,2016(11):56-72.

[8] 韩民春,江聪聪. 政治风险、文化距离和双边关系对中国对外直接投资的影响——基于"一带一路"沿线主要国家的研究[J]. 贵州财经大学学报,2017(02):84-91.

[9] 张建红,姜建刚. 双边政治关系对中国对外直接投资的影响研究[J]. 世界经济与政治,2012(12):133-155+160.

[10] 姜丽群,张新蕾,黄江英. 双边政治关系、投资动机与对外直接投资——基于12个主要交易国面板数据的实证研究[J]. 哈尔滨商业大学学报(社会科学版),2020(05):55-66.

[11] 杨连星,刘晓光,张杰. 双边政治关系如何影响对外直接投资——基于二元边际和投资成败视角[J]. 中国工业经济,2016(11):56-72.

3.3.2 文化认同与直接投资溢出

文化认同是民族、国家或区域范围内共同的文化心态,也是跨区域文化交流的桥梁,是区域经济合作尤其是跨区域经济合作的"黏合剂"[1]。由于地域、民族、文化、习俗和历史背景存在较大的差异性,不同交际的主体在交流过程中可能存在障碍和隔阂,这也使得文化认同在跨文化交际中的重要性日益凸显[2]。来源于种群、教化与意识的文化认同感能减少投资决策过程中的信息不对称,有利于投资者对其企业产品的市场预期,减少企业经营过程中的交易成本,大大增加直接投资的可行性[3],在直接投资及其溢出效应中发挥着"润物细无声"的重要作用。然而,现有研究对文化因素的关注不够,且主要关注文化距离、文化差异对直接投资和贸易的影响。一般而言,文化认同水平越高,国家间的文化差异和距离将会越小。国家间文化认同的差距会产生"外来者劣势",使得跨国公司在与东道国企业的市场竞争中处于先天性不利地位,进而不利于母国对东道国直接投资[4][5],也不利于直接投资在东道国水平和垂直方向上的技术溢出。这一观点得到了众多学者的验证,即文化距离抑制了对外直接投资[6][7][8],进而影响直接投资对双边贸易的促进作用。也有学者认为,在文化距离较大时,跨国公司管理人员可能对东道国的认知存在偏差,增加了交流过程中的信息解释成本,这不利于母国对东

---

[1] 李建平. 文化认同理念与中国—东盟文化产业合作发展[J]. 沿海企业与科技,2007(02):1-3.
[2] 高英祺,梁玉. 文化认同与跨文化交际[N]. 光明日报. 2014-09-07.
[3] 顾国达,张正荣. 文化认同在外商直接投资信号博弈中的作用分析[J]. 浙江社会科学,2007(01):16-21.
[4] Zaheer S. Overcoming the Liability of Foreignness[J]. The Academy of Management Journal,1995,38(2):341-363.
[5] 殷华方,鲁明泓. 文化距离和国际直接投资流向:S型曲线假说[J]. 南方经济,2011(01):26-38.
[6] 綦建红,杨丽. 中国OFDI的区位决定因素——基于地理距离与文化距离的检验[J]. 经济地理,2012,32(12):40-46.
[7] 谢孟军. 文化"走出去"的投资效应研究:全球1326所孔子学院的数据[J]. 国际贸易问题,2017(01):39-49.
[8] 李俊久,丘俭裕,何彬. 文化距离、制度距离与对外直接投资——基于中国对"一带一路"沿线国家OFDI的实证研究[J]. 武汉大学学报(哲学社会科学版),2020,73(01):120-134.

道国开展直接投资①,继而弱化直接投资对双边贸易的引致效果。还有学者认为,紧密的文化交流拉近了中国与东道国的距离,增进了国家间感情②,降低了文化差异的负面影响,其对中国对外直接投资的影响存在异质性条件约束③,适度的文化距离在一定程度上可以降低企业的投资风险④,提高中国对外直接投资的效率,继而发挥其对双边贸易的引致效果。

3.3.3 制度距离与直接投资溢出

制度安排可以有效降低交易成本,进而推动企业对外直接投资⑤。从制度经济学视角研究直接投资和贸易发展问题得到了越来越多研究者的关注,一般认为母国与东道国之间的制度距离差异决定了企业交易成本的大小,它是影响双边经贸发展的重要因素。从直接投资角度来看,李世杰等研究认为,亚洲国家的制度质量影响着中国直接投资的效率,其中政治制度和经济制度对直接投资效率具有提升作用⑥。钱进、王庭东研究认为,发展中经济体的制度不完善是中国对外直接投资的动因⑦。祁春凌等研究认为,良好的制度因素会显著影响中国对外直接投资的规模⑧。陈兆源研究发现,东道国较高的民主程度将减少中国对该

---

① Karunaratna D A. Developing a multidimensional instrument to measure psychic distance stimuli[J]. Journal of International Business Studies,2006,37(5):578-602.

② 刘希,王永红,吴宋. 政治互动、文化交流与中国 OFDI 区位选择——来自国事访问和孔子学院的证据[J]. 中国经济问题,2017,303(04):98-107.

③ 许陈生,王永红. 孔子学院对中国对外直接投资的影响研究[J]. 国际商务(对外经济贸易大学学报),2016(02):58-68.

④ 蒋冠宏. 制度差异、文化距离与中国企业对外直接投资风险[J]. 世界经济研究,2015(08):37-47+127-1285.

⑤ 岳咬兴,范涛. 制度环境与中国对亚洲直接投资区位分布[J]. 财贸经济,2014(06):69-78.

⑥ 李世杰,程雪琳,金卫健. 制度质量影响中国对"一带一路"沿线国家 OFDI 效率了吗?[J]. 宏观质量研究,2021,9(03):36-49.

⑦ 钱进,王庭东."一带一路"倡议、东道国制度与中国的对外直接投资——基于动态面板数据 GMM 的经验考量[J]. 国际贸易问题,2019,435(03):101-114.

⑧ 祁春凌,邹超. 东道国制度质量、制度距离与中国的对外直接投资区位[J]. 当代财经,2013,344(07):100-110.

国的直接投资规模①。丁世豪等采用2005—2016年中国对"一带一路"沿线国家直接投资的数据进行分析,研究发现中国对"一带一路"沿线国家投资整体上呈现"制度接近"特征,制度距离对直接投资具有显著的抑制作用②。赵云辉、赵传莉等研究认为,制度差异对中国对外直接投资产生负向影响,而相似的制度质量能够使中国企业更熟悉东道国市场交易规则,降低交易成本,呈现出"风险规避"的特征③。姚辉斌、张亚斌研究发现,中国对外直接投资存在风险偏好特征,即倾向于在制度质量较差的国家进行直接投资活动④。也有学者研究认为,制度距离与中国对外直接投资呈U型关系⑤。从贸易角度来看,许家云、周绍杰和胡鞍钢研究认为,中国与"一带一路"沿线国家之间在宏观经济制度以及微观经济制度方面的差异抑制了双边进出口贸易的发展,并且这种抑制作用在长期更为显著⑥。刘德学、孙博文研究认为,制度距离越小,越有利于开展双边贸易,而制度距离的缩小主要通过降低多边贸易成本、提高贸易自由度来实现对贸易发展的促进作用⑦。

3.4 本章小结

直接投资的贸易互补效应、替代效应以及混合效应理论是对直接投

---

① 陈兆源.东道国政治制度与中国对外直接投资的区位选择——基于2000—2012年中国企业对外直接投资的定量研究[J].世界经济与政治,2016,435(11):129-156+160.
② 丁世豪,张纯威.制度距离抑制了中国对"一带一路"沿线国家投资吗[J].国际经贸探索,2019,275(11):66-81.
③ 赵云辉,赵传莉,陶克涛.制度差异、二元经验与中国对外直接投资——基于50个"一带一路"国家和20个发达国家的经验证据[J].现代财经(天津财经大学学报),2020,371(12):64-78.
④ 姚辉斌,张亚斌.要素禀赋差异、制度距离与中国对"一带一路"沿线国家OFDI的区位选择[J].经济经纬,2021,200(01):66-74.
⑤ 武立东,杨军节.制度距离、双边外交关系和对外直接投资——基于中国宏观数据的实证分析[J].预测,2016,210(03):26-31.
⑥ 许家云,周绍杰,胡鞍钢.制度距离、相邻效应与双边贸易——基于"一带一路"国家空间面板模型的实证分析[J].财经研究,2017,422(01):75-85.
⑦ 刘德学,孙博文.经济制度距离与贸易发展——基于跨国面板数据的实证研究[J].国际商务(对外经济贸易大学学报),2019,186(01):21-33.

资与国际贸易发展经验的总结和完善。在传统直接投资的贸易效应理论中,蒙代尔完全替代理论将生产要素流动和双边贸易流动分割开,从母国与东道国贸易平衡的角度来分析直接投资对双边贸易的替代效应。内部化理论选择从跨国公司层面进行分析,将交易成本理论引入跨国公司对外直接投资领域,认为直接投资是为了降低因交易不确定性而导致的高交易成本,防止技术扩散而采取的内部化措施,这将减少国家间双边贸易的联系。边际产业转移理论则认为,企业通过直接投资活动将比较劣势产业转移到东道国以维持自身的垄断地位,其资本、技术、经营管理知识将提升东道国的生产能力和对外贸易能力,进而满足母国的贸易产品需求,这表现出直接投资对双边贸易的创造效应。新贸易理论认为,在国家间比较优势较大的情况下,跨国企业将选择垂直型直接投资活动进行产品生产环节的跨区域分工布局,进而更好地满足不同国家的贸易产品需求。产品生产周期理论认为,跨国投资和国际贸易流向之间的变化关系、国际贸易中的比较利益会动态化发展,导致直接投资与国际贸易的关系发生不同的变化。国际生产折衷理论认为,企业在全球化范围内进行要素资源的优化配置,将产业链、供应链和价值链的不同环节配置在不同区位,对外直接投资与国际贸易之间的替代效应或者互补效应也随之发生变化。在经济全球化发展的不同阶段,这些理论从多角度相对合理地解释了直接投资贸易效应。

随着区域产业网络化分工的发展,直接投资与国际贸易的关系逐渐复杂化。跨国公司开展直接投资旨在建立海外生产基地,谋求实现跨区域范围内配置资源、构建供应链体系和布局生产网络,实现了优质富余产能的跨区域转移分工,这必然将极大地促进国家间的贸易往来。从传统国家间比较优势或企业追求利润最大化的角度看,直接投资表现出与国际贸易规模、结构和国别上的直接效应。然而,基于中国对东盟直接投资与双边贸易发展的实际,这种投资贸易效应还体现在间接效应层面。不同于边际产业转移理论和新贸易理论,中国对东盟的直接投资是在有效发挥东盟国家的比较优势的基础上,充分提升东盟国家的产业发展能力,促进产业结构升级和生产效率提升,进而提高双边贸易网络发展水平。结合技术溢出理论、产业结构演进理论以及产业链升级理论来看,本书在深入分析后认为直接投资与国际贸易还存在两条主要的间接效应作用渠道,即跨国企业开展直接投资活动,促进东道国产业结构升级和生产效率提升,进而促进国际贸易发展。同时,由于国家间政治关

第3章 直接投资贸易效应的理论分析框架

系波动、制度质量的差距以及文化差异等诸多方面的影响,直接投资的贸易效应也可能会因外部因素的影响而变化。因此,本书尝试创新性地引入政治、文化和制度相关的理论来分析直接投资贸易效应的外部调节。通过直接效应、间接效应和调节效应的分析,形成相对完善的直接投资贸易效应的框架体系,以期较为全面透彻地解释中国对东盟直接投资贸易效应的本质与表征。根据现有理论和分析框架,本书形成了研究思路的理论前提和基础,并绘制了直接投资贸易效应的逻辑路径示意图,如图3-5所示。

理论基础1:直接投资存在贸易创造或者替代效应,但由于东道国的发展存在差异,直接投资的贸易效应也存在不同。

理论基础2:东道国产业结构升级和生产效率提升是直接投资溢出效应的重要路径。

理论基础3:直接投资溢出效应受到国家间政治关系、文化认同和制度距离等因素的影响。

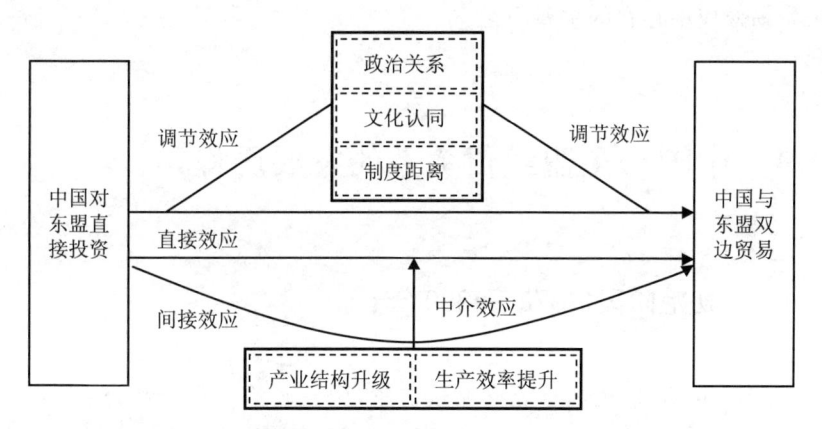

图 3-5 中国对东盟直接投资贸易效应的逻辑路径

Figure 3-5 The Logical Path of the Trade Effect of China's Direct Investment in ASEAN

第4章 中国对东盟直接投资贸易效应的现实考察

为了更好地分析中国对东盟直接投资的贸易效应,本章首先分析了中国与东盟国家经贸关系的发展历程和中国对东盟直接投资的情况;其次,从直接效应、间接效应和外部因素调节效应的角度,详细阐述并分析了中国对东盟国家直接投资的贸易效应,为后文实证分析提供事实依据;最后,结合中国与东盟国家的发展实际,阐述了中国对东盟直接投资的贸易效应中存在的主要问题。

4.1 中国与东盟经贸关系的发展历程

4.1.1 初始阶段(1978—1990年)

1972年2月,美国总统尼克松访华,中美政治关系缓和,这为中国与东南亚国家改善双边关系提供了良好的国际环境。1974年5月31日,马来西亚与中国正式建立外交关系。次年,菲律宾和泰国也先后与中国建交,中国与东南亚国家的政治关系明显缓和,为双边发展经贸关系提供了有力保障。1978年改革开放后,在相对稳定的政治关系保障下,中国与马来西亚、泰国等东南亚国家的贸易日渐增加。1978年,中国与马来西亚的双边贸易总额仅为2.74亿美元,其中出口贸易额为1.63亿美元[①]。到1989年,中国与马来西亚双边贸易额达到10亿美

---

① 王勤.中马经贸关系的发展:回顾与展望[J].南洋问题研究,2000(02):18-23.

第4章 中国对东盟直接投资贸易效应的现实考察

元,相互投资累积为9亿美元①。如表4-1所示,为推进和发展双边经贸关系,在此期间,中国与东南亚国家签订了一系列经贸合作协议。1978年,中国与泰国签订了《双边贸易协议》,设立了联合贸易委员会。1985年,中国与泰国签署了《关于促进和保护投资协议》等文件,并于第二年签署了《避免双重征税和防止偷漏税协议》,并成立"泰中投资贸易促进会"。1987年,中国与马来西亚签署《海运协定》。1988年,中国与马来西亚签署《贸易协定》《投资保障协定》和《建立经济及贸易委员会协定》等文件。这些协议的签订为中国与东盟国家开展全方位合作提供了指引,但该阶段中国与东盟国家的经贸关系不够紧密,经贸合作水平仍处于初始状态。

表4-1 中国与东盟经贸关系发展的初始阶段(1978—1990)

Table 4-1 Initial Stage of Development of Economic and Trade Relations between China and ASEAN(1978—1990)

时间节点	经贸成果
1978年	中泰两国签订《双边贸易协议》,设立联合贸易委员会,且每年举行一次会议
1985年	中国与泰国签署《关于成立经济合作联合会协议》《避免双重征税协议》《关于促进和保护投资协议》
1986年	中国与泰国签署《避免双重征税和防止偷漏税协议》,泰方成立"泰中投资贸易促进会"
1987年	中国与马来西亚签署《海运协定》
1988年	中国与马来西亚签署《航空服务协定》《贸易协定》《投资保障协定》和《建立经济及贸易委员会协定》

注:作者整理。

4.1.2 深入阶段(1991—2001年)

1991年7月,外交部长钱其琛受邀出席东盟外交部长会议,这开启

---

① 陆建人. 中国与马来西亚经贸关系分析[J]. 创新,2015,9(02):92-96+128.

了中国与东盟的对话合作进程,为双边经贸关系的发展奠定了良好的基础。1995年,中国与东盟国家贸易额仅为203.74亿美元,而中国对东盟国家直接投资为1.523亿美元[①]。1997年,亚洲金融风暴对东南亚货币产生了剧烈冲击,而中国采取"人民币不贬值"的措施,提出了应对危机的"中国方案",增强了东盟国家克服危机的决心,缓解了亚洲金融危机,为双边经贸关系的深入发展奠定了基础。同年12月,中国与东盟举行了第一次领导人非正式会议,共同确定建立面向21世纪的睦邻互信伙伴关系,这也为双边经贸关系的进一步发展奠定了坚实的基础。2001年,双边贸易突破400亿美元,较1995增长了1.97倍。在经贸关系发展的深入阶段,中国与东盟国家共同签署了一系列经贸合作协议,如表4-2所示。1992年,中国与菲律宾签署《鼓励投资与互惠保护协定》,第二年又签署了《经济技术合作协定》。1994年,中国与印尼两国共同签署了《促进和保护投资协定》。1997年,中国与泰国共同签署了《贸易经济和技术合作谅解备忘录》。1999年,中国与新加坡签署了《经济合作和促进贸易与投资的谅解备忘录》《促进和保护投资协定》等文件。这些经贸协议的签署推进了中国与东盟国家经贸领域的务实合作,为进一步深化开展投资贸易提供了有效保障。

表4-2 中国与东盟经贸关系发展的深入阶段(1991—2001)

Table 4-2 Indepth Development Stage of Economic and Trade Relations between China and ASEAN(1991—2001)

时间节点	经贸成果
1992年	中国与菲律宾签署《鼓励投资及互惠保护协定》
1993年	中国与菲律宾签署《经济技术合作协定》
1994年	中国与印尼签署《促进和保护投资协定》
1997年	中国与泰国签署《贸易经济和技术合作谅解备忘录》
1999年	中国与新加坡签署《经济合作和促进贸易与投资的谅解备忘录》《促进和保护投资协定》《避免双重征税和防止漏税协定》《成立中新双方投资促进委员会协议》;中国与菲律宾签署《避免双重征税的协定》

---

① 李建伟,刘长声.中国对东盟直接投资的策略选择[J].国际贸易论坛,2008(10):52-56.

4.1.3 中国—东盟自由贸易区阶段(2002—2013年)

2002年11月,中国与东盟国家举办了第六次领导人会议,正式启动中国—东盟自由贸易区建设。2004年11月,中国与东盟国家签署了《货物贸易协议》,除早期收获产品外,对其他税目产品降低关税。关税水平大幅降低有力推动了双边贸易快速增长,使双方的经贸合作关系得到了进一步加强。2003年,中国对东盟直接投资额为5.8亿美元,2008年金融危机期间,中国对东盟国家直接投资存量为64.9亿美元,投资流量为24.8亿美元,投资存量、流量同比增长64.1%、156.6%。2009年,中国与东盟国家共同签署了《投资协议》,一致同意给予双方投资者享受国民待遇以及投资公平公正待遇,并提供充分的法律保护。该协议的实施提升了中国与东盟国家投资贸易的便利化水平,也进一步扩大了中国企业对东盟的直接投资规模。从2009年开始,中国对东盟国家的直接投资迅猛增长,直接投资存量从2009年的95.7亿美元增长至2013年的356.7亿美元。在中国—东盟自由贸易区阶段,中国与东盟国家的经贸关系发展快速,取得了丰硕成果。

4.1.4 "一带一路"倡议阶段(2014年至今)

2013年10月,中国国家主席习近平在印度尼西亚国会发表重要演讲时,明确提出建立"21世纪海上丝绸之路"的倡议。该倡议的提出促进了中国与东盟国家的经贸合作,也为区域繁荣发展注入新的动力。现阶段,中国已经与印度尼西亚"海上支点战略"、文莱"2035宏愿"、菲律宾"雄心2040战略"、柬埔寨"四角战略"等实现了高效对接,在基础设施、农业、工业、文化、旅游、金融、环保、科技等多方面展开合作,推动中国与东盟国家经济互补。2014年,中国对东盟国家直接投资流量额为78亿美元,双边进出口贸易总额为4803.94亿美元,其中中国对东盟国家出口额高达2717.92亿美元。特别值得注意的是,在新冠病毒疫情严重冲击的情况下,中国对东盟国家直接投资以及双边贸易额均出现逆势增长,东盟超过欧盟历史性地成为中国第一大贸易伙伴。2020年,中国与东盟国家双边贸易总额达6846.0亿美元,同比增长6.7%,其中,中国对东盟出口额达 3837.2 亿美元,同比增长 6.7%。从直接投资上看,2020 年中国对东盟所有行业的直接投资额高达 143.6 亿美元,同比增长 52.1%,远超中国对其他国家的直接投资平均水平。这充分体现了中国与东盟的经贸关系具有强大韧性、内在潜力和发展空间。2020 年 11 月,中国与东盟等 14 个国家签订 RCEP 协议,该协议在货物贸易、投资准入等领域的规则高于一般区域贸易协议,其生效后将会使货物贸易得到显著增长。同时,RCEP 协议为"走出去"的企业创造了更多投资机遇,激发了中国企业的投资增长潜力,加快推动中国与东盟国家共同构建更为完善的供应链、产业链、价值链,优化国际区域产业分工,巩固和深化了中国与东盟国家的经贸关系。

4.2 中国对东盟直接投资发展情况

随着区域一体化的发展,中国对东盟国家的直接投资迅猛增长,促成国家间形成了更密切、更健康的经贸联系。为了更清晰地反映中国对东盟直接投资的发展情况,下面从中国对东盟直接投资的投资主体、总量规模、产业结构和国别差异等方面来进行阐述。

4.2.1 中国对东盟直接投资的投资主体

中国对东盟国家直接投资的主体为国有企业,而私营企业处于次要地位,其中国有企业占比近 70%。从投资金额上看,国有企业对东盟国家的直接投资额较高,而私营企业的直接投资额较少。2005 年至 2019 年,国有企业对东盟国家投资项目数量为 449 个,累积投资金额为 2130 亿美元,主要涉及能源、基础设施建设、钢铁、建筑等领域。而在此期间,私营企业对东盟国家投资项目为 53 个,累积投资额为 320 亿美元,主要涉及物流、光伏、房地产等领域。

从投资方式上看,中国企业对外投资的模式主要有两种,即绿地投资和跨国并购,其中绿地投资是直接在国外新建生产基地或设立新企业,跨国并购则是以股权收购等形式合并东道国现有企业。理论上,海外并购是企业快速实现国际化的重要手段,而绿地投资可以获得对东道国投资项目更大的控制权[1]。根据中国全球投资跟踪(China Global Investment Tracker)数据库的数据表明,2005年至2019年间,中国企业对东盟国家绿色投资累积金额为650亿美元,跨国并购方式投资累积金额高达1800亿美元。作为中国对东盟国家直接投资的重要组成部分,国有企业为实现短期内提高国际竞争力的目标,多采取跨国并购的方式对东盟国家进行直接投资。从表4-3中可以看到,2005年至2019年间,国有企业开展跨国并购的数量远高于绿色投资,其中2019年跨国并购项目为46个,投资金额为185.8亿美元,而绿色投资项目仅为10个,投资金额仅为65.4亿美元。随着企业"走出去"政策的持续推进,私营企业对东盟国家开展直接投资的项目数量和金额基本保持逐年增加的态势。由于私营企业谋求项目控制权和决策权,其主要采取绿色投资的形式对东盟国家进行投资。从总体上看,2005年至2019年间,中国对东盟国家投资保持增长态势,其中国有企业主要以跨国并购为主,而民营企业则选择绿地投资形式。2020年,由于新冠病毒疫情的影响,中国对东盟国家开展跨国并购和绿地投资的项目和金额明显减少。

表4-3 2005—2020年中国对东盟国家直接投资结构

Table 4-3　Structure of China's Direct Investment in ASEAN Countries from 2005 to 2020

年份	类型	国有企业 项目数量(个)	国有企业 项目金额(亿美元)	私营企业 项目数量(个)	私营企业 项目金额(亿美元)	总投资额(亿美元)
2005	绿地投资	0	0	0	0	0
2005	跨国并购	4	13.10	0	0	13.10
2007	绿地投资	0	0	0	0	0
2007	跨国并购	5	41.80	0	0	41.80

---

[1] 金刚,沈坤荣.中国企业对"一带一路"沿线国家的交通投资效应:发展效应还是债务陷阱[J].中国工业经济,2019(9):79-97.

续表

年份	类型	国有企业 项目数量（个）	国有企业 项目金额（亿美元）	私营企业 项目数量（个）	私营企业 项目金额（亿美元）	总投资额（亿美元）
2009	绿地投资	2	12.5	1	3.2	15.7
2009	跨国并购	10	67.3	1	4.9	72.2
2011	绿地投资	9	36.0	2	8.9	44.9
2011	跨国并购	18	77.2	1	1.8	79.0
2013	绿地投资	6	17.2	6	24.8	42
2013	跨国并购	21	63.4	5	14.5	87.9
2015	绿地投资	11	83.9	6	18.6	102.5
2015	跨国并购	35	180	4	8	188
2017	绿地投资	5	28.4	9	6.3	34.7
2017	跨国并购	38	149.8	7	114.20	264.00
2019	绿地投资	10	65.4	6	22.2	87.6
2019	跨国并购	46	185.8	4	19.4	205.2
2020	绿地投资	1	2.8	1	5.3	8.1
2020	跨国并购	11	65.4	2	7.9	73.3

注：数据来源于中国全球投资跟踪（China Global Investment Tracker），该数据库仅更新和记录2005年以后中国企业价值1亿美元以上的海外投资项目。

4.2.2 中国对东盟直接投资的总量规模

中国企业逐步加快了"走出去"开展直接投资活动的步伐，对外直接投资的存量规模日益增加。中国对外直接投资的流量和存量规模巨大，并有较为明显的区域性和聚集性特征，主要流向东盟、美国、澳大利亚和俄罗斯等经济体。在这些经济体中，东盟是中国对外投资量最多的地区，也是"一带一路"沿线国家直接投资输出量最多的地区[1]。从表4-4

---

[1] 刘梦恒. 中国对外直接投资的空间效应研究[D]. 浙江大学, 2019.

第4章 中国对东盟直接投资贸易效应的现实考察

可看到,2020年中国对东盟国家直接投资的存量和流量分别为1276.13亿美元、160.63亿美元,较2003年分别增长了31.3倍、15.6倍。东盟国家既是中国"一带一路"倡议的重点地区,也是资源禀赋和经济发展基础较好的周边地区,逐步成为新形势下中国构建区域产业链、供应链和价值链的优先地区,中国对东盟国家直接投资的规模将持续增长。

表4-4 中国对东盟等主要经济体直接投资情况

Table 4-4 China's Direct Investment in ASEAN and Other Majoreconomies

直接投资流量										
地区	2007	2008	2009	2011	2013	2015	2017	2018	2019	2020
东盟	9.7	24.84	26.98	59.05	72.67	146.04	141.19	136.94	130.24	160.63
欧盟	10.44	4.67	29.66	75.61	45.24	54.80	102.67	88.66	106.99	100.99
美国	1.96	4.62	9.09	18.11	38.73	80.29	64.25	74.77	38.07	60.19
澳大利亚	5.3	18.92	24.36	31.65	34.58	34.01	42.42	19.86	20.87	−42.5
俄罗斯	4.8	3.95	3.48	7.16	10.22	29.61	15.48	7.25	−3.79	5.70
中国香港	137.3	386.4	356.0	356.55	628.24	897.90	911.53	868.69	905.50	891.46
总量比重	64%	79.3%	79.6%	73.4%	76.9%	85.3%	80.7%	83.6%	87.5%	80.1%
总量（亿美元）	169.5	443.40	449.57	548.13	829.68	1242.65	1277.54	1196.17	1197.88	1230.96
直接投资存量										
地区	2007	2008	2009	2011	2013	2015	2017	2018	2019	2020
东盟	39.5	64.87	95.71	214.62	356.7	627.16	890.14	1028.58	1098.91	1276.13
欧盟	29.4	31.74	62.77	202.91	401.0	644.60	860.15	907.39	939.12	830.16
美国	18.8	23.9	33.38	89.93	219.0	408.02	673.81	755.07	777.98	800.48

续表

	直接投资存量									
澳大利亚	14.4	33.55	58.63	110.41	174.5	283.74	361.75	383.79	380.68	11.99
俄罗斯	14.2	18.38	22.2	37.64	75.8	140.20	138.72	142.08	128.04	120.71
中国香港	687.8	1158.45	1644.99	2615.19	3770.9	6568.55	9812.66	11003.91	12753.55	14385.31
总量比重	68.2%	72.3%	78.1%	77.0%	75.7%	79.0%	70.4%	71.7%	73.1%	68.7%
总量（亿美元）	804.1	1330.89	1917.68	3270.70	4997.9	8672.27	12737.23	14220.82	16078.28	17757.17

注：数据来源于历年中国对外直接投资统计公报。

4.2.3 中国对东盟直接投资的产业结构

根据商务部数据，中国对东盟国家直接投资的产业结构存在明显的差异性特征。从流量行业的构成情况来看，中国企业投资的第一大产业为制造业，其次是批发零售业，再次是租赁与商务服务业，而金融业、采矿业、建筑业的投资比重较低，占比均低于10%。2008年至2019年间，中国企业对东盟国家制造业投资持续增长，累积投资额为266亿美元，其中2019年制造业投资额为56.71亿美元，占对东盟直接投资总额的43.5%。（表4-5）从存量投资行业的构成上来看，制造业投资仍居于首位，其次是租赁与商务服务业，第三位是批发零售业。2008年至2019年间，中国对东盟国家制造业投资远高于批发和零售业、租赁与商务服务业等其他行业，而批发和零售业、租赁与商务服务业的比重基本持平，维持在17%左右。（表4-6）由此可见，中国对东盟国家直接投资仍以制造业为主，以租赁与商务服务业、批发与零售业为辅，这为中国与东盟国家构建区域产业链、供应链奠定了基础，有利于进一步促进中国与东盟国家产业内和产业间贸易的高质量发展。

表 4-5 中国对东盟国家直接投资流量分布情况

Table 4-5 Distribution of China's Direct Investment Flows to ASEAN countries

单位:%

行业	2008	2009	2011	2013	2015	2017	2018	2019	2020
电力、热力、燃气及水的生产和供应业	47.3	13.0	17.0	11.3	2.1	4.5	6.3	6.9	8.9
采矿业	9.7	17.3	7.6	17.0	0.3	2.6	0.0	−0.4	−0.8
批发和零售业	3.7	33.6	12.7	17.0	11.9	17.4	25.4	17.4	10.0
制造业	9.5	10.2	9.6	16.4	18.1	22.5	32.8	43.5	39.5
租赁和商务服务业	6.5	5.6	9.6	8.5	45.7	15.2	11.0	9.1	10.6
建筑业	6.6	6.8	7.5	9.6	3.9	13.4	2.3	3.6	10.4
金融业	1.7	5.3	10.5	7.5	6.2	5.2	5.4	6.1	4.8
农、林、牧、渔业	1.7	4.1	3.2	7.5	3.5	4.4	4.3	4.3	3.4
交通运输、仓储和邮政业	11.3	2.3	18.4	2.0	0.4	5.4	6.0	3.2	5.2
房地产业	—	1.3	0.5	0.7	1.2	5.0	1.8	0.2	0.7
科学研究和技术服务业	0.9	0.2	2.5	1.1	0.6	1.4	1.3	1.6	0.3
信息传输、软件和信息服务业	0.9	0.1	0.1	0.2	0.4	0.8	0.6	1.4	4.1
居民服务、修理和其他服务业	0.2	0.0	0.5	0.3	0.3	0.4	0.7	1.1	1.6
住宿和餐饮业	0.0	0.0	—	0.7	0.1	0.1	—	—	—
文化、体育和娱乐业	—	—	0.2	—	0.1	0.1	—	—	—
教育	—	0.1	—	0.2	—	0.1	1.7	0.1	0.1
其他行业	0.00	0.1	0.1	—	0.0	0.0	0.4	1.5	1.2
卫生与社会工作	—	—	—	—	—	1.2	0.0	0.4	0.0
合计	100.0	100.0	100.0	100.0	100.0	100.0	100.0	100.0	100

注:数据来源于历年中国对外直接投资统计公报。

表 4-6 中国对东盟国家直接投资存量分布情况

Table 4-6 Distribution of China's Direct Investment Stock in ASEAN Countries

单位:%

行业	2008	2009	2011	2013	2015	2017	2018	2019	2020
电力、热力、燃气及水的生产和供应业	21.4	19.4	17.7	16.9	12.5	10.8	9.7	8.6	9.4
采矿业	6.7	9.5	7.6	14.8	10.0	11.6	9.5	7.0	6.9
批发和零售业	10.9	17.1	12.6	13.4	12.0	13.3	15.0	16.2	14.8
制造业	17.5	15.5	9.6	13.1	14.9	17.5	20.8	24.2	25.4
租赁和商务服务业	13.4	10.9	12.9	11.0	25.7	19.6	18.3	17.2	15.7
建筑业	7.6	7.1	7.6	8.2	6.2	7.4	6.7	7.2	8.3
金融业	6.9	7.0	10.6	7.9	6.9	5.9	5.5	6.3	5.6
农、林、牧、渔业	3.0	3.6	3.2	4.5	3.7	5.1	4.8	4.9	4.2
交通运输、仓储和邮政业	9.3	7.0	18.4	3.9	2.8	2.8	3.2	3.4	4.8
房地产业	0.4	0.6	0.7	3.7	1.9	2.5	3.1	1.5	1.3
科学研究和技术服务业	1.9	1.4	2.5	1.5	1.2	1.0	1.1	1.1	1.0
信息传输、软件和信息服务业	0.5	0.4	0.1	0.4	0.4	1.1	0.7	1.1	1.3
居民服务、修理和其他服务业	0.2	0.2	0.1	0.2	0.3	0.7	0.7	0.4	0.5
住宿和餐饮业	0.2	0.2	—	0.2	0.2	0.1	—	—	—
文化、体育和娱乐业	—	—	0.2	0.1	0.1	0.1	—	—	—
教育	—	0.1	—	0.1	0.0	0.0	0.3	0.2	0.2
其他行业	0.1	0.0	0.1	0.1	0.0	0.0	0.3	0.3	0.4
卫生与社会工作	—	—	—	—	—	—	0.4	0.3	0.2
合计	100.0	100.0	100.0	100.0	100.0	100.0	100.0	100.0	100.0

注:数据来源于历年中国对外直接投资统计公报。

4.2.4 中国对东盟直接投资的国别差异

中国对东盟国家直接投资的存量和流量规模较大,然而东盟国家内部经济发展水平差异较大,中国对不同国家直接投资的流量存在明显的梯度性。新加坡是东盟国家中唯一的发达国家,其金融业和海运业发展较好,也是吸引中国对外直接投资最多的国家,位居中国对东盟国家直接投资的第一梯度。第二梯度国家主要为印度尼西亚,该国制造业和工业发展基础较好。2003年至2019年,中国对印度尼西亚直接投资累积额为153.26亿美元,远高于东盟内部其他发展中国家,其中,2019年中国对该国直接投资流量为22.231亿美元,同比增长32%。越南、泰国、老挝、柬埔寨、马来西亚位居第三梯队行列,这些国家国内政治相对稳定,且经济发展增速较快,成为中国对东盟国家直接投资的重要目的地。2019年,中国对越南、泰国等国家直接投资存量额均处于50~100亿美元区间,低于印度尼西亚和新加坡。文莱、缅甸和菲律宾属于中国对东盟国家直接投资的第四梯度,2019年累计投资额均低于50亿美元,其中菲律宾、文莱等国家吸引中国直接投资流量均出现负增长。文莱产业结构单一,以石油开采和加工为主,而缅甸和菲律宾国内政治存在不稳定因素,政府效率较为低下,直接影响了中国企业直接投资的意愿和规模。根据联合国国际贸易和发展会议(UNCTAD)数据,2020年全球各国的外来直接投资猛跌42%,东盟国家所吸引的外来投资也同比下降31%,但中国对东盟国家直接投资额大幅增长,直接投资流量额超过160亿美元,较2019年增长23.3%。中国对东盟各国的直接投资规模增长明显,其中排前三位的为新加坡(59.234亿美元)、印尼(21.984亿美元)、越南(18.758亿美元)。(表4-7、表4-8)

表 4-7 中国对东盟国家直接投资流量构成及占比

Table 4-7 Composition and Proportion of China's Direct Investment Flow in ASEAN Countries

单位：亿美元

国家	2003	2005	2007	2009	2011	2013	2015	2017	2019	2020
菲律宾	0.010	0.045	0.045	0.402	2.672	0.544	−0.276	1.088	−0.043	1.304
柬埔寨	0.220	0.052	0.645	2.158	5.660	4.993	4.197	7.442	7.463	9.564
老挝	0.008	0.206	1.544	2.032	4.585	7.815	5.172	12.200	11.491	14.543
马来西亚	0.020	0.567	−0.328	0.538	0.951	6.164	4.889	17.221	11.095	13.744
缅甸	—	0.115	0.923	3.767	2.178	4.753	3.317	4.282	−0.419	2.508
泰国	0.573	0.048	0.764	0.498	2.301	7.552	4.072	10.576	13.719	18.829
文莱	—	0.015	0.012	0.058	0.201	0.085	0.039	0.714	−0.041	0.166
新加坡	−0.032	0.203	3.977	14.143	32.690	20.327	104.525	63.199	48.257	59.234
印度尼西亚	0.268	0.118	0.991	2.261	5.922	15.634	14.506	16.823	22.231	21.984
越南	0.128	0.169	0.435	1.109	1.124	4.805	5.602	7.644	16.485	18.758
总量合计	1.193	1.538	9.007	26.966	58.284	72.672	146.043	141.189	130.238	160.634

注：数据来源于历年中国对外投资统计公报。

表 4-8 中国对东盟国家直接投资存量构成

Table 4-8 Composition and Proportion of China's Direct Investment Stock in ASEAN Countries

单位：亿美元

国家	2003	2005	2007	2009	2011	2013	2015	2017	2019	2020
菲律宾	0.088	0.194	0.430	1.426	4.943	6.924	7.111	8.196	6.641	7.761
柬埔寨	0.595	0.768	1.681	6.333	17.577	28.486	36.759	54.487	64.637	70.385
老挝	0.091	0.329	3.022	5.357	12.762	27.709	48.417	66.550	82.496	102.014
马来西亚	1.007	1.868	2.746	4.799	7.976	16.682	22.314	49.147	79.237	102.118
缅甸	0.102	0.236	2.618	9.299	21.815	35.697	42.587	55.245	41.345	38.090

续表

国家	2003	2005	2007	2009	2011	2013	2015	2017	2019	2020
泰国	1.508	2.192	3.786	4.479	13.073	24.724	34.401	53.585	71.859	88.256
文莱	0.001	0.019	0.044	0.174	0.661	0.721	0.735	2.207	4.270	3.881
新加坡	1.648	3.255	14.439	48.573	106.027	147.507	319.849	445.681	526.366	598.579
印度尼西亚	0.543	1.409	6.795	7.991	16.879	46.567	81.251	105.388	151.326	179.388
越南	0.287	2.292	3.970	7.285	12.907	21.667	33.736	49.654	70.737	85.746
总量合计	5.870	10.270	39.532	88.429	201.713	335.016	593.424	840.485	1028.174	1276.129

注：数据来源于历年中国对外投资统计公报。

4.3 中国对东盟直接投资贸易效应的分析

中国与东盟国家地理邻近、文化相通、血脉相亲、利益相融，发展阶段、目标和任务相似，双边关系发展迅速，投资贸易合作日益密切。前文考察了中国与东盟国家投资贸易的发展情况，下面进一步阐述中国对东盟国家直接投资与贸易的直接效应、间接效应以及外部因素的调节效应，为后文的实证分析奠定基础。

4.3.1 直接投资对双边贸易的直接效应

4.3.1.1 规模层面

如图4-1所示，2003—2020年中国对东盟国家直接投资与双边贸易呈现增长趋势。具体而言，2003年中国对东盟国家直接投资存量为5.87亿美元，截止到2020年底，中国对东盟国家直接投资存量规模突破1200亿美元，较2003年增长了216倍。相应的，2003年中国对东盟进口、出口贸易分别为309亿美元、630亿美元，2020年双边进出口贸易额分别达到3009亿美元、3837亿美元,较2003年分别增长了8.74倍、5.25倍。由于2008年金融危机的冲击,2009年中国与东盟国家进、出口贸易均出现下降,但中国企业对东盟国家的投资活动较为活跃,为后金融危机时期双边贸易发展提供了动力。2014年之后,受全球经济结构调整的影响,中国对东盟国家直接投资增速放缓,双边进口贸易与出口贸易出现交替下滑趋势,持续到2016年才逐步恢复。2016年之后,中国对东盟国家直接投资与双边贸易均呈现稳步提升态势。从直接投资与贸易的拟合趋势线可以看到,中国对东盟直接投资额与双边贸易的拟合线几乎完全重合,而进口贸易、出口贸易与直接投资的趋势线均向右上方倾斜。总体而言,虽然在2008—2009年以及2014—2016年中国对东盟直接投资与双边进口、出口贸易存在波动性偏差,但从长期来看,中国对东盟直接投资与双边进口、出口贸易规模都呈现明显的上升趋势,增长路径比较类似,变动较为协调。

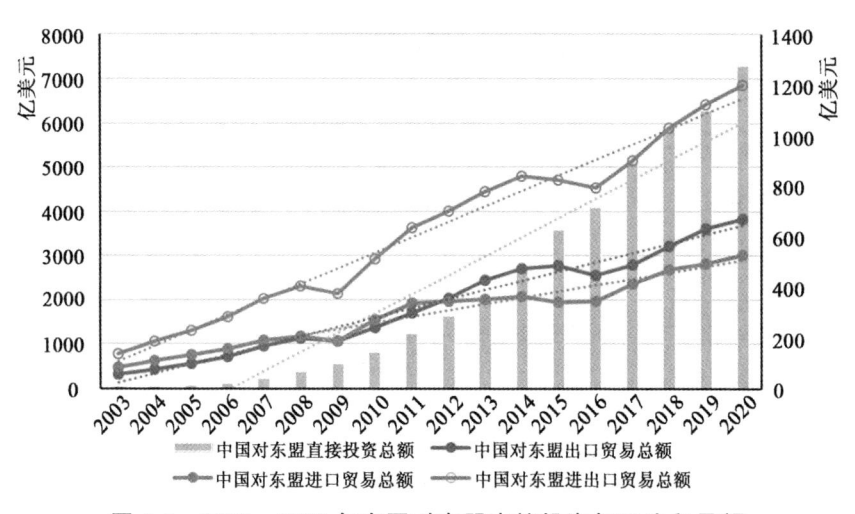

图 4-1 2003—2020 年中国对东盟直接投资与双边贸易额

Figure 4-1 China's Direct Investment and Bilateral Trade with ASEAN from 2003 to 2020

注:数据来源于历年中国对外直接投资统计公报和联合国贸易数据库(UN Comtrade)。

第4章　中国对东盟直接投资贸易效应的现实考察

由于大多数东盟国家具有劳动力成本低廉、自然资源丰裕以及税收政策优惠等优势,大量中国企业选择将加工生产基地迁移至越南、柬埔寨等国家。然而,东盟国家大部分工业基础和配套设施薄弱,自身无法生产该类型的工业产品,这使得在东盟国家的直接投资活动带动了中国在建筑材料、纺织设备、工程机械、农业机械、食品包装机械、塑料加工机械以及零部件等领域的贸易产品出口。根据数据表明,印尼、泰国和越南等国的工厂,约有40%～60%的电子零部件来自中国[1]。同时,中国企业在东盟国家开展直接投资活动也加强了国家间产业内贸易的网络化联系,其规模的扩张使得对国内上游产业产品或服务的需求更大,刺激上游产业规模扩张[2],使得中国与东盟国家的中间品进出口贸易需求显著上升。根据联合国贸易数据表明,2003—2020年中国与东盟中间品贸易规模从505亿美元增长至4414亿美元,其中2020年中国对东盟中间产品贸易进口额高达2260亿美元,占进出口贸易比重为75.1%。不可否认,在双边中间品贸易的高速发展过程中,中国对东盟国家的直接投资发挥了重要作用,使得国家间产业内贸易的网络化联系更为紧密。以纺织服装产业为例,中国大量企业赴越南建设纺织服装生产基地,在越南采购并向国内出口棉花等初级产品,从中国进口技术密集的化纤、面料和资本密集的纺织机械,再将劳动密集的服装出口给中国。2019年越南对中国出口额达41亿美元,其中57%是棉花等天然纤维,31%是服装;从中国进口额达115亿美元,主要集中在化纤、服装面料、纺织机械[3]等领域。由此可见,中国对东盟国家直接投资与双边贸易之间存在互补效应,即直接投资可以促进双边产业内贸易规模的扩大。

---

[1] Nareerat Wiriyapong,Bangkok Post."Don't sell ASEAN short"[EB/OL]. https://www.bangkokpost.com/business/1958055/dont-sell-asean-short. 登录时间:2021年9月20日.
[2] 赵春明,陈开军. 对外直接投资如何促进贸易高质量发展[J]. 开放导报,2020(02):51-58.
[3] 沈建光,朱太辉,徐天辰. 第一财经网. 东盟贸易增长背后的产业链风险不容忽视[EB/OL]. https://www.yicai.com/news/100731771.html. 登录时间:2021年10月20日.

4.3.1.2 结构层面

中国对东盟直接投资的贸易效应不仅体现在整体规模层面,也体现在贸易产品结构层面。如图 4-2、图 4-3、图 4-4、图 4-5 所示,在双边贸易产品结构、贸易产业类型、贸易交易方式以及贸易产品类型分类等不同的情况下,中国对东盟直接投资与双边贸易的互补关系存在差异性。从不同产品结构上看,2003—2020 年中国对东盟直接投资与双边工业制成品进口、出口贸易均保持快速增长趋势,其中工业制成品出口占比达到 84%,拟合趋势线均向右上方倾斜。从不同产品类型上看,中国对东盟直接投资与技术密集型进出口贸易、资本密集型产品出口贸易保持同步增长趋势,其中技术密集型进出口贸易占双边贸易总额的比重高达 53%,资本密集型产品出口贸易占双边贸易总额的比重为 21%。在 2020 年新型冠状病毒疫情期间,由于生产经营活动受到一定的限制,中国对东盟劳动密集型出口贸易、资源密集型出口贸易以及技术密集型进口贸易明显下滑,但是中国对东盟直接投资与技术密集型进出口贸易、资本密集型产品出口贸易的趋势基本保持一致,三年平均增速均超过 10%,这也说明直接投资与这些类型贸易的关系较为紧密,存在明显的互补效应。从不同产品类型上看,2003—2020 年中国对东盟直接投资与双边中间产品贸易保持增长趋势,拟合趋势线都向右上方倾斜,其中 2020 年中国与东盟中间产品贸易进出口贸易占比达 67%。中国企业在东盟国家投资建厂,利用双边比较优势建立了相对稳定的跨区域分工网络,促进了产业内中间产品贸易的迅速发展。从不同交易方式上看,中国对东盟直接投资与双边一般贸易进出口额保持同步增长趋势,其中 2020 年一般贸易进口占比高达 58%,而与双边进料加工、保税区仓储转口等方式的贸易额不存在明显关联性。从本质上而言,中国与东盟同属东亚区域生产网络,彼此之间具有高水平的产品内分工关系,两者依据自身比较优势承担同一产品的不同生产环节[①]。由于中国劳动力成本上升以及制造业产业升级的需要,且东盟国家地理临近、资源丰裕,中国企业逐渐将中低端生产环节转移到东盟国家,进一步调整和优化东亚区

---

① 张帅.借助"双循环"构建中国与东盟可持续的制造业分工关系[EB/OL]. https://m.thepaper.cn/newsDetail_forward_8722330,登录时间:2021 年 9 月 20 日.

第4章 中国对东盟直接投资贸易效应的现实考察

域内部分工关系,形成国内国外协同发展的生产网络布局。2020年中国对东盟制造业、电力、热力、燃气及水生产和供应业等第二产业的直接投资的流量比重接近50%,直接投资存量占比超过40%。在这种区域国际分工的生产模式中,中国企业主要有两种途径开展制造业领域的垂直型产业内贸易:一是通过在东盟国家投资建厂,中国企业利用当地的廉价劳动力、丰裕的资源来生产初级产品或者中间产品,然后返销至国内进行生产组装,最后销售至东盟国家乃至全球市场;二是在东盟国家的中国企业进口国内生产的核心零部件和半成品,然后在东盟国家进行组装生产,最后销售至国内和全球市场。将国内成本较高的部分材料放在柬埔寨、越南生产,再进口回国内加工,以压缩成本。在这种区域分工网络情况下,直接投资与双边贸易呈现出明显的互补关系,但是也存在贸易产品结构上的差异性,即中国对东盟直接投资对双边中间产品、工业制成品等产品的贸易促进效应更强。

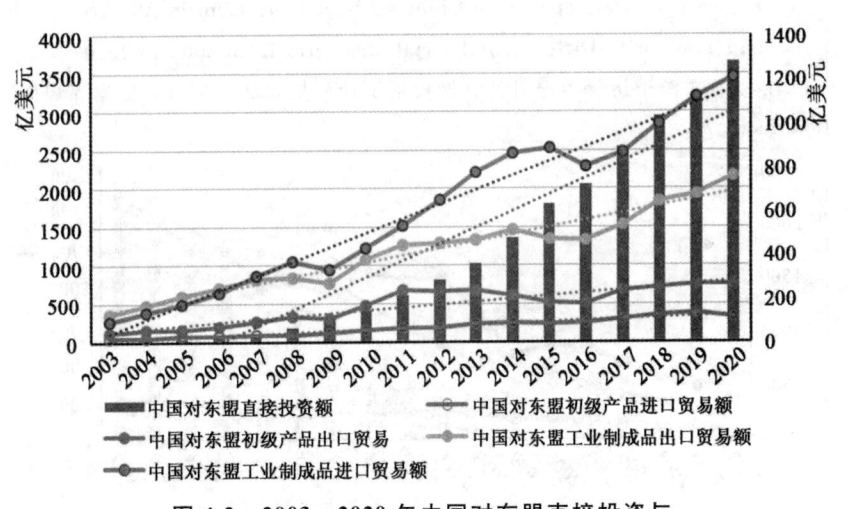

图 4-2 2003—2020 年中国对东盟直接投资与
不同产品结构贸易发展情况

Figure 4-2 Development of China's Direct Investment in ASEAN
and Trade with Different Product Structures from 2003 to 2020

注:数据来源于历年中国对外直接投资统计公报和联合国贸易数据库(UN Comtrade)。

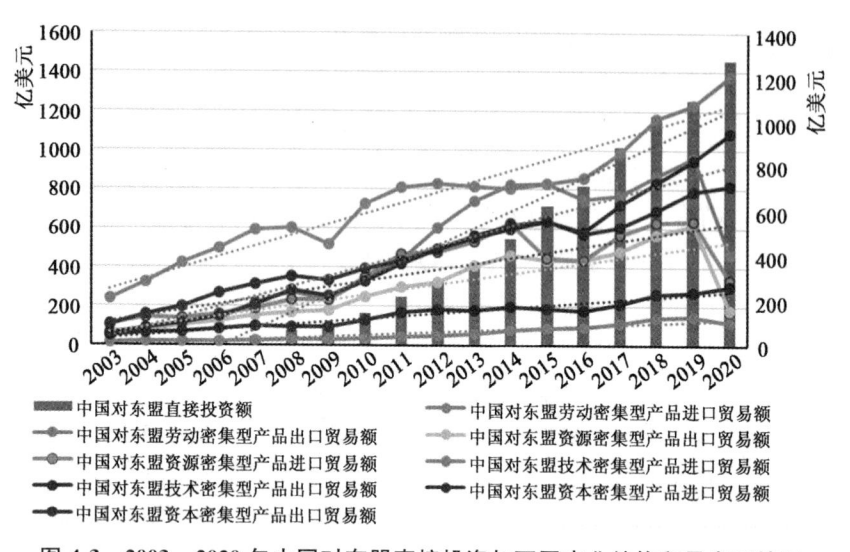

图 4-3　2003—2020 年中国对东盟直接投资与不同产业结构贸易发展情况

Figure 4-3　Development of China's Direct Investment in ASEAN and Trade with Different Industrial Structures from 2003 to 2020

注：数据来源于历年中国对外直接投资统计公报和联合国贸易数据库（UN Comtrade）。

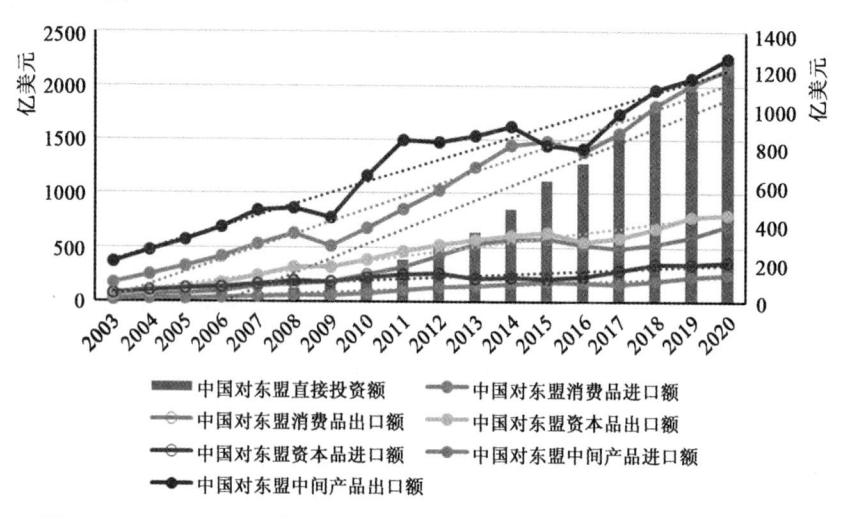

图 4-4　2003—2020 年中国对东盟直接投资与不同产品类型贸易发展情况

Figure 4-4　China's Direct Investment in ASEAN and the Development of Different Product Types from 2003 to 2020

注：数据来源于历年中国对外直接投资统计公报和联合国贸易数据库（UN Comtrade）。

图 4-5　2003—2020 年中国对东盟直接投资与不同交易方式贸易发展情况

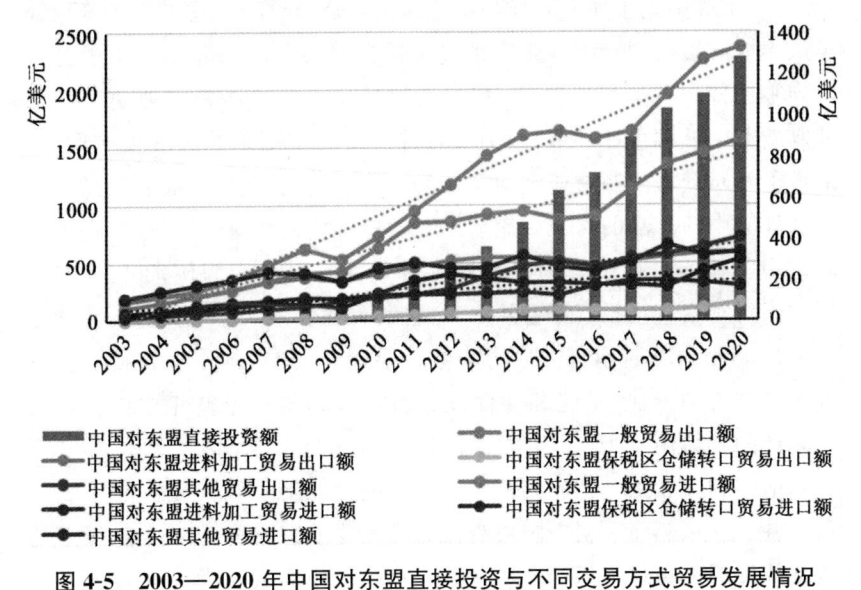

Figure 4-5　China's Direct Investment in ASEAN and Import and Export Trade in Different Transaction Modes from 2003 to 2020

注：数据来源于历年中国对外直接投资统计公报和联合国贸易数据库（UN Comtrade）。

4.3.1.3　国别层面

从前文的分析中可以看到，在整体规模和结构层面上，中国对东盟直接投资与双边贸易存在明显的互补效应。从表 4-9 以及附图 1-10 可以看到，中国对越南、马来西亚、新加坡、印尼等东盟国家直接投资额基本保持逐年增长态势，其中 2020 年中国对新加坡直接投资额高达 598.8 亿美元，较 2003 年增长 12.3 倍。相应的，中国对越南、马来西亚、新加坡、印尼等东盟国家的进口、出口贸易额也呈现快速增长趋势，其中 2020 年中国对越南进口贸易额超 784.7 亿美元，出口贸易额超 1138 亿美元。中国对越南、马来西亚、新加坡、印尼、柬埔寨等国家的直接投资以及双边进口、出口贸易都呈现明显的同步增长的态势，且整体变动较为协调。从附图 1-10 的拟合趋势线上来看，中国对东盟各国直接投资与双边贸易的趋势线均向右上方倾斜，这也从侧面说明中国对东盟各国直接投资与双边贸易的互补关系。在东盟国家中，柬埔寨、泰国、越南、文莱等国处于加工装配的半成品投入环节,印尼、马来西亚等国处于从半成品贸易到零配件生产的过渡阶段,而新加坡、菲律宾等国已提升到零配件加工生产层次[①]。中国对这些国家直接投资主要集中在部分制造业中低端生产环节,致力于构建符合自身需求的区域生产网络,形成了相对紧密的制造业中间产品生产分工网络,实现半成品工品以及零部件等中间产品的跨区域流动以及贸易规模的快速发展,这使得中国对东盟国家均表现出较为明显的互补效应。以越南为例,2003—2020年中国对越南直接投资存量从0.29亿美元增长至85.7亿美元,年均增长率达37%。据越南官方发布的数据显示,中国对越南直接投资行业分布在加工制造业、基建和通信设备行业。2003—2020年中国与越南中间产品贸易额从29.6亿美元增长至1378亿美元,其中2020年中国对越南中间产品出口贸易额为780亿美元,中间产品贸易占比高达71.7%。这从侧面说明中国对越南直接投资在一定程度上促进了双边贸易的发展。再以文莱为例,2003—2020年中国对文莱直接投资存量从13万美元增长至3.88亿美元。相应的,2003—2020年中国对文莱进口、出口贸易额分别为14.36亿美元、4.66亿美元,其中中国对文莱中间产品进口、出口贸易额分别为13.5亿美元、1.9亿美元,这从侧面说明中国对文莱直接投资与双边贸易存在明显的互补效应。总体而言,不论东盟国家的差异性大小,中国对东盟的直接投资在一定程度上对双边贸易的发展具有促进作用。

表4-9 2003—2020年中国对东盟国家直接投资与出口贸易发展情况
Table 4-9 Development of China's Direct Investment and Export Trade to ASEAN Countries from 2003 to 2020

国家	类别	2009	2011	2013	2015	2017	2018	2019	2020
菲律宾	投资额	1.426	4.943	6.924	7.111	8.196	8.30	6.641	7.761
	出口量	85.85	142.55	198.68	266.71	320.66	351.11	407.59	418.39
柬埔寨	投资额	6.333	17.577	28.486	36.759	54.487	59.74	64.637	70.385
	出口量	9.07	23.15	34.10	37.63	47.83	60.23	80.01	80.57

---

① 何敏,冯兴艳. 东盟国家在亚太区域生产网络中的地位——中间产品贸易视角下的分析[J]. 国际经济合作,2017(04):20-26.

续表

国家	类别	2009	2011	2013	2015	2017	2018	2019	2020
老挝	投资额	5.357	12.762	27.709	48.417	66.550	83.10	82.496	102.014
	出口量	3.77	4.76	17.23	12.26	14.19	14.56	17.88	14.95
马来西亚	投资额	4.799	7.976	16.682	22.314	49.147	83.87	79.237	102.118
	出口量	196.32	278.86	459.31	439.80	417.12	458.48	524.82	564.28
缅甸	投资额	9.299	21.815	35.697	42.587	55.245	46.80	41.345	38.090
	出口量	22.61	48.21	73.39	96.51	89.48	105.68	123.31	125.51
泰国	投资额	4.479	13.073	24.724	34.401	53.585	59.47	71.859	88.256
	出口量	133.07	256.95	327.18	382.91	385.42	429.74	456.20	505.26
文莱	投资额	0.174	0.661	0.721	0.735	2.207	2.20	4.270	3.881
	出口量	1.40	7.44	17.04	14.07	6.38	15.98	6.50	4.66
新加坡	投资额	48.573	106.027	147.507	319.849	445.681	500.94	526.366	598.579
	出口量	300.66	355.70	458.32	519.42	450.19	498.18	549.64	575.40
印度尼西亚	投资额	7.991	16.879	46.567	81.251	105.388	128.11	151.326	179.388
	出口量	147.21	292.21	369.30	343.42	347.57	432.46	456.85	410.04
越南	投资额	7.285	12.907	21.667	33.736	49.654	56.0543	70.737	85.746
	出口量	163.01	290.92	485.86	660.17	716.47	840.16	980.04	1138.14

注：数据来源于历年中国对外投资统计公报及联合国贸易数据库(UN Comtrade)。

表 4-10　2003—2020 年中国对东盟国家直接投资与进口贸易发展情况

Table 4-10　Development of China's Direct Investment and Import Trade to ASEAN Countries from 2003 to 2020

国家	类别	2009	2011	2013	2015	2017	2018	2019	2020
菲律宾	投资额	1.426	4.943	6.924	7.111	8.196	8.30	6.641	7.761
	进口量	2.82	5.67	0.90	1.01	3.52	2.48	4.51	14.36
柬埔寨	投资额	6.333	17.577	28.486	36.759	54.487	59.74	64.637	70.385
	进口量	136.64	313.37	314.24	198.86	285.74	341.55	339.93	373.69
老挝	投资额	5.357	12.762	27.709	48.417	66.550	83.10	82.496	102.014
	进口量	3.67	8.28	10.10	15.47	16.05	20.30	21.60	20.63

续表

国家	类别	2009	2011	2013	2015	2017	2018	2019	2020
马来西亚	投资额	4.799	7.976	16.682	22.314	49.147	83.87	79.237	102.118
	进口量	323.31	621.37	601.53	532.77	544.26	633.22	716.30	747.33
缅甸	投资额	9.299	21.815	35.697	42.587	55.245	46.80	41.345	38.090
	进口量	6.46	16.80	28.57	54.49	45.26	47.19	63.82	63.42
泰国	投资额	4.479	13.073	24.724	34.401	53.585	59.47	71.859	88.256
	进口量	248.97	390.40	385.23	371.69	415.96	449.19	461.35	480.98
文莱	投资额	0.174	0.661	0.721	0.735	2.207	2.20	4.270	3.881
	进口量	2.82	5.67	0.90	1.01	3.52	2.48	4.51	14.36
新加坡	投资额	48.573	106.027	147.507	319.849	445.681	500.94	526.366	598.579
	进口量	177.97	281.40	300.65	275.81	342.50	336.38	352.30	315.51
印度尼西亚	投资额	7.991	16.879	46.567	81.251	105.388	128.11	151.326	179.388
	进口量	136.64	313.37	314.24	198.86	285.74	341.55	339.93	373.69
越南	投资额	7.285	12.907	21.667	33.736	49.654	56.0543	70.737	85.746
	进口量	47.47	111.17	168.92	298.32	503.75	640.87	640.78	784.75

注：数据来源于历年中国对外投资统计公报及联合国贸易数据库(UN Comtrade)。

4.3.2 直接投资对双边贸易的间接效应

在前文的定性分析中，中国对东盟的直接投资存在明显的贸易创造效应，但是这种效应不仅体现为数量关系，更重要的是对外直接投资会通过全要素生产率[1]、产业结构升级等渠道最终促进贸易的高质量发展[2]。因此，本节重点从产业结构升级和生产效率提升角度分析中国对东盟直接投资与双边贸易的间接效应。

---

[1] 徐芳燕,曾紫幸,刘巍. 中国企业投资东盟是否提高了全要素生产率[J]. 国际经贸探索,2021,37(05):20-34.

[2] 赵春明,陈开军. 对外直接投资如何促进贸易高质量发展[J]. 开放导报,2020(02):51-58.

4.3.2.1　产业结构升级路径

东盟国家凭借其相对廉价的劳动力和资源禀赋优势,主动吸引中国企业开展直接投资活动,以推动优质富余产能转移,这些直接投资活动带来了相对先进的技术和管理经验,为东盟国家自身产业升级创造了条件。众所周知,产业发展是循序渐进的过程,从劳动密集型向资本密集型产业发展,最后过渡到技术密集型产业[1]。中国对东盟国家的直接投资集中在制造业、租赁与商务服务业、批发零售业等领域,通过投资建厂开展生产与服务,提高了东盟国家第二产业和第三产业的比重,在一定程度上改变了东盟的农业比重过高以及工业、服务业比重较低的现状。同时,在对东盟国家开展直接投资活动的过程中,中国企业会将技术、管理等比较优势移植到东道国,充分整合和利用东道国的劳动力、资源等生产要素禀赋,促使生产要素从低效率、低附加值部门向高效率、高附加值产业部门转移,提升了第二产业和第三产业的产出规模,进而提升了国家间中间产品贸易发展水平。以柬埔寨为例,根据东盟秘书处的数据显示,中国是柬埔寨第一大投资国,直接投资远超韩国、日本等其他国家或地区,截止到2020年,中国对该国直接投资存量为108亿美元,而柬埔寨第二大投资来源国的直接投资存量仅为40亿美元。根据国泰安海外关联库的数据表明,联发集团、鲁泰股份、尔康制药等国内上市公司在柬埔寨投资设立了近百家企业,主要涉及制造业、纺织服装、农化工、水泥和商贸等领域。2003—2020年,柬埔寨服装纺织、加工制造等第二产业增加值比重从25%提升到35%,第二产业就业人数占比从12%提升到31%,而第一产业增加值比重从31%降低到22%,第一产业就业人数占比从66%下降至29%,这说明中国对柬埔寨直接投资在柬埔寨产业结构升级过程中发挥了重要作用。相应的,伴随着柬埔寨产业结构的优化升级,也推动了中国与柬埔寨之间贸易的迅猛发展。2003—2020年,中国对柬埔寨进口贸易额从2.6亿美元增加至15亿美元,出口贸易额从2.9亿美元增长至80亿美元,其中2020年中国对柬埔寨工业制成品进口贸易额10.5亿美元,出口贸易额为79亿美元。由此可见,中国对外直接投资可以促进东盟国家产业结构的优化调整,进而促进国家间

---

[1] 李坚照. 外国直接投资与东盟国家的工业化[J]. 亚太经济,1989(02):32-34.

产业内贸易发展。

4.3.2.2 生产效率提升路径

从国家或社会层面上看,直接投资可以通过促进东道国产业结构升级,进而扩大国家间产业内贸易规模。而从企业或者行业层面上看,在直接投资发展的过程中,中国企业会积极运用先进设计理念、前沿的生产技术和高效的组织管理经验,在供应链嵌入、人力资本流动的过程中出现技术溢出,对东盟国家的中小企业起到一定的示范效应,使得这些企业出现积累性学习和"干中学"行为。同时,由于中国企业的进入会产生一定的竞争效应,原有的低效率企业或高价格产品的市场空间可能被压缩,使得这些企业为稳定市场收益而被动进行技术革新和产品研发,进而促进相关行业生产效率和生产能力的提升。而生产效率的提升通过出口与进口对该国的贸易发展产生重要的促进作用①。以东盟国家钢铁业为例,由于建筑业、制造业和加工业快速发展,东盟各国对钢铁的消费需求持续增长,已经成为全球钢铁需求增长较快的地区之一。2013年之前,东盟国家几乎没有高炉炼铁,钢铁企业多采用电炉炼钢等高耗能工艺,钢铁产业总体呈现小、散、乱的格局,上游钢铁冶炼能力不足。截止到2018年,东盟国家的炼钢产能在6500万吨左右,其中仅有越南的炼钢产能达到2000万吨,东盟各国的钢铁产能难以满足发展需求②,用于汽车、家电等产业的扁平材等高档钢材全部依赖进口,这严重制约了东盟国家制造业等相关产业的发展。近几年,中国钢铁企业加快对东盟国家的直接投资布局,提升东盟国家钢铁生产效率,以满足产业发展需求。比如,2019年江苏攀华集团在菲律宾投资35亿美元建设年产能1000万吨的综合性钢厂,主要生产钢板和镀锌钢等产品。2020年河北新武安钢铁集团在马来西亚建设钢铁1000万吨生产规模的大型现代化综合性钢铁企业,主要产品为热卷和板材。显然,中国企业选择在东盟国家建设钢铁厂,有效提升东盟国家钢铁产业的生产水平,弥补东盟国家汽车、家电等产业的钢铁进口需求的缺口,降低了制造业中间产品的生产成本,进而扩大工业制成品等行业的产业内贸易规模。由于在生产技术和资本等方面存在相对比较优势,中国企业直接投资对东盟国

---

① 强永昌. 国际直接投资的贸易理论研究[M]. 上海:复旦大学出版社,2013.
② 黄涛. 东南亚地区钢铁产业现状分析[J]. 冶金管理,2020(04):23-28.

家生产效率的提升作用不只体现在钢铁行业,还体现在纺织、化工、汽车等行业,而东盟国家生产效率的提升可以进一步加强与中国在制造业、加工业等领域的贸易往来。

4.3.3 外部因素对直接投资贸易效应的调节作用

从前文的定性分析来看,中国对东盟直接投资可以促进双边贸易的发展,同时存在国别差异性。为何我国对东盟直接投资的贸易创造效应表现出国家异质性?这不仅来源于内部因素,即东盟国家现有经济发展水平、资源禀赋等方面,也可能来源于外部因素,比如国家间政治关系[①]、文化和制度的差异性[②]等。因此,下面重点从双边政治关系、文化认同和制度距离视角进行分析,深入探讨这些外部因素在中国对东盟直接投资贸易效应中的调节作用。

4.3.3.1 双边关系视角

中国与东盟国家的关系总体上健康稳定,但也面临着错综复杂的新形势的挑战。中国企业积极在东盟国家开展直接投资业务,通过产业升级和产能转移逐步建立以中国为中心的国际分工体系[③]。然而,对外直接投资是一项长期投资,短期内逃离或撤离的能力相对较弱。在双边政治关系恶化时,部分东盟国家的政府或民众能较容易地把冲突成本或者对立情绪转移给跨国公司,其必然会影响跨国投资企业的中间产品和最终产品的供应链,对双边贸易的规模和质量也产生不利影响。同时,中国企业基于国家利益的考虑,也可能选择撤出这些国家的市场,进而减少与东盟的产业内和产业间贸易联系。相反,在双边关系水平提升时,这对跨国公司直接投资选择发出了明显的"积极信号",基于利润最大化和东盟国家比较优势的考量,国内企业会选择开展投资建厂等投资活

[①] 聂世坤,叶泽樱.双边关系、制度环境与中国对"一带一路"国家OFDI的出口创造效应[J].国际经贸探索,2021,37(02):67-82.

[②] 谢娜.中国对"一带一路"沿线国家直接投资的贸易效应研究——基于制度距离差异的实证分析[J].宏观经济研究,2020(02):112-130+164.

[③] 张彦.国际合作中敏感性和脆弱性的关系和规律探究——以中国—东盟经贸数据为量化分析样本[J].太平洋学报,2015,23(01):32-44.

动,建立跨国生产网络,加强与国内企业的中间品贸易往来。对于建立生产网络的跨国企业而言,中国与东盟国家双边关系的提升可能会刺激其进一步加大直接投资力度,巩固自身的产业链和供应链体系,进而扩大中国与东盟国家产业内贸易规模。在中国与东盟国家的关系发展中,"南海问题"是重要的影响因素之一。以中国与菲律宾的关系为例,2010年前,中菲关系稳定发展,中国是菲律宾重要的投资来源国之一。然而,2012年发生"黄岩岛事件"后,菲律宾政府单方面提出国际仲裁,导致双边政治关系急剧下跌至冰点。根据中国商务部数据显示,2012年后中国对菲律宾直接投资流量断崖式下跌,其中2015年直接投资流量出现净流出,这也意味着众多中资企业选择退出菲律宾市场。同时,中国与菲律宾双边贸易处于下滑状态,其中2013年中国对菲律宾进口贸易额较2012年下降15亿美元。2016年,杜特尔特政府上台后,积极与中国展开对话协商,推动双边关系全面改善和稳步发展,这使得政治、经济关系出现拐点。在中国与菲律宾关系平稳向好的背景下,中国企业对菲律宾直接投资的规模明显回升,涉及矿业、制造业和电力等领域,双边中间产品贸易额增长迅猛,其中2016年中国进口菲律宾中间产品贸易额较2014年增长23亿美元。中国与越南、菲律宾等国家在南海问题上存在不同程度的争议,这成为影响双边关系的重要制约因素。2020年,越南、印尼、马来西亚纷纷向联合国提交照会,反对中国在南海主张的历史性权利及以群岛整体主张海洋权利[1]。显然,在复杂的国际和区域形势下,双边政治关系的跌宕起伏影响了跨国企业直接投资的规模和质量,也影响了直接投资对双边贸易的创造效应。

4.3.3.2 文化认同视角

东盟国家与中国同属东亚文化圈,存在相似和共同的文化传统,但由于历史问题、领土争议、民族主义情绪等因素,东南亚民众对中国的感情比较复杂[2],一定程度上弱化了部分东盟国家民众与中国在种群、教化与意识上的文化认同感。然而,基于弱化信息不对称以及投资风险动机的考量,

---

[1] 杜兰.疫情下中国—东盟关系的新进展与未来挑战[J].国际问题研究,2021(06):54-69.

[2] 魏玲.伙伴关系再升级:东盟关切、中国责任与地区秩序[J].国际问题研究,2021(06):32-53+141-142.

第 4 章　中国对东盟直接投资贸易效应的现实考察

为有效减少文化交流障碍和交易成本①以及获取更多的外部资源②,中国企业往往倾向于选择文化认同更高和个人社会关系网络更丰富的国家进行直接投资。在这种现实情境和观念的驱动下,文化认同成为决定中国对东盟国家直接投资规模的重要因素之一,进而影响中国企业的供应链布局以及产业内贸易规模。从历史因素上来说,中国与东盟国家有着深厚的文化认同基础,比如儒佛文化、华人文化、那文化③及其相似的文化传统和价值观。相比缅甸、印尼等国家,越南、新加坡和马来西亚等国家民众与中国的文化认同更为相近,这使得不同国家在交流中存在天然的亲近感。中国企业在选择投资目的地时,更倾向于选择文化认同较高的东盟国家。2020 年,中国对新加坡、马来西亚的直接投资存量分别为 598 亿美元、102 亿美元,明显高于大多数东盟国家。此外,这些国家有较多的华人,且存在较强的文化认同感,国内企业倾向于利用华人网络更好地开展跨区域的直接投资活动,降低潜在的投资风险和交易成本。由于不存在较大的跨文化交流障碍,中国企业也愿意建立海外生产基地以转移部分生产环节,既可以快速进入东盟国家市场,降低直接投资进入成本,也可以降低经营生产过程中的文化沟通障碍,在短期内国内形成区域联动的分工网络,提高产品的国际化水平以及产业内贸易的规模。根据国泰安数据表明,截止到 2020 年 12 月,中国上市公司赴新加坡和马来西亚投资设立的关联企业多达 2000 家,而在印尼和菲律宾投资设立的公司仅有 200 余家。在潜在的文化认同因素的影响下,中国对马来西亚、新加坡、越南直接投资的文化障碍更小,其贸易效应会高于菲律宾、印尼等国家。

4.3.3.3　制度距离视角

在制度距离较小的国家中,直接投资的间接经验更像一种技术,可

---

① Luo Y,Tung R L. International expansion of emerging market enterprises:A springboard perspective[J]. Journal of International Business Studies,2007,38(4):481-498.
② Child J,Rodrigues S B. The Internationalization of Chinese Firms:A Case for Theoretical Extension? [J]. Management and Organization Review,2005,1(3):381-410.
③ 封艳萍. 论中国—东盟合作化进程中的文化认同建构[J]. 广西青年干部学院学报,2013,23(06):76-78.

直接"复制"利用,可降低投资风险和成本①。国家间的制度距离越小,直接投资的长期创造效应越强②。根据世界银行发布的全球政府治理指数显示,东盟国家中新加坡、文莱的制度质量相对较好,而缅甸、老挝的制度质量相对较差。改革开放以来,中国的制度质量水平不断提升,与越南、马来西亚和印尼等国家的制度距离相对较小。中国企业"走出去"发展正处于快速发展时期,其对投资所在国的腐败控制水平、政府效率、监管质量等方面的因素较为敏感。比如缅甸、柬埔寨、菲律宾等国家,政府机构办事效率较低,腐败和商业贿赂情况较多,增加了企业经营成本和交易成本③,这会严重影响中国企业投资建立跨区域分工网络的信心,弱化海外生产基地与国内企业的产业内贸易联系。相反,在制度质量较高的国家,中国企业往往面临更严格的环境保护、社会责任等方面的要求,增加企业的发展压力,特别是对转移中低端生产环节的中国企业而言,这种高标准的约束性要求增加了企业的隐性成本,进而转移到产业内贸易网络中,一定程度上弱化了企业中间产品或最终产品的竞争力。对于越南、马来西亚和印尼而言,中国与这些国家的制度质量较为接近,使得企业容易接受和适应彼此的交易规则④。此外,如果企业在国内熟悉"非市场运作"的经验和技巧,其倾向于选择在这些制度质量相近的国家进行直接投资活动,以便进行相同行为⑤,进而满足自身建立跨区域生产网络的需求,更好地实现国外和国内的产业内贸易联动和协同。

---

① 郭丽燕,庄惠明. 制度距离、"经验效应"与中国 OFDI 的区位分布——基于"一带一路"沿线国家的经验数据分析[J]. 统计学报,2021,2(04):44-52.

② 谢娜. 中国对"一带一路"沿线国家直接投资的贸易效应研究——基于制度距离差异的实证分析[J]. 宏观经济研究,2020(02):112-130+164.

③ 支宇鹏,陈乔. 境外产业园区、制度质量与中国对外直接投资[J]. 国际经贸探索,2019,35(11):97-112.

④ Kolstad,I.,Wiig,A. Multinational corporations and host country institutions:A case study of CSR activities in Angola [J]. International Business Review,2010(19):178-190.

⑤ 蒋冠宏. 制度差异、文化距离与中国企业对外直接投资风险[J]. 世界经济研究,2015(08):37-47+127-128.

4.4 中国对东盟直接投资贸易效应存在的主要问题

中国对东盟国家直接投资的存量和流量的规模持续增长,远超中国对欧盟、美国、澳大利亚和俄罗斯等经济体的直接投资额。然而,由于东道国不确定性因素的影响,中国在东盟国家的直接投资贸易效应仍面临诸多问题和挑战。同时,伴随着世界经济的持续低迷以及新冠病毒疫情的冲击,全球产业链出现区域化、本土化的收缩趋势,中国对东盟国家直接投资的结构、方式无法满足未来发展要求,进一步抑制了直接投资贸易效应。

4.4.1 直接投资产业结构层次较低,国别投资选择不均衡

从前文的分析中可以看到,中国对东盟国家直接投资主要集中在制造业、批发零售业、租赁与商务服务业,这些行业的直接投资额占总额的比例超过50%。对科学研究和技术服务业、仓储和邮政业等行业的直接投资比重处于较低水平,这说明中国对东盟国家直接投资的产业结构集中度较高,行业竞争较为激烈,对东盟国家制造业的直接投资多以初级和低端产业为主,在技术服务、科学研究、信息技术等技术型行业的直接投资占比明显不足[1]。中国对东盟直接投资的产业结构明显失衡,企业的直接投资主要集中在制造业等领域的低附加值环节,忽视了对高新技术、现代服务业等其他行业的直接投资布局,导致直接投资贸易效应停留在较低水平,且较易受到国际市场需求波动等的影响。根据国际投资发展理论与比较优势理论进行分析,任何一个国家或地区的比较优势都处于动态变化中,东盟国家劳动力成本的上升与产业结构转型升级是必然趋势,这将导致中国企业直接投资的发展活力和竞争力不断弱化,对双边贸易的引致作用也逐步降低。

---

[1] 朱陆民,崔婷."一带一路"倡议下中国对东盟直接投资的风险及化解路径[J]. 印度洋经济体研究,2018(02):100-113+140.

从直接投资的国别角度来看,中国对东盟国家均存在一定数量的直接投资,但在国别选择上明显分布不均衡,其中中国对新加坡直接投资的流量和存量远高于越南、印尼和马来西亚等其他东盟国家。截止到 2020 年,中国对新加坡直接投资存量高达 526.37 亿美元,占中国对东盟国家直接投资总额的 51.2%。缅甸、柬埔寨和菲律宾等国家自然资源较为丰富,劳动力成本较为低廉,与中国在产能合作上存在较高的互补性,但现阶段中国企业对这些国家的直接投资仍处于较低水平。截止到 2020 年,中国对菲律宾的直接投资存量额仅为 6.641 亿美元,对柬埔寨、老挝、马来西亚、缅甸、泰国和越南的直接投资存量额均低于 85 亿美元。由此可见,中国对东盟国家直接投资存在明显的国别差异,尚未形成多元化的直接投资格局,也没有充分利用双边贸易比较优势,这将不利于中国对外直接投资的产业协调以及区域产业链、供应链和价值链的构建,也不利于中国对缅甸、菲律宾、越南等国家投资潜力的深度开发[1],导致中国对这些国家直接投资的进出口贸易效应不高。

4.4.2 直接投资方式较为单一,境外产业园区建设不完善

从前文的分析中可以看出,中国对东盟国家直接投资主要以跨国并购为主,绿地投资相对较少。对于中国企业而言,跨国并购活动可以迅速进入东道国市场,有效整合和配置东道国市场资源,降低企业扩张的风险和生产成本,提高企业生产和经营效率,避免出口模式带来的跨国运输高额费用和他国关税壁垒阻碍,在短期内就可以形成一定的市场竞争力。然而,由于信息不对称、市场准入以及信息收集难度大等因素的影响,企业跨国并购存在较为复杂的价值风险和价值评估难题,这些因素增加了企业并购的生产经营风险。同时,参与跨国并购的企业在生产规模和选址上存在束缚,并不利于企业在东道国的长期发展,这将大大弱化直接投资对上下游企业的溢出效应。相比跨国并购,绿地投资企业可以根据长远发展规划安排生产布局,享受东道国的优惠政策,采用适合自身需求的生产工序和设备,控制企业生产过程中的资金、人力投入,但由于绿地投资需要处理大量筹建工作,导致企业无法快速进入东道国

---

[1] 赵晓峰,李虹含.中国对东盟直接投资的现状、问题与对策探析[J].现代管理科学,2015(10):79-81.

市场形成竞争优势,也无法形成跨区域的产业链和供应链,进而制约了直接投资对双边贸易的创造效应。在生产和经营过程中可能会面临东道国政治、经济和文化等方面的不确定性风险和软环境约束。《中国企业国际化报告》表明,中国私营企业的海外并购较为活跃,并购数量与规模均超过国企。从投资金额上看,国有企业对东盟国家直接投资额较高,而私营企业的直接投资额较少。2005年至2019年,国有企业对东盟国家累积投资金额为2130亿美元,主要流向能源、基础设施建设、钢铁、建筑等领域,而私营企业对东盟国家累积投资额仅为320亿,涉及物流、光伏、房地产等领域。结合直接投资形式和金额来看,中国企业对东盟国家直接投资的产业规模和布局较为分散,仍处于"单打独斗"的发展阶段,无法有效形成相对完善的产业聚集和市场竞争优势,导致企业对跨区域生产要素和贸易中间品的需求和供给能力不高。同时,中国企业较少参与战略联盟、特许经营、服务外包等非股权投资,使得中国企业在海外投资的成本和风险相对较高。

境外经贸合作区承担着我国产业境外延伸和全球布局的新使命,也是企业"走出去"直接投资的重要承载平台,其发展的本质是为了拓展企业的直接投资方式,有效弥补东道国制度环境的缺失,降低直接投资企业"走出去"的门槛和风险,促进和完善跨国企业的产业链、供应链,发挥产业集群效应。然而,现阶段境外经贸合作区在区位布局、产业规划、发展定位等方面均存在一系列问题。中国在东盟国家的经贸合作区多布局在马来西亚、泰国、越南、印尼等国家,区域集中度相对较高,其辐射力度、覆盖范围和招商吸引力有限,无法有效利用东盟国家的比较优势来完善产业内贸易网络。在经贸合作区建设方面,部分境外经贸合作区缺乏主导产业和行业龙头企业,产业功能性布局较为分散,产业集聚效应不明显。同时,境外产业园区企业与政府沟通时身份不对等,面临税收政策、土地政策、劳工政策、物流通关、融资、多边政策协调等方面的问题。此外,境外经贸合作区仍以传统产业投资为主,缺乏数字经济和跨境电商等相关新兴产业,尚未形成跨区域的数字化产业链和供应链,导致直接投资对贸易的引致效应处于较低水平。

4.4.3 直接投资的政策支持与保障措施不健全

在政府推动、企业主导的模式下,中国企业加快"走出去"的步伐,对东盟国家的直接投资增长迅猛,将原有的产业链、供应链和价值链延伸到东盟地区,有效推进了国际产能合作,构建了中国与东盟国家互利共赢的发展格局。然而,在"走出去"发展的过程中也存在风险预警、公共服务、财政政策支持等方面的问题,增加了企业的海外投资和经营风险,阻碍了企业开展绿地投资、跨国并购等业务的进程,降低了企业开展直接投资活动的意愿,不利于生产要素和贸易产品的跨区域流通。

"走出去"发展的企业普遍面临融资难等问题,这也成为制约对外直接投资快速发展的重要因素,继而无法发挥直接投资对双边贸易的引致作用。现阶段,中国本土银行的全球网络尚未形成,加上境外金融机构对于直接投资风险的担忧,使得中国企业在境外申请贷款的难度比较大,且获得的授信额度相对较低。同时,国内金融服务体系不完善,金融市场开放程度、金融工具的创新速度无法满足对外直接投资的发展需求[1]。地方政府和金融机构在政策引导与补贴、专项基金或准备金等方面的财政支持仍然十分薄弱[2],现有金融和财政政策落实不到位,融资审批程序较为复杂,贷款信用担保渠道比较单一,担保额度有限,导致"走出去"企业,特别是中小企业的融资利率成本普遍较高,增加了企业的投资和经营风险,弱化了企业构建跨区域产业内和产业间贸易网络的能力,也抑制了中国与东盟国家双边贸易的高质量发展。

在保障措施方面,通过搜集驻外使馆和境外企业反馈的年度和不定期报告,商务部、国家税务总局等政府部门编制并定期更新国别投资政策指南,公布境外投资企业面临的主要问题和障碍。但其搭建的多元化对外投资信息平台覆盖范围不广泛,对跨境资金流动和国际税收筹划等方面的指导相对不足,导致投资信息咨询服务的实用性不够,远远不能满足跨国投资主体的需求[3]。政府机构尚未梳理出直接投资对象国与中国政治、外交等的发展情况,缺乏对不同国家法律法规、营商环境等方面的风险评估,导致企业对投资目的国的风险认识不足。同时,中国对外直接投资集中在矿产、基础设施、纺织服装、家电、电子、建材、化工等传统行业,对长期利益和短期利益、战略利益和商业利益存在认识误区,

---

[1] 太平,李姣.中国对外直接投资:经验总结、问题审视与推进路径[J].国际贸易,2019(12):50-57.

[2] 高鹏飞,胡瑞法,熊艳.中国对外直接投资70年:历史逻辑、当前问题与未来展望[J].亚太经济,2019(05):94-102+151-152.

[3] 张弛,程君佳.关于中国对外直接投资管理模式的思考[J].西南金融,2018(06):18-27.

第4章 中国对东盟直接投资贸易效应的现实考察

对产业能源消耗、环境保护和劳工权益的综合考虑较少。在生产经营过程中往往面临着东道国地方民众、环保组织在环境保护等方面的冲击和利益诉求,众多企业对这些突发性风险缺乏有效的应对性措施。这些问题的存在会大大降低企业的生产效率,可能导致其在短期内无法畅通产业内和产业间贸易链条。

4.4.4 政治、文化等外部风险制约直接投资发展

由于全球经济持续低迷、国际地缘政治冲突加剧和民族主义势力抬头,中国企业"走出去"的过程面临着较严峻的直接投资风险。研究表明,东盟整体投资风险较高,老挝、柬埔寨、缅甸投资风险相对较大,新加坡、马来西亚投资风险相对较小[①]。这些来自政治、文化、制度等方面的外部风险相互叠加,恶化了企业的经营环境,降低了经营收益的预期,也对企业的直接投资决策产生了负面影响。

伴随着经贸关系的深入发展,中国与东盟国家的双边政治关系进一步紧密和深化,先后与越南、老挝、柬埔寨、缅甸等国家建立了全面战略伙伴关系。然而,在域外国家的参与和非政府组织的挑动下,恶意渲染和炒作所谓的"中国威胁论",导致东南亚国家一些政党和民众对中国企业"走出去"开展直接投资充满怀疑和猜忌,影响了中国对东盟国家直接投资项目的落实。特别是美国、英国等域外国家妄图制造一些不可逆的政治影响,以挑拨和离间中国与东盟国家的关系,这一系列"搅局"行为可能会对南海局势造成不可控的影响。比如,2012年,中国与菲律宾军舰在黄岩岛海域持续对峙,随后阿基诺政府单方面提起南海仲裁案,这导致中国与菲律宾的政治关系降至冰点,双边投资贸易陷入停滞状态。同时,缅甸、菲律宾、泰国、马来西亚等东盟国家的政局稳定性不强,国内政策缺乏连续性,这往往会导致新政权领导人推翻或重新评估上届政府所批准的直接投资项目。比如,2018年马来西亚马哈蒂尔新政府上台后,提出重新评估各项大型基础设施建设项目的建设费用,并宣布中止已开工建设的东海岸铁路工程等项目。2021年2月,缅甸军人政变激起反华情绪,在缅部分中资企业遭到严重破坏。

---

① 太平,李姣.中国企业对东盟国家直接投资风险评估[J].国际商务(对外经济贸易大学学报),2018(01):111-123.

相比中国而言,众多东盟国家制度质量水平较低,政府办事效率低下,法律法规不完善,影响了中国企业在当地的投资发展,也不利于跨境贸易产品的快捷流通。根据《全球清廉指数2019》报告显示,在全球180个国家和地区中,菲律宾排名第113位,马来西亚排名第51位,印度尼西亚排名第85位,文莱排名第35位。由于家族式恩庇侍从网络取代了正式的政党制度[1],腐败与毒品、家族政治交织,菲律宾反腐形势依然十分严峻。马来西亚和印尼等国家也采取了一系列强有力的措施打击腐败,然而腐败和商业贿赂情况依然大量存在,马来西亚前总理纳吉布就因腐败问题下台,在任期间华人团队曾多次爆发反政府游行示威,且马来西亚和印度尼西亚长期存在民族不平等现象,政治环境的不稳定性给吸引外资、开办企业、工程项目竞标和绩效评估等各个环节带来了负面效应。此外,部分东盟国家普遍存在行政效率低下问题,行政审批制度透明度不高,相关手续烦琐且业务办理时间长,这不利于中国企业对外直接投资,增加了企业跨区域采购和供给贸易产品的交易成本,降低了中国与东盟国家的双边贸易水平。

中国与东盟国家之间存在深厚的历史与文化联系,且同属于东亚文化圈,在文化传统和价值观上存在相似和共同之处,但中国与东盟国家在社会、宗教、饮食等文化层面仍存在较大的差异,跨文化交流的障碍已经成为影响中国企业对外直接投资的重要因素[2]。对于在东盟国家投资的中国企业而言,文化差异同时体现在企业的内部管理和外部环境中[3],影响着企业的直接投资决策和经营管理效率。在企业内部管理环节中,企业需要招聘本地区的劳动力和管理人才,以满足东盟国家劳工法律和企业本土化发展的需求,这往往导致两种以上文化以及由这种文化决定的价值观、工作态度、社会习惯与行为方式的直接碰撞乃至对立。比如,在印尼的企业需要给予穆斯林员工祷告时间,斋月期间穆斯林员工只工作到中午。在企业外部环境中,文化差异往往引发所在社区民众的不信任和跨文化冲突,导致直接投资的沟通成本和交易成本上升,降低了企业直接投资的效率,进而抑制了直接投资对双边贸易的促进作用。

---

[1] 林丹阳. 民主制度之"踵":家族式恩庇侍从关系与菲律宾政治[J]. 东南亚研究,2018(5):19-36.
[2] 李灵. 跨文化因素对中国企业海外直接投资的影响研究[D]. 天津财经大学. 2018.
[3] 农方. 文化差异对中国在东盟直接投资的影响研究[D]. 广西大学,2017.

4.5　本章小结

首先根据中国与东盟国家经贸关系的发展历程,将其划分为四个阶段,即初始阶段、深入阶段、中国—东盟自由贸易区阶段、"一带一路"倡议阶段。在这些不同的历史阶段,中国与东盟国家经贸关系不断深化,实现了由量变到质变的跨越式发展。其次,分析考察了中国对东盟直接投资的发展情况。从直接投资角度来看,现阶段东盟是中国在主要经济体中投资量最多的地区,中国对东盟国家直接投资的主体为国有企业,但是私营企业对东盟国家开展直接投资的项目数量和金额基本保持逐年增加的态势。在直接投资产业构成上,中国企业对东盟直接投资的主要产业依次是制造业、批发零售业、租赁与商务服务业等,而金融业、采矿业、建筑业的直接投资比重较低。在直接投资国别差异上,中国对东盟国家直接投资较为集中,其中对新加坡直接投资的流量和存量远高于越南、印尼和马来西亚等其他东盟国家。本章还初步分析了直接投资的贸易效应,主要从直接效应、间接效应和外部因素的调节效应三个角度展开。结果表明中国对东盟直接投资与双边贸易的增长路径比较类似,存在较为明显的互补效应,这种效应主要通过产业结构升级和生产效率提升路径来实现。而良好的政治关系、文化认同和制度距离可以调节中国对东盟直接投资的贸易效应。当前,中国对东盟直接投资的产业结构层次较低,国别投资选择不均衡,直接投资方式较为单一,境外产业园区建设不完善;直接投资的政策支持与保障措施不健全;政治、文化等外部风险制约直接投资发展等一系列问题,制约了跨区域产业链、供应链和价值链的构建,也抑制了直接投资贸易效应的有效发挥。

第5章 直接投资对双边贸易的直接效应实证分析

在前文的分析中,本书较为全面地考察了中国与东盟经贸关系的发展历程、直接投资与双边贸易的发展情况、直接投资贸易效应的现实表征以及存在的问题。为了更为准确地分析直接投资对双边贸易的作用强度,本章在前文的基础上继续进行实证分析。在本章节中,基于投资贸易理论,从贸易规模、结构和国别视角进行定量分析,采用实证方法进一步探究中国对东盟直接投资对双边贸易的作用强度。

5.1 直接投资对进出口贸易的效应分析

5.1.1 直接投资与出口贸易

本书借鉴 Helpman、Melit 和 Yeaple(2003)、刘海洋等[1]的模型分析中国对东盟国家直接投资的出口贸易效应。假设存在代表性消费者,其消费总体可以看作各种商品的函数,且消费者效用函数为 CES 型,则得到:

$$U = \left(\int_0^n q(\omega)^\rho d\omega \right)^{\frac{1}{\rho}} \quad (5-1)$$

其中,$q(\omega)$ 为消费者对产品 ω 的需求量,n 为消费者所有可以选择

---

[1] 刘海洋,林令涛,刘铁斌. 新新贸易理论研究——基于企业异质性的分析框架[M]. 北京:经济科学出版社,2018.

第 5 章 直接投资对双边贸易的直接效应实证分析

的产品集合,不考虑互补品和以及独立品的存在,假定任何两种产品之间都是可以替代的,ρ 衡量商品替代特征即有 $0<\rho<1$。

消费者存在实现自身效用最大化的目标,但也受到自己收入的预算约束,现假定消费者的预算约为 R,则有:

$$R = \int_0^n p(\omega)q(\omega)\mathrm{d}\omega \tag{5-2}$$

在预算约束 R 的条件下,求解效用函数(5-1),构建拉格朗日方程:

$$L = U + \lambda \left[R - \int_0^n p(\omega)q(\omega)\mathrm{d}\omega \right] \tag{5-3}$$

对拉格朗日方程进行求导,可以得到:

$$\left[\int_0^n q(\omega)^\rho \mathrm{d}\omega \right]^{\frac{1-\rho}{\rho}} \times q(\omega)^{\rho-1} - \lambda p(\omega) = 0 \tag{5-4}$$

构造两式对比消除 λ,得到:

$$\frac{q(\omega_i)^{\rho-1}}{q(\omega_j)^{\rho-1}} = \frac{p(\omega_i)}{p(\omega_j)} \tag{5-5}$$

即有:

$$q(\omega_i) = \frac{p(\omega_i)^{\frac{1}{\rho-1}}}{p(\omega_j)^{\frac{1}{\rho-1}}} \cdot q(\omega_j) \tag{5-6}$$

对函数(5-6)乘以 ρ 次幂,同时积分得到:

$$Q = \left[\int_0^n q(\omega_i)^\rho \mathrm{d}\omega_i \right]^{\frac{1}{\rho}} = \left[\int_0^n q(\omega)^\rho \mathrm{d}\omega \right]^{\frac{1}{\rho}} = U \tag{5-7}$$

函数(5-7)表明 U 为消费总量 Q 的函数,二者对应关系即为:

$$Q = U = p(\omega_j)^{\frac{1}{1-\rho}} \cdot q(\omega_j) \int_0^n p(\omega_i)^{\frac{1}{\rho-1}} \mathrm{d}\omega_i \tag{5-8}$$

对公式(5-6)两边同乘以 $p(\omega_i)$,得到:

$$p(\omega_i)q(\omega_i) = \frac{p(\omega_i)p(\omega_i)^{\frac{1}{\rho-1}}}{p(\omega_j)^{\frac{1}{\rho-1}}} \cdot q(\omega_j) \tag{5-9}$$

对公式(5-9)两边积分得到:

$$\int_0^n p(\omega_i)q(\omega_i)\mathrm{d}\omega_i = \frac{\int_0^n p(\omega_i)p(\omega_i)^{\frac{1}{\rho-1}}}{p(\omega_j)^{\frac{1}{\rho-1}}} \cdot q(\omega_j) = R \tag{5-10}$$

即有:

$$q(\omega_j) = \frac{R}{p(\omega_j)^{\frac{1}{\rho-1}}} \cdot \int_0^n p(\omega_i) \cdot p(\omega_i)^{\frac{1}{\rho-1}} \mathrm{d}\omega_i \tag{5-11}$$

借鉴 Dixit 和 Stiglitz(1977)的模型(DS 模型)做法,将价格指数设定为:

$$P \equiv \left[\int_0^n p(\omega_i)^{\frac{\rho}{\rho-1}} \mathrm{d}\omega_i \right]^{\frac{\rho-1}{\rho}} \qquad (5\text{-}12)$$

对公式(5-5)取对数后求导,得到不同商品之间的替代弹性为:

$$\frac{-\mathrm{d}\ln q(\omega_i)/q(\omega_j)}{\mathrm{d}\ln(\omega_i)/p(\omega_j)} = \frac{1}{1-\rho} = \sigma \qquad (5\text{-}13)$$

将公式(5-12)和(5-13)代入公式(5-8)和(5-11),得到消费者对产品的消费数量 $q(\omega)$ 和支出份额 $r(\omega)$ 为:

$$\frac{q(\omega)}{Q} = \left[\frac{p(\omega)}{P}\right]^{-\sigma} \qquad (5\text{-}14)$$

$$\frac{r(\omega)}{R} = \left[\frac{p(\omega)}{P}\right]^{1-\sigma} \qquad (5\text{-}15)$$

$$Q = R/P \qquad (5\text{-}16)$$

借鉴 Melit(2003)的模型,假设每家跨国公司都仅生产一种产品,生产中所需投入的要素只有劳动 L。同时,东盟国家的工资水平为 w,即企业购买单位劳动花费 w 单位的记账单位。跨国企业在东道国的经营成本由可变成本、固定成本以及建立海外公司的进入和投资成本三部分构成,其中 C_{ij}^v 为可变成本、C_{ij}^f 为固定成本、C_{ij}^l 为建立海外公司的进入和投资成本,则总成本为:

$$C_{ij}(q) = C_{ij}^v + C_{ij}^f + C_{ij}^l \qquad (5\text{-}17)$$

遵循 Melit(2003)的假定,产业内有 M 个企业生产同质化产品,而不同企业的生产效率存在差异。为生产一单位产品,任一企业 n 都需要投入的 a 单位劳动力,则有:

$$\varphi_n = \frac{1}{a}, a_1 \leqslant a \leqslant a_m; a_m \geqslant a_1 \geqslant 0 \qquad (5\text{-}18)$$

由公式(5-17)和(5-18)可以得到:

$$C_{ij}(q) = C_{ij}^v + C_{ij}^f + C_{ij}^l = \omega_j a_{ij} q_{ij} + C_{ij}^f + C_{ij}^l \qquad (5\text{-}19)$$

在垄断竞争动态产业结构条件下,企业实现利润最大化的条件为:

$$MC = MR \qquad (5\text{-}20)$$

此时,企业的产品定价为:

$$p_{ij}(a) = \frac{\omega_j a_{ij}}{1 - \frac{1}{|\sigma_j|}} = \frac{\omega_j a_{ij}}{\rho_j} \qquad (5\text{-}21)$$

第 5 章 直接投资对双边贸易的直接效应实证分析

由公式(5-15)和(5-19)得到企业 i 进入国家 j 的直接投资利润函数为：

$$\pi_{ij}^l = R_j \left[\frac{p(\omega)}{P} \right]^{1-\sigma} - (\omega_j a_{ij} q_{ij} + C_{ij}^f + C_{ij}^l) \tag{5-22}$$

产品市场达到均衡时，国家 i 的产品需求与企业 j 的生产数量相等，而企业产品价格为国家 i 的产品市场价格，则有：

$$q_{ij}(\omega) = q_j(\omega); \quad p_j(\omega) = p_{ij}(a) \tag{5-23}$$

将公式(5-14)和(5-21)代入等式(5-22)中，得到：

$$\pi_{ij}^l = R_j \left[\frac{\omega_j a_{ij}}{P_{ij} \rho_j} \right]^{1-\sigma} - \left\{ \omega_j a_{ij} Q_j \left[\frac{\omega_j a_{ij}}{P_j \rho_j} \right]^{-\sigma} + C_{ij}^f + C_{ij}^l \right\} \tag{5-24}$$

假定企业 i 向国家 j 出口产品，所获得利润为 π_{ij}^h ($\pi_{ij}^h \geqslant 0$)。在利润驱动下，只有投资收益大于出口贸易形式的利润，企业 i 才会选择进入国家 j 的市场，即有：

$$\pi_{ij}^l \geqslant \pi_{ij}^h \tag{5-25}$$

在临界条件下，企业 i 的对外直接投资生产率可以表述为：

$$\frac{1}{a_{ij}^i} = \left[\frac{\pi_{ij}^h + c_{ij}^f + c_{ij}^l}{\left(\frac{1-\rho_j}{\rho_j} \right) \rho_j^\sigma P_j^{\sigma-1} \omega_j^{1-\sigma R}} \right]^{\frac{1}{\sigma-1}} \tag{5-26}$$

由此可知，只有企业满足 $\frac{1}{a_{ij}} \geqslant \frac{1}{a_{ij}^*}$ 的条件，才会存在对外直接投资动机。

对等式(5-24)求偏导数可以得到：

$$\delta_{ij} = \frac{\partial \pi_{ij}^l}{\partial a_{ij}} = (1-\sigma) R_j \left[\frac{\omega_j}{P_j \rho_j} \right]^{1-\sigma} a_{ij}^{-\sigma} - (1-\sigma) \omega_j Q_j \left[\frac{\omega_j}{P_j \rho_j} \right]^{-\sigma} a_{ij}^{-\sigma}$$

$$= \frac{\omega_j}{P_j \rho_j} (1-\sigma) \left(\frac{R_j}{P_j \rho_j} - Q_j \right) a_{ij}^{-\sigma} \tag{5-27}$$

随着劳动生产率的提升，企业规模效应逐步显现，此时 $\frac{\partial \pi_{ij}^l}{\partial a_{ij}} < 0$，即企业投资利润上升。基于利润最大化的考虑，理性的生产将进一步扩大直接投资水平。

假定发达国家(Developed Country)工资水平为 ω_j^d，新兴市场国家(Emerging Country)工资水平为 ω_j^e，此时有：

$$\omega_j^d \geqslant \omega_j^e > 0 \tag{5-28}$$

将公式(5-28)代入(5-27)中分析得到：

$$\delta_j^d \leqslant \delta_j^e < 0 \qquad (5-29)$$

相比发达国家,企业在东盟国家会获得更多利润,并具有更长时间的所有权优势,这使得中国对外直接投资的出口贸易创造效应也相对更高。因此,基于前文的文献和理论分析,得到推论 1。

推论 1:中国对东盟直接投资可以促进出口贸易发展。

5.1.2 直接投资与进口贸易

借鉴 Yuqing Xing 等[①]、Liu B J 等[②]的模型分析中国对东盟国家直接投资的进口贸易效应。假定存在两个代表性企业 H_1 和 H_2。企业 H_1 为跨国公司,该公司不仅在中国国内生产产品 Y_1,也在东盟国家投资建立了生产网络,并生产差异化产品 Z。产品 Z 一部分被运回国内市场销售,而另一部分则在东盟国家销售。假定运回国内的产品 Z 的比重为 α,即为反向进口比例,则在东盟国家销售的产品 Z 的比重为 $(1-\alpha)$。企业 H_2 为国内企业,仅在国内市场生产和销售产品 Y_2。产品 Y_1 与产品 Y_2 是同质化的,在国内市场存在竞争关系。

假定 C_i 为企业生产产品 i 的固定边际生产成本,F_i 则为企业生产产品 i 所付出的沉没成本。P_1 表示产品 Y_2 和 Y_1 的反向需求,P_2 表示国内市场销售反向进口产品 Z 的反向需求,P_3 表示东盟国家市场销售产品 Z 的反向需求。此时,两个代表性企业 H_1 和 H_2 的利润函数可以表示为:

$$\pi_1 = (P_1 - C_{Y_1})Y_1 + (P_2 - C_z - S)\alpha Z + (P_3 - C_Z)(1-\alpha)Z - F_{Y_1} - F_Z \qquad (5-30)$$

$$\pi_2 = (P_1 - C_{Y_2})Y_2 - F_{Y_2} n \qquad (5-31)$$

其中,S 为反向进口贸易的单位运输成本。为简化分析,我们假定反向需求函数为线性:

$$P_1 = a_1 - b_1(Y_1 + Y_2) - r(\alpha Z) \qquad (5-32)$$

---

① Yuqing, Xing, Laixun, et al. Reverse Imports, Foreign Direct Investment and Exchange Rates[J]. JAPAN AND THE WORLD ECONOMY, 2008(20):275-289.

② Liu B J, Huang F M. Outward Direct Investment, Reverse Import, and Domestic Production: Evidence from Taiwanese Manufacturing Firms[J]. Hitotsubashi Journal of Economics, 2005, 46(1):65-84.

第5章 直接投资对双边贸易的直接效应实证分析

$$P_2 = a_2 - b_2(\alpha Z) - r(Y_1 + Y_2) \quad (5-33)$$

$$P_3 = a_3 - b_3(1-\alpha)Z \quad (5-34)$$

其中，a_i 表示不同市场 $i(i=1,2,3)$ 的规模大小，r 表示产品 Y_1、Y_2 以及反向进口产品 αZ 的差异化程度。当 $r=b_1=b_2$ 时，产品间存在差异，存在完全替代关系；当 $r=0$ 时，产品间不存在差异。

为了考察跨国企业在中国与东盟国家的的生产决策，对等式(5-30)、(5-31)求导可得：

$$\frac{d\pi_1}{dY_1} = [(P_1 - C_{Y_1}) - b_1 Y_1] - r(\alpha Z) = 0 \quad (5-35)$$

$$\frac{d\pi_1}{dZ} = (-r\alpha)Y_1 + \alpha(P_2 - C_Z - S - b_2\alpha Z) + (1-\alpha)(P_3 - C_Z) = 0$$

$$(5-36)$$

$$\frac{d\pi_1}{d\alpha} = (-rZ)Y_1 + (P_2 - C_Z - S - b_2\alpha Z)Z - [P_3 - C_Z - b_3(1-\alpha)Z]Z$$

$$= 0 \quad (5-37)$$

从等式(5-35)可以看到，随着反向进口产品 αZ 的增长，其替代了一部分国内生产，降低了对国内生产的产品需求。同样的，国内生产的产品也会替代一部分反向进口产品，并且间接降低了国内市场对反向进口产品的需求。根据利润最大化的等式表明，反向进口比重完全取决于跨国企业在国内生产和国外生产的决策。

对于在国内市场生产和销售的企业 H_2 而言，其利润最大化水平满足如下条件：

$$\frac{d\pi_1}{dY_2} = (P_1 - C_{Y_2}) - b_1 Y_2 = 0 \quad (5-38)$$

对等式(5-35)、(5-36)和(5-37)进行求解得到：

$$Y_2 = \frac{A_1 - 3r\alpha Z}{3b_1} \quad (5-39)$$

$$Z = \frac{2b_1(a_3 - C_z) - B_3\alpha - 3b_1 rY_1}{4b_1 b_3(1-2\alpha) + \alpha^2 D_1} \quad (5-40)$$

$$\alpha = \frac{-B_3 - 3rb_1 Y_1 + 4b_1 b_3 Z}{D_3 Z} \quad (5-41)$$

其中，$D_3 = 4(b_1 + b_3) - r^2 > 0$，$B_3 = 2b_1(a_3 - a_1 + S) + r(a_1 - C_{Y_2})$，$A_1 = a_1 - 2C_{Y_1} + C_{Y_2}$。

上述结构方程表明，Z、α 和 Y_1 之间存在相互作用，也会通过市场规

模 α_i、成本因素 C_j 产生间接的相互作用。就反向进口贸易而言,东盟国家市场需求与国内市场需求密切相关。反向进口比重 α 越大,企业将更多地选择在国外生产产品。因此,企业在东盟国家生产的产品 Z 增加,使得反向进口产品 αZ 增加。因此,基于前文的文献和理论分析,得到推论 2。

推论 2:中国对东盟直接投资可以促进进口贸易发展。

5.2 规模视角:中国对东盟直接投资贸易效应分析

5.2.1 模型构建

本书采用引力模型来考察中国对东盟直接投资的贸易效应,将中国与东盟国家进出口贸易和进出口贸易额的对数值作为被解释变量,核心解释变量为中国对东盟国家的直接投资存量的对数值,借鉴胡兵等[1]、林创伟等[2]的研究方法,将模型设定为:

$$Lnexport_{it} = \alpha_0 + \alpha_1 Lnofdi_{it} + \alpha_2 \sum Control_{it} + \mu_i + u_t + \varepsilon_i \tag{5-42}$$

$$Lnimport_{it} = \beta_0 + \beta_1 Lnofdi_{it} + \beta_2 \sum Control_{it} + \mu_i + u_t + \varepsilon_i \tag{5-43}$$

$$Lntrade_{it} = \gamma_0 + \gamma_1 Lnofdi_{it} + \gamma_2 \sum Control_{it} + \mu_i + u_t + \varepsilon_i \tag{5-44}$$

其中,$Lnexport_{it}$ 为中国对东盟国家出口贸易额对数值;$Lnimport_{it}$ 为中国对东盟国家进口贸易量对数值;$Lntrade_{it}$ 为中国对东盟国家贸易总额的对数值;$Lnofdi_{it}$ 为中国对东盟国家直接投资存量对数值,为本

---

[1] 胡兵,乔晶. 我国对外直接投资的贸易效应及政策研究[M]. 北京:科学出版社,2019.

[2] 林创伟,谭娜,何传添. 中国对东盟国家直接投资的贸易效应研究[J]. 国际经贸探索,2019,35(04):60-79.

书的核心解释变量;$Control_{it}$表示其他控制变量,根据林志帆[1]、谢娜[2]的研究,证实了国家间贸易会受到地理距离($Lndis$)、资源禀赋(Res)、开放度水平($Open$)、是否有共同语言($Lang$)等因素的影响,因此,本书将这些影响因素作为控制变量加入回归模型中。μ_i为个体固定效应;u_t为时间固定效应;ε_i为误差项。

5.2.2 样本选择与变量说明

本书数据来源于联合国贸易数据库(UN Comtrade)、法国国际经济研究所(CEPII)、世界银行发展数据库(WDI)、国际货币基金组织(IMF)和中国对外投资统计公报。考虑到数据的可得性和连续性,本书的样本时间跨度为2003—2020年。

5.2.2.1 被解释变量

本书的被解释变量为中国对东盟国家进口贸易额的对数值(Lnimport)、出口贸易额的对数值(Lnexport)和总贸易额的对数值(Lntrade),数据来源于联合国贸易数据库(UN Comtrade)。

5.2.2.2 解释变量

中国对东盟直接投资额(Lnofdi):为了有效衡量直接投资贸易效应的长期影响,本书借鉴王恕立和向姣姣[3]的做法,采用2003—2020年中国对东盟国家直接投资存量的对数值作为解释变量,数据来源于历年中国对外投资统计公报。

5.2.2.3 控制变量

(1)地理距离($Lndis$)。一般而言,国家间地理距离越远,则开展贸

---

[1] 林志帆.中国的对外直接投资真的促进出口吗?[J].财贸经济,2016(02):100-113.
[2] 谢娜.中国对"一带一路"沿线国家直接投资的贸易效应研究——基于制度距离差异的实证分析[J].宏观经济研究,2020(02):112-130+164.
[3] 王恕立,向姣姣.创造效应还是替代效应——中国OFDI对进出口贸易的影响机制研究[J].世界经济研究,2014(06):66-72+89.

易活动的运输成本就越高。然而,采用不随时间变化的地理距离衡量贸易成本是片面的,其原因在于双边经贸联系的距离成本是动态变化的,取决于地理距离和航运成本。因此,本书借鉴蒋冠宏等[①]、康振宇[②]的方法,采用人口加权的地理距离与国际油价的乘积来衡量双边距离。人口加权的地理距离数据来源于法国国际经济研究所(CEPII),国际油价数据来源于国际货币基金组织的国际油价数据。

(2)共同语言($Lang$)。两国之间存在共同语言将有利于降低双边沟通门槛和交易成本,更容易得到东盟国家民众的认可,进而促进双边贸易发展。根据法国国际经济研究所(CEPII)数据库的标准,东盟国家人口中会讲汉语的人口占总人口的比重超过9%,则共同语言变量取值为1,否则为0。

(3)东盟国家人均GDP($Lnpgdp\_Host$)。借鉴王瑞等[③]的做法,本书采用东盟国家人均GDP来衡量该国的经济发展水平,数据来源于世界银行发展数据库(WDI)。

(4)中国人均GDP($Lnpgdp\_CHN$)。中国经济发展水平越高,其贸易产品需求和供给能力越强。本书采用中国的人均GDP来衡量经济发展水平,数据来源于世界银行发展数据库(WDI)。

(5)资源禀赋(Res)。国家间的资源禀赋差异是进行国际贸易的重要原因之一,一国自然禀赋越高,其在国际贸易中存在越大的比较优势。本书借鉴支宇鹏、陈乔[④]的方法,采用燃料、金属与矿产出口占商品出口的比重进行衡量,数据来源于世界银行发展数据库(WDI),其中个别缺失值采用插值法进行补充。

(6)实际汇率($Exchan$)。在开放经济中,国家间汇率变动可以用来调节贸易结构,也必然会影响贸易规模。由于缺乏中国与东盟国家的双

[①] 蒋冠宏,蒋殿春. 中国对发展中国家的投资——东道国制度重要吗?[J]. 管理世界,2012(11):45-56.

[②] 康振宇. 全球价值链下的中国对外直接投资的贸易效应[M]. 北京:知识产权出版社,2017.

[③] 王瑞,王永龙. 我国与"丝绸之路经济带"沿线国家农产品进口贸易研究[J]. 经济学家,2017(4):97-104.

[④] 支宇鹏,陈乔. 境外产业园区、制度质量与中国对外直接投资[J]. 国际经贸探索,2019,35(11):97-112.

边实际汇率数据,本书借鉴隋月红[①]、胡兵等[②]的做法,通过各国货币对美元的汇率进行转换,以得到中国与东盟国家的双边实际汇率,具体公式为:

$$Exchan_t = Ln \frac{Exchan_{c,t} \times P_{c,t}}{Exchan_{j,t} \times P_{j,t}} \quad (5\text{-}45)$$

其中,$Exchan_{c,t}$、$Exchan_{j,t}$分别表示t时期中国、东盟国家货币对美元的名义汇率,$P_{c,t}$表示t时期中国、东盟国家的消费价格指数。本书采用间接标价法的名义汇率,$Exchan_t$的数值越大,表明人民币对东盟国家的货币升值,反之则表明人民币贬值,基础数据均来自世界银行数据库。

(7)开放度水平($Open$)。一般认为,进出口开放程度对双边贸易发展存在直接影响[③]。参考胡兵等[④]的做法,采用一国进出口贸易总额占该国GDP的比重来衡量开放度水平,反映了一国经济活动与国外经济活动的一体化程度。

5.2.2.4 变量描述性分析

本书的变量描述性分析如表5-1所示,中国对东盟国家进口、出口贸易及总贸易额对数值的标准差分别为2.281、1.869和1.900,这表明中国与东盟国家进出口贸易之间存在明显差异,其中对文莱、柬埔寨和缅甸的出口贸易较少,对越南、马来西亚等国家的出口贸易额较高;中国对东盟国家直接投资对数值的标准差为2.323,均值为11.233。实际汇率的标准差为2.020,均值为1.351,中国与东盟国家间的实际汇率变动较大,其中中国与印尼、越南之间的实际汇率变动较小,而与新加坡、文莱之间的实际汇率波动较大。东盟国家开放度水平的标准差为69.219,最小值为26.051,最大值为343.481,这表明东盟国家之间开放

[①] 隋月红."二元"对外直接投资与贸易结构:机理与来自我国的证据[J].国际商务(对外经济贸易大学学报),2010(06):66-73.

[②] 胡兵,乔晶.我国对外直接投资的贸易效应及政策研究[M].北京:科学出版社,2019.

[③] 隋月红,赵振华.出口贸易结构的形成机理:基于我国1980—2005年的经验研究[J].国际贸易问题,2008(03):9-16.

[④] 胡兵,乔晶.我国对外直接投资的贸易效应及政策研究[M].北京:科学出版社,2019.

度水平的差异较大,其中新加坡开放度水平位居东盟国家首位,而印尼和缅甸的开放度水平较低。资源禀赋的标准差为 27.006,最小值为 0.008,最大值为 97.901,这表明东盟国家资源禀赋也存在较大差异性,越南、泰国资源禀赋水平较低,而文莱天然气、石油等资源禀赋水平较高。

表 5-1 变量描述性分析

Table 5-1　Description and Analysis of Variables

变量名	样本量	均值	标准差	最小值	最大值
$Lnexport$	180	13.417	1.869	8.128	16.247
$Lnimport$	180	12.988	2.281	7.021	15.876
$Lntrade$	180	14.025	1.900	9.301	16.772
$Lnofdi$	180	11.233	2.323	2.565	15.605
$Lndis$	180	13.069	0.427	12.011	13.955
$Lang$	180	0.200	0.401	0	1
$Lnpgdp\_CHN$	180	8.694	0.414	7.936	9.252
$Lnpgdp\_Host$	180	8.325	1.349	6.002	11.021
$Exchan$	180	1.351	2.020	0.0002	6.396
$Open$	180	106.512	69.219	26.051	343.481
Res	180	26.879	27.006	0.008	97.901

注:根据 stata15 软件计算得到。

5.2.3　实证分析

在进行实证分析之前,本书对所有变量进行相关性和方差膨胀因子检验,结果表明不存在严重的多重共线性问题。随后采用混合回归模型(POLS)、固定效应模型(FE)和随机效应模型(RE)对前文设定的模型进行回归估计,根据豪斯曼检验和 LM 检验的结果表明,应采用固定效应模型进行回归分析。然而,中国对东盟国家的直接投资会影响双边贸易发展,同时双边贸易额的增加也会进一步刺激中国对外直接投资的发展,以深化双边经济合作,即直接投资与双边贸易之间可能存在双向因果关系。这种双向因果关系的存在可能导致内生性问题,估计系数相对于真实估计参数都是有偏差的,估计结果不可信。

为解决可能存在的由遗漏变量以及因果关系引致的内生性问题,本书采用两阶段最小二乘法(2SLS)模型进行回归分析,以得到更为稳健的回归结果。在两阶段最小二乘法(2SLS)中,需要采用合理、有效的工具变量,否则可能导致估计结果不一致。为此,本书借鉴贺培等[1]的做法,采用"建设许可"(Dealing with Construction Permits)指标进行加权后作为工具变量之一,该指标记录并反映了投资项目在东盟国家所需要的手续、时间和成本,在一定程度上可以有效衡量当地投资环境和投资成本,因此会对中国对东盟国家的直接投资产生影响,且该指标不会直接影响国家间的进出口贸易。其具体公式为:

$$Permit_{j,t} = Construction_{j,t} \times \frac{Ofdi_{j,t-1}}{\sum_j Ofdi_{j,t-1}} \quad (5-46)$$

其中,$Construction_{j,t}$ 为 t 时期 j 国的建设许可分值,$Ofdi_{j,t-1}$ 为 $t-1$ 时期中国对 j 的直接投资存量,$\sum_j Ofdi_{j,t-1}$ 为 $t-1$ 时期中国对 j 国的直接投资总额。此外,采用一般研究方法,本书也将直接投资滞后一期作为工具变量,以有效缓解内生性问题。为保持研究的严谨性和一致性,本书在实证分析环节均采用工具变量法(IV)来处理内生性问题。

5.2.3.1 基准回归分析

如表5-2所示,第(1)~(6)列检验了中国对东盟国家直接投资对双边进口、出口贸易以及总贸易规模的影响。第(1)、(3)和(5)列为固定效应回归结果,第(2)、(4)和(6)列为两阶段最小二乘法(2SLS)的回归结果。根据前文的分析,本书重点报告两阶段最小二乘法(2SLS)的回归结果。我们可以看到,中国对东盟国家直接投资具有显著的出口创造和进口引致效应,且直接投资的进口创造效应明显高于出口创造效应,该结果验证了直接投资与贸易互补效应的合理性。在回归模型中,在控制地理距离、共同语言等因素后,直接投资的对数值与进口、出口贸易、总贸易额的对数值均在1%水平上显著呈正相关关系,这表明中国对东盟国家直接投资每增加1%,对东盟出口贸易额将增加0.209%,对进口贸易

---

[1] 贺培,封肖云,林发勤. 中国对外直接投资如何影响出口——基于目的地"建设许可"工具变量的研究[J]. 中央财经大学学报,2017(02):110-119.

额将增加0.287%,而双边总贸易额将增加0.218%。地理距离与进口贸易和总贸易在5%水平上,呈负相关关系,与出口贸易在统计学意义上不相关,可能原因是中国拥有相对完善的工业体系,也是最大的制造业大国,其产品具有较强的市场竞争力,出口贸易与地理距离的关联度不高。然而,中国推进国际产能合作,着力构建区域产业链、供应链和价值链,与周边国家的进口贸易联系更为密切。东盟国家资源禀赋与进口、出口贸易额的对数至少在5%水平上显著为正,这表明东盟国家资源禀赋水平越高,其在国际贸易中比较优势越大。国家间实际汇率与进口贸易的对数值在1%水平上显著为正,而与出口贸易额的对数值在统计学意义上不显著,即人民币升值可以有效促进进口贸易,而对出口贸易不利。东盟国家开放度水平与进口、出口贸易的对数值均在1%水平上显著为正,这表明东盟国家开放度水平越高,双边贸易往来将越密切,有效扩大中国与东盟国家的贸易规模。

表 5-2　基准回归分析

Table 5-2　Results of Basic Regression Analysis

	$Lntrade$		$Lnexport$		$Lnimport$	
	(1)	(2)	(3)	(4)	(5)	(6)
$Lnofdi$	0.075** (2.03)	0.218*** (4.22)	0.067* (1.67)	0.209*** (3.09)	0.196*** (2.85)	0.287*** (2.88)
$Lnpgdp\_CHN$	0.892*** (3.76)	0.264 (1.10)	1.774*** (6.89)	1.017*** (3.59)	−0.634 (−1.43)	−0.925** (−2.15)
$Lnpgdp\_Hos$	1.687*** (6.59)	1.719*** (5.37)	−0.140 (−0.50)	0.137 (0.37)	4.406*** (9.22)	4.410*** (8.86)
$Lndis$	−0.278 (−1.09)	0.010 (0.02)	0.208 (0.75)	1.031** (2.16)	−0.768 (−1.61)	−1.837*** (−2.74)
$Lang$		−7.614*** (−6.84)		−2.261* (−1.86)		−17.309*** (−9.48)
Res	0.012** (2.54)	0.010** (2.39)	0.004 (0.83)	0.004 (0.97)	0.037*** (7.22)	0.031*** (4.22)

续表

	Lntrade		Lnexport		Lnimport	
	(1)	(2)	(3)	(4)	(5)	(6)
$Open$	0.992*** (10.25)	0.988*** (10.33)	0.937*** (8.92)	0.923*** (8.62)	1.303*** (4.17)	1.268*** (7.53)
$Exchan$	0.169** (2.54)	0.152** (2.39)	0.030 (0.42)	0.040 (0.60)	0.435*** (3.50)	0.416*** (3.71)
$Cons$	−6.770** (−2.58)	−4.301 (−0.95)	−5.484* (−1.92)	−11.901** (−2.56)	−13.554*** (−2.77)	6.261 (0.89)
Year	Y	Y	Y	Y	Y	Y
Country	Y	Y	Y	Y	Y	Y
Hansen J	—	0.8676	—	0.1885	—	0.4425
N	180	170	180	170	180	170
F	107.68	485.69	103.52	569.65	40.49	201.30
R^2	0.9412	0.9866	0.9390	0.9833	0.8575	0.9699

注：括号内为 t 值；***、**、* 分别表示通过 1%、5%和 10%的显著性水平检验。

5.2.3.2 稳健性检验

在前文工具变量法的基础上，本书采用三种方法进行稳健性检验，以验证前文中估计结果的稳健性，具体包括替换解释变量、更换计量模型和增加控制变量方法。

5.2.3.2.1 增加控制变量

现有研究认为，国家基础设施是双边贸易发展的重要影响因素，而基础设施越完善，覆盖率越高，贸易成本降低的空间越大，贸易竞争力也就越强，从而对双边贸易额有正刺激作用[1]。因此，本书在基准回归模型的基础上增加基础设施指标，采用每百人互联网数量来衡量一国的基

---

[1] 章秀琴，余长婧."一带一路"基础设施建设的贸易效应研究[J]. 国际商务（对外经济贸易大学学报），2019(01)：72-83.

础设施水平,具体结果如表 5-3 所示。第(1)、(3)和(5)列是全样本回归结果,第(2)、(4)和(6)列是加入基础设施变量后的回归结果。从第(2)、(4)、(6)列可以看到,加入基础设施指标后,该变量系数在统计学意义上不显著,然而直接投资的系数仍然在 5% 水平上显著为正,这说明中国对东盟国家直接投资可以显著促进双边贸易发展,与前文的结果保持一致,这表明本书的结果是稳健的。

表 5-3 直接投资对贸易规模的影响(增加控制变量)

Table 5-3 Impact of Direct Investment on Trade Scale (Increase Control Variables)

	$Lntrade$		$Lnexport$		$Lnimport$	
	(1)	(2)	(3)	(4)	(5)	(6)
$Lnofdi$	0.218*** (4.22)	0.222*** (4.29)	0.209*** (3.09)	0.208*** (3.06)	0.287*** (2.88)	0.293*** (2.92)
$Lnpgdp\_CHN$	0.264 (1.10)	0.466* (1.69)	1.017*** (3.59)	0.962*** (2.81)	−0.925** (−2.15)	−0.626 (−1.21)
$Lnpgdp\_Host$	1.719*** (5.37)	1.608*** (4.84)	0.137 (0.37)	0.167 (0.42)	4.410*** (8.86)	4.247*** (8.14)
$Lndis$	0.010 (0.02)	0.064 (0.15)	1.031** (2.16)	1.016** (2.08)	−1.837*** (−2.74)	−1.757*** (−2.59)
$Lang$	−7.614*** (−6.84)	−7.194*** (−6.19)	−2.261* (−1.86)	−2.375* (−1.80)	−17.309*** (−9.48)	−16.688*** (−8.77)
Res	0.010** (2.39)	0.010** (2.41)	0.004 (0.97)	0.004 (0.97)	0.031*** (4.22)	0.031*** (4.22)
$Open$	0.988*** (10.33)	1.046*** (9.75)	0.923*** (8.62)	0.907*** (7.28)	1.268*** (7.53)	1.354*** (7.12)
$Exchan$	0.152** (2.39)	0.156** (2.50)	0.040 (0.60)	0.39 (0.59)	0.416*** (3.71)	0.421*** (3.80)
$Infs$		−0.004 (−1.62)		0.001 (0.38)		−0.007 (−1.22)

第 5 章 直接投资对双边贸易的直接效应实证分析

续表

	$Lntrade$		$Lnexport$		$Lnimport$	
	(1)	(2)	(3)	(4)	(5)	(6)
Cons	−4.301 (−0.95)	−5.850 (−1.23)	−11.901** (−2.56)	−11.480 (−2.27)	6.261 (0.89)	3.968 (0.53)
Year	Y	Y	Y	Y	Y	Y
Country	Y	Y	Y	Y	Y	Y
Hansen J	0.8676	0.9781	0.1885	0.1820	0.4425	0.3916
N	170	170	170	170	170	170
F	485.69	438.04	569.65	559.53	201.30	188.61
R^2	0.9866	0.9867	0.9833	0.9833	0.9699	0.9702

注：括号内为 t 值；***、**、* 分别表示通过 1%、5% 和 10% 的显著性水平检验。

5.2.3.2.2 更换回归模型

在前文中采用两阶段最小二乘法（2SLS）进行分析，两阶段最小二乘法（2SLS）在球形扰动项的假定下是最优效率的，但是如果扰动项存在异方差或者自相关，则可以采用广义矩估计（GMM）模型进行分析。为了得到更为稳健的结果，本书选择采用 GMM 模型进行重新回归，结果如表 5-4 所示。第（1）、（3）和（5）列为两阶段最小二乘法（2SLS）的估计结果，而第（2）、（4）和（6）列为广义矩估计（GMM）的回归结果。更换回归模型后，直接投资变量的系数存在变化，但仍在 1% 水平上显著为正，这表明中国对东盟直接投资可以促进双边贸易发展。对控制变量而言，各变量的符号和显水平基本保持一致。广义矩估计（GMM）的回归结果与基准回归的结果保持一致，这表明前文的回归结果是稳健的。

表5-4 直接投资对贸易规模的影响(更换回归模型)
Table 5-4 Impact of Direct Investment on Trade Scale (Replacement Regression Model)

	$Lntrade$		$Lnexport$		$Lnimport$	
	(1)	(2)	(3)	(4)	(5)	(6)
$Lnofdi$	0.218***	0.217***	0.209***	0.170***	0.287***	0.300***
	(4.22)	(4.22)	(3.09)	(2.80)	(2.88)	(3.05)
$Lnpgdp\_CHN$	0.264	0.267	1.017***	1.225***	−0.925**	−0.972**
	(1.10)	(1.11)	(3.59)	(5.22)	(−2.15)	(−2.28)
$Lnpgdp\_Host$	1.719***	1.713***	0.137	0.044	4.410***	4.416***
	(5.37)	(5.29)	(0.37)	(0.12)	(8.86)	(8.87)
$Lndis$	0.010	0.020	1.031**	1.124**	−1.837***	−1.817***
	(0.02)	(0.05)	(2.16)	(2.38)	(−2.74)	(−2.71)
$Lang$	−7.614***	−7.587***	−2.261*	−1.757	−17.309***	−17.441***
	(−6.84)	(−6.89)	(−1.86)	(−1.53)	(−9.48)	(−9.60)
Res	0.010**	0.010**	0.004	0.004	0.031***	0.030***
	(2.39)	(2.46)	(0.97)	(1.04)	(4.22)	(4.15)
$Open$	0.988***	0.990***	0.923***	0.915***	1.268***	1.267***
	(10.33)	(10.38)	(8.62)	(8.56)	(7.53)	(7.52)
$Exchan$	0.152**	0.150**	0.040	0.011	0.416***	0.433***
	(2.39)	(2.41)	(0.60)	(0.17)	(3.71)	(3.93)
$Cons$	−4.301	−4.440	−11.901**	−13.705	6.261	6.246
	(−0.95)	(−0.98)	(−2.56)	(−3.08)	(0.89)	(0.89)
Year	Y	Y	Y	Y	Y	Y
Country	Y	Y	Y	Y	Y	Y
Hansen J	0.8676	0.8687	0.1885	0.1885	0.4425	0.4435
N	170	170	170	170	170	170
F	485.69	487.07	569.65	577.99	201.30	207.68
R^2	0.9866	0.9866	0.9833	0.9837	0.9699	0.9698

注:括号内为 t 值;***、**、*分别表示通过1%、5%和10%的显著性水平检验。

第 5 章　直接投资对双边贸易的直接效应实证分析

5.2.3.2.3　剔除异质性样本

由于新加坡是东盟国家中仅有的发达国家,且属于"亚洲避税天堂"和国际贸易枢纽,可能会对回归结果产生影响。因此,本书选择剔除新加坡样本数据,并重新进行回归分析,以检验回归结果的稳健性。从表5-5可以看到,第(1)、(3)和(5)列是全样本回归结果,第(2)、(4)和(6)列是剔除新加坡数据后的回归结果。从回归结果上看,剔除新加坡数据后,中国对东盟国家直接投资的贸易效应均存在下降,但直接投资指标的系数仍在1%水平上显著为正,这说明中国对东盟直接投资可以有效促进双边贸易发展,与前文的结果保持一致。值得注意的是,在剔除新加坡的数据后,中国对其他东盟国家直接投资的出口引致作用大于进口创造效应。通过对比分析可以得到,本书的回归结果是稳健的,即中国对东盟国家直接投资可以有效促进双边贸易发展。

表 5-5　直接投资对贸易的影响(剔除新加坡)

Table 5-5　Impact of Direct Investment on Trade (Excluding Singapore)

	$Lntrade$		$Lnexport$		$Lnimport$	
	(1)	(2)	(3)	(4)	(5)	(6)
$Lnofdi$	0.218*** (4.22)	0.167*** (3.40)	0.209*** (3.09)	0.197*** (3.11)	0.287*** (2.88)	0.190*** (2.00)
$Lnpgdp\_CHN$	0.264 (1.10)	0.571** (2.36)	1.017*** (3.59)	1.094*** (3.94)	−0.925** (−2.15)	−0.342** (−0.80)
$Lnpgdp\_Host$	1.719*** (5.37)	1.321*** (3.96)	0.137 (0.37)	0.043 (0.11)	4.410*** (8.86)	3.701*** (6.75)
$Lndis$	0.010 (0.02)	1.206** (2.34)	1.031** (2.16)	1.271** (2.12)	−1.837*** (−2.74)	0.391** (0.47)
$Lang$	−7.614*** (−6.84)	−2.079*** (−4.32)	−2.261* (−1.86)	−0.507 (−0.90)	−17.309*** (−9.48)	−5.368*** (−6.64)
Res	0.010** (2.39)	0.018*** (4.62)	0.004 (0.97)	0.007 (1.47)	0.031*** (4.22)	0.046*** (5.93)

续表

	\multicolumn{2}{c}{$Lntrade$}	\multicolumn{2}{c}{$Lnexport$}	\multicolumn{2}{c}{$Lnimport$}
	(1)	(2)	(3)	(4)	(5)	(6)
$Open$	0.988*** (10.33)	1.540*** (9.91)	0.923*** (8.62)	1.048*** (5.86)	1.268*** (7.53)	2.306*** (8.04)
$Exchan$	0.152** (2.39)	0.073 (1.09)	0.040 (0.60)	0.024 (0.32)	0.416*** (3.71)	0.280** (2.38)
$Cons$	−4.301 (−0.95)	−19.234*** (−3.51)	−11.901** (−2.56)	−14.953** (−2.42)	6.261 (0.89)	−21.875** (−2.55)
$Year$	Y	Y	Y	Y	Y	Y
$Country$	Y	Y	Y	Y	Y	Y
$Hansen\ J$	0.8676	0.4723	0.1885	0.2475	0.4425	0.9831
N	170	153	170	153	170	153
F	485.69	534.16	569.65	604.66	201.30	215.94
R^2	0.9866	0.9984	0.9833	0.9832	0.9699	0.9728

注：括号内为 t 值；***、**、* 分别表示通过 1%、5% 和 10% 的显著性水平检验。

5.3　结构视角：中国对东盟直接投资贸易效应分析

在前文中，我们从规模视角考察了中国对东盟国家对外投资的贸易效应。然而，国际直接投资不仅对国际贸易存在着量的作用，还存在着质的作用[1]。贸易结构是一国在某一时期货物贸易和服务贸易的构成情况，主要由对外贸易方式结构、对外贸易区域结构、对外贸易模式结构以及对外贸易商品结构等构成[2]。为此，本书从贸易加工类型、贸易交

---

[1] 范海君.国际直接投资的贸易效应：一个理论分析框架[J].当代经济研究,2012(03):70-74.
[2] 张曙宵.对外贸易结构论[M].北京：中国经济出版社,2003.

易方式、贸易产品类型和贸易产业结构等方面来进一步分析中国对东盟国家直接投资的贸易效应。

5.3.1 模型构建

根据研究目标,本书将中国对东盟进口、出口贸易产品分为四类,即贸易产品加工类型(初级产品、工业制成品)、贸易产业结构(资源密集型产品、劳动密集型产品、资本密集型产品和技术密集型产品)、贸易交易方式(一般贸易、进料加工贸易、保税区仓储转口贸易以及其他贸易)、贸易产品类型(中间产品、资本品、消费品),具体模型设定如下:

$$Lnexport_{it} = \varphi_0 + \alpha_1 Lnofdi_{it} + \varphi_2 \sum Control_{it} + \mu_i + u_t + \varepsilon_i \tag{5-47}$$

$$Lnimport_{it} = \theta_0 + \beta_1 Lnofdi_{it} + \theta_2 \sum Control_{it} + \mu_i + u_t + \varepsilon_i \tag{5-48}$$

$$Lntrade_{it} = \vartheta_0 + \vartheta_1 Lnofdi_{it} + \gamma_2 \sum Control_{it} + \mu_i + u_t + \varepsilon_i \tag{5-49}$$

其中,$Lnexport_{it}$ 为中国对东盟国家不同贸易结构出口额的对数值;$Lnimport_{it}$ 为中国对东盟国家不同贸易结构进口额的对数值;$Lntrade_{it}$ 为中国对东盟国家不同贸易结构总额的对数值;$Lnofdi_{it}$ 为中国对东盟国家直接投资存量对数值,为本书的核心解释变量;$Control_{it}$ 表示其他控制变量,包括地理距离($Lndis$)、资源禀赋(Res)、开放度水平($Open$)、是否有共同语言($Lang$)等因素,μ_i 为个体固定效应;u_t 为时间固定效应;ε_i 为误差项。

5.3.2 样本选择与变量说明

在划分不同贸易产品的加工类型时,本书借鉴赵东麒和桑百川[1]的方法,按 SITC/Rev.3 分类,将国际贸易商品分为 0~9 共十个部门,其

---

[1] 赵东麒,桑百川."一带一路"倡议下的国际产能合作——基于产业国际竞争力的实证分析[J]. 国际贸易问题,2016(10):3-14.

中 0~4 部门为初级产品,5~8 部门为工业制成品,数据来源于联合国贸易数据库(UN Comtrade)。

在分析不同贸易产品的产业结构时,参考 Lall[1] 以及借鉴杨汝岱等[2]的研究,将 SITC 三位数分类商品重新分为资源密集型产品(PP)、资本密集型产品(MT)、劳动密集型产品(LT)和技术密集型产品(HT)四个大类,数据来源于联合国贸易数据库(UN Comtrade)。

在分析不同贸易产品的交易方式时,由于中国与东盟国家的贸易方式以一般贸易、进料加工贸易以及保税区仓储转口贸易为主,因此在考察直接投资对不同贸易方式的影响时,将中国与东盟国家贸易划分为一般贸易、进料加工贸易、保税区仓储转口贸易以及其他贸易四大类,数据来源于国研网国际贸易研究及决策支持系统。

在分析不同贸易产品类型时,采用联合国贸易数据库 BEC 分类方法,将产品分为中间产品(Intermediate Goods)、消费品(Consumption Goods)和资本品(Capital Goods),数据来源于联合国贸易数据库(UN Comtrade)。

5.3.3 实证分析

为更好地分析中国对东盟直接投资与双边贸易结构的关系,本书从不同贸易加工类型、不同贸易产业类型、不同贸易交易方式以及不同贸易产品类型角度进行分析。

5.3.3.1 不同贸易加工类型

表 5-6 第(1)~(6)列分别给出了直接投资对初级产品、工业制成品的作用结果。从第(1)~(3)列可以看到,中国对东盟直接投资变量的系数为正,但在统计学意义上不显著,这表明直接投资尚无法有效促进初级产品进出口贸易的发展,这与现实预期保持一致。可能原因是中国与东盟国家大多处于工业化初、中期,政府和企业谋求延伸产业

---

[1] Lall, and Sanjaya. The Technological Structure and Performance of Developing Country Manufactured Exports,1985—1998[J]. Oxford Development Studies,2000(3):337-369.
[2] 杨汝岱,朱诗娥. 中国对外贸易结构与竞争力研究:1978—2006[J]. 财贸经济,2008(02):112-119+128.

第5章 直接投资对双边贸易的直接效应实证分析

链和价值链,中国企业主要投资于初级产品深加工和制造业行业,这也使得初级产品贸易的规模较小。同时,中国对东盟国家直接投资主要集中在工业和服务业,对第一产业投资比重较低,更多地参与其对双边初级产品加工环节,进而使得直接投资对产业贸易产品的引致作用较弱。从第(4)~(6)列可以看到,中国对东盟直接投资的系数为正,且在1%水平上显著,这表明直接投资对中国与东盟国家工业制成品贸易存在创造效应,这符合现实预期。主要有两方面的原因:一是中国企业的直接投资主要集中在制造业等领域,通过利用东盟国家劳动力和资源禀赋的比较优势生产劳动密集型、资本密集型的工业产品,并返销至国内进行再加工和组装生产;二是部分中国企业选择在东盟国家建立组装生产基地,由于东盟国家制造业领域的生产技术不足,使得中高端的关键工业制成品仍需要从中国进口。在控制其他条件下,直接投资每增加1%,中国对东盟工业制成品出口贸易将增加0.228%,而进口贸易将提升1.653%。值得注意的是,直接投资对工业制成品进口贸易的促进作用明显高于出口贸易。这可能有两方面的原因,一是中国企业对东盟国家制造业的直接投资明显增多,主要涉及汽车、钢铁制品、轮胎等领域,有效扩大了中国与东盟国家产业内贸易规模;二是东盟国家着力提升工业和制造业发展能力,且资源禀赋相对丰富、劳动力成本相对较低,使得工业制成品具有较强的竞争力,可以有效满足中国企业的生产需求。

表5-6 直接投资对不同加工类型贸易产品的影响

Table 5-6 The Tmpact of Direct Investment on the Processing Types of Different Trade Products

	初级产品			工业制成品		
	$Lntrade$	$Lnexport$	$Lnimport$	$Lntrade$	$Lnexport$	$Lnimport$
	(1)	(2)	(3)	(4)	(5)	(6)
$Lnofdi$	0.101 (1.11)	−0.003 (−0.03)	0.146 (1.56)	0.396*** (5.10)	0.228*** (3.14)	1.653*** (5.11)
$Lnpgdp\_CHN$	−0.081 (0.19)	1.638*** (4.30)	−0.375 (−0.88)	0.201 (0.59)	0.923*** (3.14)	−2.706** (−2.24)
$Lnpgdp\_Host$	3.717*** (6.91)	0.695 (1.61)	3.919*** (7.41)	0.172 (0.43)	0.182 (0.46)	−3.151** (−2.45)

续表

	初级产品			工业制成品		
	Lntrade	Lnexport	Lnimport	Lntrade	Lnexport	Lnimport
	(1)	(2)	(3)	(4)	(5)	(6)
Lndis	−2.931*** (−4.46)	−1.174** (−2.07)	−2.221** (−2.22)	1.910*** (3.36)	1.154** (2.30)	8.197*** (4.47)
Lang	−13.786*** (−6.60)	−3.333** (−1.96)	−15.062*** (−7.51)	−3.145** (−2.29)	−2.535** (−2.01)	2.864 (0.69)
Res	0.042*** (6.52)	0.027*** (3.95)	0.050*** (7.49)	−0.002 (−0.28)	0.001 (0.34)	0.016 (0.94)
Open	0.299** (2.52)	0.363*** (3.14)	0.566*** (3.94)	1.302*** (9.50)	0.972*** (8.40)	3.574*** (0.94)
Exchan	0.407*** (3.47)	0.220** (2.28)	0.370*** (3.12)	0.029 (0.35)	0.042 (0.62)	−0.274 (−1.07)
Cons	20.667*** (3.14)	6.939 (1.16)	11.239* (1.65)	−18.506*** (−3.12)	−13.379*** (−2.76)	−66.219*** (−3.67)
Year	Y	Y	Y	Y	Y	Y
Country	Y	Y	Y	Y	Y	Y
Hansen J	0.8019	0.2497	0.6257	0.2892	0.2508	0.3691
N	170	170	170	170	170	170
F	210.36	681.30	214.97	381.85	547.69	80.86
R	0.9733	0.9847	0.9776	0.9798	0.9816	0.9368

注：括号内为 t 值；***、**、* 分别表示通过1%、5%和10%的显著性水平检验。

5.3.3.2 不同贸易产业类型

表5-7列出了直接投资对不同产业类型出口贸易的作用强度。从第(1)~(4)列中可以看到，直接投资变量与资源密集型产业、劳动密集型产业、资本密集型产业和技术密集型产业出口贸易均存在正相关关系，但在资源密集型产业、劳动密集型产业和技术密集型产业样本中，直

第5章 直接投资对双边贸易的直接效应实证分析

接投资的系数在统计学意义上不显著,这说明中国对东盟直接投资显著,可以促进资本密集型产业的出口贸易发展,但中国对东盟国家直接投资无法促进资源密集型产业、劳动密集型产业和技术密集型产业出口贸易的发展。这可能有两个方面的原因:一是伴随中国"人口红利"逐步消失,企业的劳动力成本增加,劳动密集型产业的边际收益率持续降低,中国企业将部分低附加值的劳动密集型产业向海外转移,劳动密集型出口的生产能力被越南、柬埔寨等其他经济体承接,这一结论在一定程度上符合小岛清的边际产业转移理论。同时,政府持续推进低端制造业转型升级,使得劳动力密集型产业逐步向资本密集型和智慧密集型产业转型升级,降低了对劳动密集型产业的路径依赖。二是东盟国家具有较为丰富的资源禀赋,中国企业选择在东盟国家投资建厂,在原产地进行资源产品加工生产,减少了对国内资源密集型产品的依赖。在资本密集型产业样本中,在控制其他因素的条件后,直接投资每增加1%,中国对东盟国家资源资本密集型产业出口贸易将增加0.253%。可能原因是中国在资本和技术方面存在较强的比较优势,处于产业链和供应链的中高端环节。企业在"走出去"开展直接投资的过程中,带动了装备制造业、钢铁等资本密集型产业的产品出口。

表5-7 直接投资对不同产业类型出口贸易的影响

Table 5-7 The Impact of Direct Investment on Different Export Trade Industries

	Lnexport			
	资源密集型 (PP)	劳动密集型 (HT)	资本密集型 (MT)	技术密集型 (LT)
	(1)	(2)	(3)	(4)
$Lnofdi$	0.050 (0.94)	0.121 (1.42)	0.253*** (3.44)	0.088 (0.93)
$Lnpgdp\_CHN$	0.270 (0.94)	0.810** (2.38)	1.321*** (4.33)	0.924** (2.33)
$Lnpgdp\_Host$	0.872*** (2.58)	1.176*** (2.64)	−0.740 (−1.53)	0.313 (0.63)

续表

	Lnexport			
	资源密集型（PP）	劳动密集型（HT）	资本密集型（MT）	技术密集型（LT）
	(1)	(2)	(3)	(4)
$Lndis$	−0.354 (−0.66)	2.120*** (3.43)	1.546*** (2.79)	0.089 (0.14)
$Lang$	−4.668*** (−3.71)	−5.390*** (−3.28)	0.584 (0.36)	−2.660 (−1.60)
Res	0.024*** (4.05)	−0.023*** (−2.91)	0.018*** (3.80)	0.009* (1.74)
$Open$	0.702*** (4.52)	1.221*** (8.77)	0.934*** (8.11)	0.820*** (5.58)
$Exchan$	0.186** (2.13)	0.026 (0.21)	−0.021 (−0.26)	0.038 (0.41)
$Cons$	5.874 (1.05)	−32.351*** (−5.05)	−16.573*** (−3.35)	−0.983 (−0.16)
Year	Y	Y	Y	Y
Country	Y	Y	Y	Y
Hansen J	0.8992	0.7423	0.2382	0.1619
N	170	170	170	170
F	491.24	329.35	319.03	242.05
R^2	0.9871	0.9803	0.9814	0.9673

注：括号内为 t 值；***、**、* 分别表示通过 1％、5％和 10％的显著性水平检验。

从进口角度看，直接投资变量与劳动密集型产业、资本密集型产业和技术密集型产业进口贸易均存在正相关关系，且至少在 5％水平上显著。这说明中国对东盟直接投资显著促进了劳动密集型产业、资本密集型产业和技术密集型产业进口贸易的发展，但直接投资变量与资源密集型产业贸易呈负相关关系。对于劳动密集型产业而言，众多东盟国家劳动力成本较为低廉,中国企业选择在东盟国家进行生产加工,并销售到中国乃至欧美市场。比如,中国企业选择将服装工厂、制鞋工厂搬迁到柬埔寨、越南等劳动力成本较低的国家,将劳动密集型产业的制成品出口到中国市场,以满足国内市场需求。不同于劳动密集型产业,资本密集型和技术密集型产业的产品构成相对复杂。众多企业选择将这个中高端生产环节留在国内,而将部分生产环节布局在东盟国家,建立跨区域的产业链和供应链网络,运用原产地规则以有效规避国际贸易壁垒[①],促使企业产品能够更顺畅地进入国际市场。具体而言,在控制其他因素的条件下,中国对东盟国家直接投资每增加1%,劳动密集型产业进口贸易将增加0.585%,资本密集型产业进口贸易将增加2.955%,而技术密集型产业出口贸易将增加0.405%。从系数大小上看,直接投资对资本密集型产业进口贸易的促进作用明显高于劳动密集型产业和技术密集型产业。其主要原因是中国与东盟国家处于工业化发展初中期阶段,在装备制造、机械制造、钢铁、化工等重工业领域的产业内贸易频繁。同时,部分东盟国家在石油化工等领域存在比较优势,且鼓励中国企业参与这些资本密集型产业的投资建设,这将扩大中国对东盟国家资本密集型产品的进口贸易规模。比如,浙江恒逸石化在文莱建设了年加工800万吨原油的炼油工厂,其绝大部分产品将出口至中国国内市场。

表 5-8 直接投资对不同产业类型进口贸易的影响
Table 5-8 The Impact of Direct Investment on Different Import Trade Industries

	Lnimport			
	资源密集型 (PP)	劳动密集型 (HT)	资本密集型 (MT)	技术密集型 (LT)
	(1)	(2)	(3)	(4)
$Lnofdi$	−0.077 (−0.72)	0.585** (2.43)	2.955*** (3.88)	0.405** (2.56)
$Lnpgdp\_CHN$	−0.752 (−1.49)	−2.202 (−1.62)	−9.799*** (−3.54)	−0.514 (−0.79)

---

① 陈俊聪,黄繁华. 对外直接投资与贸易结构优化[J]. 国际贸易问题,2014(03):113-122.

续表

	Lnimport			
	资源密集型（PP）	劳动密集型（HT）	资本密集型（MT）	技术密集型（LT）
	(1)	(2)	(3)	(4)
$Lnpgdp\_Host$	4.954*** (5.60)	8.506*** (4.69)	3.758 (1.32)	1.112 (1.22)
$Lndis$	−3.325*** (−2.96)	−5.550** (−2.41)	2.977 (0.81)	2.175* (1.80)
$Lang$	−16.797*** (−5.66)	−34.285*** (−4.87)	−28.012*** (−3.09)	−4.351 (−1.38)
Res	0.041*** (4.02)	0.066*** (2.71)	0.045* (1.77)	0.003 (0.25)
$Open$	0.501* (1.78)	2.826*** (6.33)	4.285*** (5.10)	2.209*** (8.67)
$Exchan$	0.283* (1.72)	1.059** (2.46)	1.227** (2.28)	−0.916*** (−4.79)
$Cons$	22.696** (2.19)	24.785 (1.06)	−10.017 (−0.33)	−27.500** (−2.28)
$Year$	Y	Y	Y	Y
$Country$	Y	Y	Y	Y
$Hansen\ J$	0.6483	0.2516	0.0686	0.0845
N	170	170	170	170
F	120.40	109.93	35.96	155.98
$R2$	0.9390	0.9425	0.8742	0.9730

注：括号内为 t 值；***、**、*分别表示通过1％、5％和10％的显著性水平检验。

从进出口贸易角度看，直接投资变量与劳动密集型产业和技术密集型产业贸易均存在正相关关系，与资源密集型产业贸易呈负相关关系，

第5章 直接投资对双边贸易的直接效应实证分析

但直接投资变量的系数在统计学意义上均不显著。对于资本密集型产业而言,直接投资变量系数为正,且在1%水平上显著,这说明中国对东盟国家直接投资可以显著促进双边资本密集型产业贸易的发展。具体而言,在控制其他因素的条件下,中国对东盟国家直接投资每增加1%,资本密集型产业进口贸易将增加0.383%。现阶段,中国对东盟国家直接投资可以促进资本密集型产品贸易发展,但尚无法有效促进资源密集型、技术密集型和劳动密集型产品贸易发展。可能的原因是直接投资对劳动密集型产业和技术密集型产业的进口、出口贸易效应存在明显差异,导致进出口贸易的效应不显著。对于资本密集型产业而言,中国与东盟国家均处于较高的比较优势地位,直接投资的增加将提高资本密集型贸易产品的供给和需求,扩大国家间资本密集型产品的贸易规模。

表 5-9 直接投资对不同贸易产业类型贸易的影响

Table 5-9 The Impact of Direct Investment on Different Types of Trade Industries

	Lntrade			
	资源密集型(PP)	劳动密集型(HT)	资本密集型(MT)	技术密集型(LT)
	(1)	(2)	(3)	(4)
$Lnofdi$	−0.060 (−0.78)	0.142 (1.51)	0.383*** (4.84)	0.151 (1.52)
$Lnpgdp\_CHN$	−0.316 (−0.83)	0.516 (1.30)	0.688** (2.12)	0.579 (1.39)
$Lnpgdp\_Host$	3.659*** (7.61)	1.443*** (2.96)	−0.709 (−1.45)	0.532 (1.04)
$Lndis$	−2.887*** (−4.09)	2.206*** (3.06)	2.303*** (4.01)	0.140 (0.22)
$Lang$	−12.722*** (−7.08)	−6.705*** (−3.72)	0.021 (0.01)	−3.760** (−2.23)
Res	0.036*** (4.68)	−0.029*** (−3.03)	0.009** (2.12)	0.006 (1.17)

续表

	Lntrade			
	资源密集型 (PP)	劳动密集型 (HT)	资本密集型 (MT)	技术密集型 (LT)
	(1)	(2)	(3)	(4)
$Open$	0.446** (2.26)	1.403*** (7.91)	1.108*** (8.97)	0.915*** (5.95)
$Exchan$	0.271** (2.17)	0.070 (0.53)	−0.011 (−0.13)	0.050 (0.54)
$Cons$	23.854 (3.42)	−32.886*** (−4.19)	−22.203*** (−4.34)	−0.894 (−0.14)
$Year$	Y	Y	Y	Y
$Country$	Y	Y	Y	Y
$Hansen\ J$	0.5347	0.8823	0.6073	0.3270
N	170	170	170	170
F	267.31	326.93	279.65	235.83
$R2$	0.9708	0.9795	0.9818	0.9669

注：括号内为 t 值；***、**、* 分别表示通过 1%、5% 和 10% 的显著性水平检验。

5.3.3.3 不同贸易交易方式

表 5-10 中第（1）～（4）列分别给出了直接投资对一般贸易、进料加工贸易、保税区仓储转口贸易和其他贸易的作用结果。从第（1）～（4）列可以看到，中国对东盟直接投资变量的系数为正，这表明直接投资可以显著促进一般贸易、进料加工贸易、保税区仓储转口贸易和其他贸易方式的出口贸易发展。具体来看，在控制其他因素的条件下，中国对东盟直接投资每增加 1%，中国对东盟初级产品出口贸易额将增加 0.141%，进料加工贸易将增加 0.286%，保税区仓储转口贸易额将增加 0.431%，其他贸易额将增加 0.266%，这与现实预期相符合。从表 5-11 可以看到，中国对东盟直接投资变量的系数为正，这表明直接投资可以显著促

第5章 直接投资对双边贸易的直接效应实证分析

进一般贸易、进料加工贸易和保税区仓储转口贸易的发展,但其对其他贸易的促进作用在统计学意义上不显著。具体来看,在控制其他因素的条件下,中国对东盟直接投资每增加1%,中国对东盟初级产品进口贸易额将增加0.361%,进料加工贸易将增加1.102%,保税区仓储转口贸易额将增加1.086%。从进出口贸易角度来看,中国对东盟直接投资变量的系数为正,这表明直接投资可以显著促进一般贸易、进料加工贸易和保税区仓储转口贸易发展,但其对其他贸易的促进作用在统计学意义上不显著。具体来看,在控制其他因素的条件下,中国对东盟直接投资每增加1%,中国对东盟初级产品进口贸易额将增加0.138%,进料加工贸易将增加0.677%,保税区仓储转口贸易额将增加0.778%。

从表5-10、表5-11以及表5-12可以看到,中国对东盟直接投资对保税区仓储转口贸易、进料加工贸易的促进作用高于其他类型的贸易方式。可能原因主要有两点:一是中国与东盟都处于工业化发展阶段,且中国企业在东盟国家主要投资制造业领域,进而使得彼此工业制成品领域的产业内贸易较为密切。保税区仓储转口贸易方式便于企业根据生产需要随时采购所需进出口贸易中间品,降低贸易成本、生产成本和生产周期;二是中国企业开展直接投资,构建跨区域的产业链和供应链网络,将产品从原料到生产拆分成多个环节,比如原材料、辅料、零部件、元器件、配套件、包装物料等,其目的在于充分运用东盟国家比较优势和贸易优惠政策,这也进一步促使中国与东盟国家进料加工贸易规模的迅速发展。

表5-10 直接投资对不同出口贸易方式的影响
Table 5-10 The Impact of Direct Investment on Different Export Trade Modes

	Lnexport			
	一般贸易	进料加工贸易	保税区仓储转口贸易	其他贸易
	(1)	(2)	(3)	(4)
$Lnofdi$	0.141* (1.96)	0.286*** (3.50)	0.431** (2.49)	0.266** (2.44)

续表

	Lnexport			
	一般贸易	进料加工贸易	保税区仓储转口贸易	其他贸易
	(1)	(2)	(3)	(4)
$Lnpgdp\_CHN$	1.377*** (4.71)	−0.083 (−0.25)	0.607 (0.78)	2.419*** (4.89)
$Lnpgdp\_Host$	0.199 (0.52)	0.715 (1.49)	2.341*** (2.70)	−2.856*** (−4.01)
$Lndis$	0.655 (1.33)	1.497** (2.36)	−0.743 (−0.68)	2.496*** (2.74)
$Lang$	−2.030 (−1.64)	−2.946 (−1.60)	−11.555*** (−3.56)	6.357*** (2.65)
Res	0.010*** (2.64)	−0.010 (−1.26)	0.004 (0.25)	0.004 (0.41)
$Open$	0.626*** (2.64)	1.056*** (7.57)	1.292*** (5.66)	1.357*** (6.97)
$Exchan$	−0.009 (−0.12)	−0.069 (−0.65)	0.597*** (2.61)	−0.090 (−0.77)
$Cons$	−10.192** (−2.17)	−15.505** (−2.43)	−10.006 (−0.95)	−22.500** (−247)
Year	Y	Y	Y	Y
Country	Y	Y	Y	Y
Hansen J	0.3090	0.1028	0.1700	0.1767
N	170	170	170	170
F	443.48	439.36	113.12	148.14
R2	0.9792	0.9858	0.9563	0.9591

注：括号内为 t 值；***、**、* 分别表示通过1%、5%和10%的显著性水平检验。

第5章 直接投资对双边贸易的直接效应实证分析

表5-11 直接投资对不同进口贸易方式的影响
Table 5-11 The Impact of Direct Investment on Different Import Trade Modes

	Lnimport			
	一般贸易	进料加工贸易	保税区仓储转口贸易	其他贸易
	(1)	(2)	(3)	(4)
$Lnofdi$	0.361***	1.102***	1.086***	0.131
	(2.70)	(2.83)	(2.77)	(0.90)
$Lnpgdp\_CHN$	−1.026*	−3.520*	−2.671	0.044
	(−1.80)	(−1.95)	(−1.49)	(0.06)
$Lnpgdp\_Host$	5.341***	1.806	4.663**	2.183**
	(7.27)	(0.88)	(2.10)	(2.43)
$Lndis$	−3.194***	1.870	−0.985	−2.035*
	(−3.36)	(0.71)	(−0.34)	(−1.77)
$Lang$	−20.284***	−9.436	−22.571***	−6.952**
	(−7.10)	(−1.45)	(−2.63)	(−2.18)
Res	0.057***	−0.006	0.030	0.020**
	(6.08)	(−0.22)	(1.03)	(2.31)
$Open$	1.008***	2.201***	2.476***	0.905***
	(5.50)	(−0.22)	(4.59)	(3.66)
$Exchan$	0.515***	−0.126	0.698	−0.039
	(3.18)	(−0.36)	(1.46)	(−0.24)
$Cons$	15.447	−10.355	−5.098	17.905
	(1.59)	(−0.32)	(−0.18)	(1.46)
$Year$	Y	Y	Y	Y
$Country$	Y	Y	Y	Y
Hansen J	0.9898	0.9375	0.4302	0.1000
N	170	170	170	170
F	176.71	72.13	74.12	90.68
R^2	0.9613	0.9375	0.8927	0.9285

注：括号内为 t 值；***、**、* 分别表示通过1%、5%和10%的显著性水平检验。

表 5-12 直接投资对不同贸易方式的影响
Table 5-12 The Impact of Direct Investment on Different Trade Modes

	Lntrade			
	一般贸易	进料加工贸易	保税区仓储转口贸易	其他贸易
	(1)	(2)	(3)	(4)
$Lnofdi$	0.138***	0.677***	0.778***	0.039
	(2.89)	(4.22)	(3.28)	(0.39)
$Lnpgdp\_CHN$	0.737***	−1.540*	−1.292	1.649***
	(3.10)	(−1.89)	(−1.20)	(2.79)
$Lnpgdp\_Host$	1.851***	0.949	2.373**	0.280
	(6.22)	(1.52)	(0.85)	(0.35)
$Lndis$	−0.575	1.535	1.336	−0.391
	(−1.47)	(1.61)	(0.85)	(−0.38)
$Lang$	−7.682***	−4.404**	−13.162***	−1.964
	(−7.07)	(−1.81)	(−3.00)	(−0.73)
Res	0.020***	−0.005	−0.005	0.006
	(6.28)	(−0.37)	(−0.33)	(0.82)
$Open$	0.614***	1.502***	1.911***	1.024***
	(8.35)	(6.15)	(5.70)	(5.06)
$Exchan$	0.174***	−0.207	0.426	−0.037
	(2.56)	(−1.20)	(1.54)	(−0.31)
$Cons$	−1.355	−9.939	−23.364	0.053
	(−0.33)	(−0.71)	(−1.42)	(0.00)
Year	Y	Y	Y	Y
Country	Y	Y	Y	Y
Hansen J	0.1132	0.5610	0.1863	0.1863
N	170	170	170	170
F	473.23	225.88	134.13	134.13
R^2	0.9862	0.9688	0.9565	0.1083

注：括号内为 t 值；***、**、*分别表示通过1%、5%和10%的显著性水平检验。

5.3.3.4 不同贸易产品类型

表 5-13 第(1)~(6)列分别给出了直接投资对中间产品、资本品以及消费品的作用结果。从第(1)~(2)列可以看到,中国对东盟直接投资变量的系数为正,且在 1% 水平上显著,这表明中国对东盟直接投资可以有效促进中间产品进口、出口贸易的发展,这与现实预期保持一致。在控制其他条件下,直接投资每增加 1%,中国对东盟中间产品出口贸易额将增加 0.251%,而进口贸易额将提升 0.292%。中国企业将部分中低端生产环节转移至东盟国家,充分利用东盟国家廉价的劳动力、自然资源和税收优惠政策,而选择将中高端环节留在国内,进而形成了跨区域的产业链和供应链网络,提高了中国与东盟国家产业内贸易水平。从第(3)~(4)列可以看到,中国对东盟直接投资的系数为正,且在 1% 水平上显著,这表明直接投资对双边资本品贸易存在创造效应,这符合现实情况。在控制其他条件下,直接投资每增加 1%,中国对东盟资本品出口贸易将增加 0.221%,而进口贸易将提升 0.728%。值得注意的是,直接投资对资本品进口贸易的促进作用明显高于出口贸易。可能是因为中国企业对东盟国家资本品出口贸易远高于进口贸易,但是由于东盟国家经济水平和生产能力的制约,导致直接投资对资本品出口贸易的边际作用不大。相反,国内对资本品的消费需求较高,企业在东盟国家投资生产的资本品的成本和价格更低,更容易进入国内市场以满足超大市场的需求。从第(5)~(6)列可以看到,中国对东盟直接投资与消费品进口贸易的系数为正,且在 1% 水平上显著,但在消费品出口贸易回归分析中,直接投资的系数不显著。在控制其他条件下,直接投资每增加 1%,中国对东盟消费品进口贸易将增加 0.387%。为解释这种差异性的结果,需要回归到中国与东盟国家经贸关系的发展实际中。根据 BEC 分类定义,消费品主要包括消费用燃料与润滑油、消费用运输设备以及其他消费品[1]。在东盟国家中,印尼、文莱、马来西亚等国家石油、天然气、煤矿以及棕榈油等方面的自然资源丰富,存在较大的比较优势。中国企业开展油气开采炼化以及种植业等领域的直接投资,扩大这些国

---

[1] 湛柏明,龙世国. 来自中国进口商品对美国行业增长的效应分析[J]. 世界经济研究,2014(12):9-15+84.

家在消费品领域的生产规模,并返销至国内,以满足经济发展需求。

表 5-13 直接投资对贸易产品类型的影响

Table 5-13 The Impact of Direct Investment on the Structure of Trade Products

	中间产品		资本品		消费品	
	$Lnexport$	$Lnimport$	$Lnexport$	$Lnimport$	$Lnexport$	$Lnimport$
	(1)	(2)	(3)	(4)	(5)	(6)
$Lnofdi$	0.251***	0.292***	0.221***	0.728***	−0.140	0.387***
	(4.06)	(2.85)	(2.92)	(3.24)	(−1.45)	(3.24)
$Lnpgdp\_CHN$	0.615**	−0.973**	1.217***	−3.709***	2.745***	0.246
	(2.32)	(−2.20)	(3.86)	(−2.59)	(6.26)	(0.36)
$Lnpgdp\_Host$	0.695*	3.960***	−0.442	9.876***	−0.714	2.855**
	(1.75)	(7.61)	(−0.90)	(4.35)	(−1.18)	(2.29)
$Lndis$	0.327	−1.511**	2.558***	−7.583***	2.363***	−1.263
	(0.65)	(−2.16)	(4.32)	(−2.59)	(3.24)	(−0.77)
$Lang$	−4.888***	−15.421***	0.041	−35.550***	1.727	−13.480***
	(−3.68)	(−7.96)	(0.02)	(−4.48)	(0.85)	(5.47)
Res	0.005	0.031***	0.001	0.101***	−0.007	0.023**
	(1.10)	(3.89)	(0.13)	(4.45)	(−1.15)	(2.44)
$Open$	0.970***	1.030***	1.055***	2.673***	0.834***	1.789***
	(8.66)	(5.97)	(8.27)	(4.80)	(5.73)	(5.47)
$Exchan$	0.153**	0.346***	−0.062	0.578	−0.156	0.280
	(2.16)	(2.90)	(−0.72)	(1.41)	(−1.59)	(1.59)
$Cons$	−14.057***	−3.269	−39.723***	41.437	−43.964***	−12.583
	(−2.79)	(−0.44)	(−6.99)	(1.41)	(−6.26)	(−0.80)
Year	Y	Y	Y	Y	Y	Y
Country	Y	Y	Y	Y	Y	Y
Hansen J	0.2160	0.7148	0.4511	0.2314	0.2406	0.5048

续表

	中间产品		资本品		消费品	
	$Lnexport$	$Lnimport$	$Lnexport$	$Lnimport$	$Lnexport$	$Lnimport$
	(1)	(2)	(3)	(4)	(5)	(6)
N	170	170	170	170	170	170
F	519.02	208.08	266.74	100.94	244.85	181.93
R	0.9843	0.9692	0.9798	0.9341	0.9620	0.9650

注：括号内为 t 值；***、**、* 分别表示通过 1%、5% 和 10% 的显著性水平检验。

5.4 国别视角：中国对东盟直接投资贸易效应分析

在前文分析中，中国对东盟直接投资可以显著促进双边进出口贸易的发展，即存在直接投资的贸易促进效应。然而，由于东盟国家经济水平、消费水平和工业发展阶段存在较大差异，我们不禁会思考，直接投资贸易效应存在国别差异吗？因此，我们进一步从国别视角考察中国对东盟直接投资的贸易效应。

5.4.1 模型构建

为检验中国对东盟国家直接投资的国别差异，本书选择以中国与东盟国家双边总贸易额对数值（$Lntrade$）、中国对东盟国家出口贸易额对数值（$Lnexport$）和进口贸易额对数值（$Lnimport$）为解释变量，以中国对东盟国家直接投资额的对数值为核心解释变量，分别建立面板回归模型，具体模型如下：

$$Lnexport_{it} = \alpha_1 + \beta_1 Lnofdi_{it} + \mu_{1it} \qquad (5\text{-}50)$$

$$Lnimport_{it} = \alpha_2 + \beta_2 Lnofdi_{it} + \mu_{2it} \qquad (5\text{-}51)$$

$$Lntrade_{it} = \alpha_3 + \beta_3 Lnofdi_{it} + \mu_{3it} \qquad (5\text{-}52)$$

其中,α_1、α_2、α_3 均为常数项,β_1、β_2、β_3 分别表示进出口贸易、出口贸易和进口贸易的系数,μ_{1it}、μ_{2it}、μ_{3it} 为随机扰动项。本书主要观测中国对东盟出口、进口以及进出口总额的弹性大小,如果 β_1(或 β_2、β_3)为正值,则表明中国对东盟国家直接投资的贸易效应是出口(或进口、进出口贸易)创造型,β_1(或 β_2、β_3)的数值越大,则说明贸易创造效应越大。反之,如果 β_1(或 β_2、β_3)为负值,则表明中国对东盟国家直接投资的贸易效应是出口(或进口、进出口贸易)替代型,β_1(或 β_2、β_3)的数值越大,则说明贸易替代效应越大。

5.4.2 样本选择与变量说明

本书数据来源于联合国贸易数据库(UN Comtrade)、世界银行数据库和中国对外投资统计公报。$Lnexport_{it}$ 为中国对东盟国家出口贸易额对数值;$Lnimport_{it}$ 为中国对东盟国家进口贸易量对数值;$Lntrade_{it}$ 为中国对东盟国家贸易总额的对数值;$Lnofdi_{it}$ 为中国对东盟国家直接投资存量对数值,为本书的核心解释变量。

5.4.3 实证分析

5.4.3.1 面板数据的平稳性检验

在建立单个解释变量的面板数据模型之前,需要对面板数据的平稳性进行检验。面板单位根检验方法主要有 LLC 检验、IPS 检验、Fisher-ADF 检验、Fisher-PP 检验和 Breitung 检验,其中 IPS 检验、Fisher-ADF 和 Fisher-PP 检验假定面板数据的各个截面个体具有不同的单位根过程,而 LLC 检验、IPS 检验则假定面板数据的各截面个体具有单独的单位根过程。为了全面分析 $Lnofdi$ 与 $Lnexport$、$Lnimport$ 之间的平稳性,本书采用 LLC 检验、IPS 检验、ADF 检验、PP 检验和 Breitung 检验方法,以更好地判断变量序列的平稳性,检验结果如表 5-14 所示。

对于 $Lnexport$ 和 $Lnimport$ 变量,5 种检验方法中仅有 ADF 检验、PP 检验变量序列平稳,LLC 检验、IPS 检验和 Breitung 检验都表明变量不是平稳序列。对于 Lnofdi 而言,IPS 检验、ADF 检验和 PP 检验均表明变量序列平稳,但 LLC 检验、Breitung 检验则表明该变量序列不平稳。为进一步分析变量是否为同阶单整,对变量进行一阶差分后再进行检验,一阶差分的结果表明,3 个变量都通过了 LLC 检验、IPS 检验、ADF 检验、PP 检验和 Breitung 检验,这表明一阶差分后的所有变量都是平稳的。

表 5-14 面板数据的单位根检验结果

Table 5-14 Unitroot Inspection Results of Panel Data

变量	LLC 检验	IPS 检验	ADF 检验	PP 检验	BT 检验	结论
$Lnofdi$	−1.017 (0.155)	−2.411*** (0.008)	−6.938*** (0.000)	−5.023*** (0.000)	2.667 (0.996)	不平稳
$DLnofdi$	−3.214*** (0.001)	−6.138*** (0.000)	−5.011*** (0.000)	−10.31*** (0.000)	−3.084*** (0.001)	平稳
$Lnexport$	−1.264 (0.103)	1.668 (0.952)	−5.550*** (0.000)	−5.928*** (0.000)	1.828 (0.966)	不平稳
$DLnexport$	−1.376* (0.084)	−3.238*** (0.001)	−4.635*** (0.000)	−6.315*** (0.000)	−3.238*** (0.001)	平稳
$Lnimport$	−1.073 (0.142)	2.699 (0.997)	−4.884*** (0.000)	−3.762*** (0.000)	2.042 (0.979)	不平稳
$DLnimport$	−8.267*** (0.000)	−4.838*** (0.000)	−5.422*** (0.000)	−7.290*** (0.000)	−4.838*** (0.000)	平稳

注:括号内为 p 值,***、**、* 分别表示通过 1%、5% 和 10% 的显著性水平检验。

5.4.3.2 中国对东盟直接投资的进出口国别效应

本书借鉴张鹏和李荣林[1]、刘再起和谢润德[2]的方法,以变截距模型作为受约束模型,变系数模型作为不受约束模型,对 $Lntrade$ 与 $Lnofdi$

---

[1] 张鹏,李荣林. 外国直接投资与双边贸易关系中的国别差异[J]. 国际贸易问题,2007(01):84-90.

[2] 刘再起,谢润德. 中国对东盟 OFDI 的国别贸易效应实证分析[J]. 世界经济研究,2014(06):80-86+89.

分别进行变截距模型和变参数模型回归得到残差统计量中残差平方和分别为 $RSS_1=29.662$、$RSS_2=10.826$。在样本中,观测值个数 $N=10$、时间 $T=18$、解释变量个数 $K=1$,则 F 统计量为:

$$F=\frac{\frac{(RSS_2-RSS_1)}{[(N-1)k]}}{\frac{RSS_1}{[NT-N(k+1)]}}=\frac{\frac{(29.662-10.826)}{9}}{\frac{29.662}{160}}=11.289>2.52$$

(5-53)

由于 F 值为 11.289,大于 1% 的显著性水平下,分子自由度为 9,分母自由度为 160 的临界值 2.52,所以接受变参数模型假设,建立变参数模型,最终回归模型如表 5-15 所示。

从表 5-15 来看,所有东盟国家变量估计参数的 p 值都小于 0.01,这说明解释变量 $Lnofdi$ 对被解释变量 $Lntrade$ 的影响在 1% 水平上显著。从参数大小来看,中国对东盟国家直接投资贸易效应的平均弹性为 0.42,$\beta_1>0.65$ 的国家仅有越南,$0.65\geqslant\beta_1>0.42$ 的国家有老挝、缅甸、柬埔寨,而 $0.42\geqslant\beta_1$ 的国家有泰国、菲律宾、马来西亚、新加坡、文莱和印度尼西亚。从系数符号上看,参数 $\beta_1>0$,这说明中国对东盟国家直接投资的贸易效应是创造型的,即中国对东盟直接投资可以有效促进双边贸易发展,这与学术界主流研究结论保持一致。然而,中国对东盟各国直接投资的贸易弹性存在差异性。中国对越南的贸易弹性高于 0.7,这说明中国对越南直接投资的贸易效应非常显著。可能原因是越南与中国的贸易和产业结构存在互补性,现阶段由于中国劳动力成本上升,众多劳动密集型、资本密集型的国内企业选择赴越南进行投资建厂,形成了跨区域的产业分工,促进了双边贸易的深入发展。中国对老挝、柬埔寨、缅甸的直接投资贸易效应高于东盟国家整体水平。可能原因是这些国家经济发展水平较低,但自然资源、劳动力等要素相对丰富,与中国的产业具有较强的互补性。中国对泰国、菲律宾、马来西亚、新加坡、文莱和印度尼西亚的直接投资贸易弹性低于东盟国家整体水平。合理的解释有两个方面:一是泰国、菲律宾、马来西亚、印度尼西亚等国家经济发展水平较好,工业和制造业生产能力较强,且与其他国家签署了较多的贸易协议。中国企业在这些国家开展直接投资,其核心是扩展了企业生产网络,构建跨区域生产链和供应链,以更好地提高企业在国际市场的竞争力和市场占有率;二是文莱经济规模较小,产业结构较为单一,中国对该国直接投资主要聚集在石油炼化产业,其对双边贸易的边际效应较小,而新加坡的实体经济并不发达,使得中国对新加坡的直接投资贸易效应不高[①]。

表 5-15 中国对东盟直接投资的进出口贸易国别差异检验

Table 5-15 Country Difference Test of Trade of China's Direct Investment in ASEAN

国家	α_1	z 值	p 值	β_1	z 值	p 值
越南	6.582	14.69	0.000	0.735	19.30	0.000
菲律宾	12.170	33.23	0.000	0.284	7.78	0.000
泰国	10.504	25.12	0.000	0.418	11.83	0.000
老挝	4.973	13.54	0.000	0.574	18.10	0.000
缅甸	7.801	12.77	0.000	0.476	9.07	0.000
柬埔寨	5.350	11.78	0.000	0.599	15.42	0.000
马来西亚	11.678	25.35	0.000	0.351	8.85	0.000
新加坡	12.713	58.27	0.000	0.212	13.14	0.000
文莱	9.121	23.52	0.000	0.276	5.91	0.000
印度尼西亚	11.062	31.91	0.000	0.342	12.07	0.000

注:根据 stata 软件结果整理得到。

5.4.3.3 中国对东盟直接投资的出口贸易国别效应

本书进一步从出口贸易角度分析中国对东盟国家直接投资的贸易效应。采用前文的处理方式,以变截距模型作为受约束模型,变系数模型作为不受约束模型,对 $Lnexport$ 与 $Lnofdi$ 分别进行变参数模型和变截距模型回归得到残差统计量中残差平方和分别为 $RSS_1 = 24.458$、$RSS_2 = 14.964$。在样本中,观测值个数 $N = 10$、时间 $T = 17$、解释变量个数 $K = 1$,则 F 统计量为:

---

① 刘再起,谢润德. 中国对东盟 OFDI 的国别贸易效应实证分析[J]. 世界经济研究,2014(06):80-86+89.

$$F=\frac{\dfrac{(RSS_2-RSS_1)}{[(N-1)k]}}{\dfrac{RSS_1}{[NT-N(k+1)]}}=\frac{\dfrac{(24.458-14.964)}{9}}{\dfrac{24.458}{160}}=6.091>2.52$$

(5-54)

由于 F 值为 6.901,大于 1% 的显著性水平下,分子自由度为 9,分母自由度为 160 的临界值 2.52,所以接受变参数模型假设,建立变参数模型,最终回归模型如表 5-16 所示。

从表 5-16 来看,所有东盟国家变量估计参数的 p 值都小于 0.01,这说明解释变量 $Lnofdi$ 对被解释变量 $Lnexport$ 的影响在 1% 水平上显著。从参数大小来看,中国对东盟国家直接投资的出口贸易效应的平均弹性为 0.47,$\beta_2>0.65$ 的国家仅有越南,$0.65\geqslant\beta_2>0.4$ 的国家有泰国、缅甸、柬埔寨,而 $0.47\geqslant\beta_2$ 的国家有菲律宾、老挝、马来西亚、新加坡、文莱和印度尼西亚。从系数符号上看,参数 $\beta_2>0$,这说明中国对东盟国家直接投资的出口贸易效应是创造型的,即直接投资可以促进中国对东盟国家出口贸易的发展,这与学术界主流研究结论保持一致。从模型估计系数大小上看,中国对东盟各国直接投资的出口贸易弹性存在差异。具体而言,中国对越南直接投资的出口贸易弹性仍然最高,这与现实预期保持一致。中国对泰国、缅甸、柬埔寨的出口贸易效应高于东盟国家整体水平,主要原因是这些国家市场广阔,中国对这些国家直接投资存在效率寻求型和资源寻求型的动机,对出口有较强的促进作用[1]。然而,中国对菲律宾、老挝、马来西亚、新加坡、文莱和印度尼西亚的直接投资出口贸易效应较弱,低于东盟国家整体水平。可能原因是在这些国家中,老挝经济发展水平不高,市场规模有限,其对贸易产品的需求能力有限。菲律宾、马来西亚和印度尼西亚的产业结构和贸易结构与中国存在相似性。

---

[1] 刘再起,谢润德. 中国对东盟 OFDI 的国别贸易效应实证分析[J]. 世界经济研究,2014(06):80-86+89.

表 5-16 中国对东盟直接投资的出口贸易国别差异检验
Table 5-16 Country Difference Test of Export Trade of China's Direct Investment in ASEAN

国家	α_2	z 值	p 值	β_2	z 值	p 值
越南	6.621	15.72	0.000	0.699	19.53	0.000
菲律宾	9.587	22.84	0.000	0.461	11.06	0.000
泰国	8.72	19.58	0.000	0.532	13.57	0.000
老挝	5.596	14.03	0.000	0.437	10.58	0.000
缅甸	7.904	16.46	0.000	0.571	15.93	0.000
柬埔寨	5.575	13.34	0.000	0.571	15.93	0.000
马来西亚	9.889	20.30	0.000	0.423	10.09	0.000
新加坡	11.601	39.31	0.000	0.255	11.65	0.000
文莱	6.830	14.28	0.000	0.468	8.34	0.000
印度尼西亚	9.915	30.25	0.000	0.384	14.33	0.000

注：根据 stata 软件结果整理得到。

5.4.3.4 中国对东盟直接投资的进口贸易国别效应

本书进一步从进口贸易角度分析中国对东盟国家直接投资的贸易效应。采用前文的处理方式，以变截距模型作为受约束模型，变系数模型作为不受约束模型，对 $Lnimport$ 与 $Lnofdi$ 分别进行变截距模型和变参数模型回归得到残差统计量中残差平方和分别为 $RSS_1 = 81.322$、$RSS_2 = 23.705$。在样本中，观测值个数 $N = 10$、时间 $T = 18$、解释变量个数为 $K = 1$，则 F 统计量为：

$$F = \frac{\dfrac{(RSS_2 - RSS_1)}{[(N-1)k]}}{\dfrac{RSS_1}{[NT - N(k+1)]}} = \frac{\dfrac{(81.322 - 23.705)}{9}}{\dfrac{81.322}{160}} = 12.596 > 2.52$$

(5-55)

由于 F 值为 12.596，大于 1% 的显著性水平下，分子自由度为 9，分母自由度为 160 的临界值 2.52，所以接受变参数模型假设，建立变参数模型，如表 5-17 所示。

从表 5-17 中可以看到，绝大多数东盟国家变量估计参数的 P 值都小于 0.01，而文莱的变量估计参数的 P 值仅为 0.079，这说明对于文莱而言，解释变量 $Lnofdi$ 对被解释变量 $Lnexport$ 的影响在 10% 水平上显著，而对于其他东盟国家，解释变量 $Lnofdi$ 对被解释变量 $Lnexport$ 的影响在 1% 水平上显著。从参数大小来看，中国对东盟国家直接投资的进口贸易效应的平均弹性为 0.44，$\beta_3 > 0.65$ 的国家有越南、柬埔寨和老挝，$0.65 \geq \beta_3 > 0.44$ 的国家有缅甸，而菲律宾、老挝、马来西亚、新加坡、文莱和印度尼西亚的进口贸易弹性系数 β_3 不大于 0.44。从系数符号上看，参数 $\beta_3 > 0$，这说明中国对东盟国家直接投资的进口贸易效应是创造型的，即直接投资可以促进中国对东盟国家进口贸易的发展。同样，中国对东盟各国直接投资的进口贸易效应弹性存在差异性。中国对越南、柬埔寨的直接投资进口贸易效应较强，弹性系数大于 0.75。中国对缅甸的直接投资进口贸易效应较强，高于东盟国家整体水平。主要原因是缅甸资源较为丰富，该国初级产品和粗加工产品主要出口中国，与中国的产业具有较强的互补性。中国对菲律宾、老挝、马来西亚、新加坡、文莱和印度尼西亚的直接投资进口贸易效应较弱，低于东盟国家整体水平。菲律宾、马来西亚、新加坡和印度尼西亚等国家是中国企业"走出去"的重点国家，通过建立跨区域的生产网络，满足国内供应链和产业链的需求，也可以出口到全球其他国家，这使得中国对这些国家的直接投资进口贸易效应较弱。对于文莱和老挝而言，主要原因是这些国家的产业结构不完善，其贸易产品的生产供给能力有限。

表 5-17　中国对东盟直接投资的进口贸易国别差异检验

Table 5-17　Country Difference Test of Import Trade of China's Direct Investment in ASEAN

国家	α_3	z 值	p 值	β_3	z 值	p 值
越南	4.657	6.52	0.000	0.797	13.14	0.000
菲律宾	12.938	34.08	0.000	0.139	3.68	0.000
泰国	10.929	24.27	0.000	0.334	8.90	0.000
老挝	1.381	3.48	0.001	0.804	24.47	0.000
缅甸	5.195	5.66	0.000	0.586	7.44	0.000
柬埔寨	0.105	0.12	0.906	0.842	11.02	0.000

续表

国家	α_3	z 值	p 值	β_3	z 值	p 值
马来西亚	11.688	24.49	0.000	0.307	7.47	0.000
新加坡	12.465	57.90	0.000	0.165	10.33	0.000
文莱	9.333	16.87	0.000	0.117	1.76	0.079
印度尼西亚	10.850	26.07	0.000	0.296	8.71	0.000

注:根据 stata 软件结果整理得到。

5.5 本章小结

在本章中,从规模、结构和国别视角全面考察了中国对东盟直接投资对贸易的作用方向和强度,具体结论如下:

从规模角度看,中国对东盟国家直接投资具有显著的出口创造和进口创造效应,且直接投资的进口创造效应明显高于出口创造效应。中国对东盟国家直接投资每增加1%,对东盟出口贸易额将增加0.209%,进口贸易额将增加0.287%,而双边总贸易额将增加0.218%。

从结构角度看,中国对东盟国家直接投资尚无法有效促进初级产品贸易的发展,但对中国与东盟国家工业制成品贸易存在创造效应,且对进口贸易的促进作用明显高于出口贸易。在控制其他条件下,直接投资每增加1%,中国对东盟工业制成品出口贸易将增加0.228%,而进口贸易将提升1.653%。对于不同贸易方式而言,中国对东盟国家直接投资可以显著促进一般贸易、进料加工贸易、保税区仓储转口贸易方式的出口贸易发展,但尚无法有效促进其他贸易方式的进口贸易发展。相比其他贸易方式,直接投资对保税区仓储转口贸易方式的贸易促进效应最强。

从国别角度看,中国对东盟所有国家的直接投资均具有出口创造和进口创造效应,即我国增加对东盟国家的直接投资会相应扩大出口和进口贸易规模。从东盟整体来看,中国对东盟直接投资的出口贸易弹性大于进口贸易弹性,即直接投资出口贸易创造效应高于进口贸易引致效应。

　　从不同国家看,中国对越南直接投资的出口贸易效应和进口贸易效应均处于较高水平。中国对越南、老挝、缅甸和柬埔寨直接投资的出口贸易效应大于进口贸易效应,对其他东盟国家直接投资的出口贸易效应小于进口贸易效应。总体来看,现阶段中国对越南直接投资的贸易效应最强,对泰国、缅甸和柬埔寨的贸易创造效应次之,而对新加坡、马来西亚、印度尼西亚、文莱和老挝的贸易创造效应最弱。

第6章　直接投资与双边贸易：间接效应和调节效应视角

前文从贸易规模、结构和国别等多维度考察了中国对东盟直接投资与双边贸易的关系,结果表明中国对东盟直接投资可以显著促进双边出口、进口和进出口贸易,这一研究结论与学术界主流观点保持一致,即中国对直接投资可以促进双边贸易发展。根据前面的理论框架分析,中国对东盟直接投资的贸易创造不仅体现在传统的直接效应层面,还体现在间接效应和外部调节作用中。具体而言,一方面,直接投资在宏观层面上可以优化东盟国家产业结构和区域产业分工,构建区域价值链和产业链,进而促进双边产业内贸易发展。同时,直接投资的流入在微观层面也将促进东盟国家生产效率的提升,提高产品市场的需求与供给能力,提升与其他国家的产业间和产业内贸易水平,促进双边贸易高质量发展；另一方面,国家间政治关系、文化认同和制度距离会影响企业的投资决策和经营绩效,进而提升或制约直接投资的溢出能力,影响了直接投资的贸易创造效应。因此,本章采用中介效应和调节效应进一步深入分析中国对东盟直接投资与双边贸易的间接效应和外部因素调节效应。

6.1　直接投资与双边贸易：间接效应视角

国际投资活动的资本形式是多样化的,包括实物资本、无形资本和金融资本,这些资本的流入必然会影响东盟国家的产业结构、就业等领域的发展。

第一,从产业结构角度上看,国际直接投资是长期资本流动的一种主要形式,来源于跨国公司追求和实现自身利益最大化的动机。在开展跨国直接投资的过程中,这些具有国际竞争力的企业在东盟国家会产生明显的技术溢出效应[1],提高东盟国家企业的产业发展和创新能力,进而实现产业结构的转型升级[2]。同时,跨国企业充分利用东盟国家的特定比较优势[3],有效整合东盟国家市场资源,提升生产要素资源配置效率,实现从低技术水平、低效率部门、低附加值状态向高新技术水平、高效率部门、高附加值状态的转变[4]。

第二,从生产效率角度来看,跨国企业直接投资在东盟国家会产生市场竞争效应,挤压东盟国家本土企业的市场份额,这会促使本土企业积极学习外资企业的生产技术和管理经验,进一步激发企业的技术创新和发展活力,进而提高企业生产效率。为迅速适应东盟国家的经济、文化、政治环境,更好地享受优惠政策,提高其在东盟国家市场的认可度,跨国公司往往在人员、技术开发和供应链等方面都实施本土化发展策略。然而,由于东盟国家人力资本和资金的跨部门、跨区域流动,跨国企业的开发技术、生产技术、管理技术、营销技术等方面存在溢出效应,这无疑会提高本土企业的生产效率。因此,通过技术外溢效应、竞争效应和关联效应,跨国企业直接投资可以有效提高东盟国家企业生产效率,推动东盟国家产业结构向合理化和高级化的方向演进。

一国经济增长的过程是产业结构升级的过程,就是对资本、劳动力、土地和技术等生产要素的优化配置,将这些生产要素从低附加值、低效率的生产部门向高附加值、高效率的生产部门转移,其本质是产业结构的优化和升级,而贸易结构是产业结构在空间范围上的扩展[5],即贸易

---

[1] 贾妮莎,申晨. 中国对外直接投资的制造业产业升级效应研究[J]. 国际贸易问题,2016(08):143-153.

[2] 乔敏健. 对外直接投资带动东道国产业升级的效果分析——来自"一带一路"国家的经验证据[J]. 亚太经济,2019(05):103-112+152.

[3] 顾雪松,韩立岩,周伊敏. 产业结构差异与对外直接投资的出口效应——"中国—东道国"视角的理论与实证[J]. 经济研究,2016,51(04):102-115.

[4] 支宇鹏,黄立群,陈乔. 自由贸易试验区建设与地区产业结构转型升级——基于中国286个城市面板数据的实证分析[J]. 南方经济,2021(04):37-54.

[5] 袁欣. 中国对外贸易结构与产业结构:"镜像"与"原像"的背离[J]. 经济学家,2010(06):67-73.

结构与产业结构是"镜像"和"原像"的关系[1]。在这一动态过程中,东盟国家产业结构升级可以推动贸易结构不断优化,实现对外贸易跃级发展[2],这必然也会促进双边贸易的发展。同时,由于生产效率的提升,东盟国家企业边际生产成本逐步下降,增强了产品的国际市场竞争力,提高了产业内和产业间贸易发展水平,进一步扩大了东盟国家进出口贸易规模。基于此,我们假设如下:

假设1:中国对东盟直接投资可以通过促进东盟产业结构升级,进而推动双边贸易发展。

假设2:中国对东盟国家直接投资可以通过提升东盟国家产业生产效率,进而推动双边贸易发展。

6.1.1 直接投资—产业结构升级—贸易发展

6.1.1.1 研究设计

通过前文的实证分析可知,中国对东盟直接投资可以促进双边贸易发展,那么直接投资是否通过产业升级效应促进贸易发展呢?这些结论尚不得而知。因此,本书借鉴温忠麟和叶宝娟[3]的方法构建中介效应模型,具体模式设定如下:

$$Str_{it} = \lambda + \lambda_1 Lnofdi_{it} + \lambda_2 \sum Control_{it} + \mu_i + u_t + \varepsilon_i \quad (6-1)$$

$$TT_{it} = \alpha + \alpha_1 Lnofdi_{it} + \alpha_2 \sum Control_{it} + \mu_i + u_t + \varepsilon_i \quad (6-2)$$

$$TT_{it} = \varphi + \varphi_1 Lnofdi_{it} + \varphi_2 Str_{it} + \varphi_3 \sum Control_{it} + \mu_i + u_t + \varepsilon_i$$

$$(6-3)$$

其中,Str 表示东盟国家产业结构水平。由于东盟国家大多为发展中国家,且处于工业化的初、中期。根据配第一克拉克定理,随着经济的发展,第一产业增加值相对比重逐渐下降;第二产业增加值的相对比重上升,而伴随着经济进一步发展,第三产业增加值相对比重也

---

[1] 张曙霄,张磊.中国贸易结构与产业结构发展的悖论[J].经济学动态,2013(11):40-44.
[2] 沈潇.以产业升级促进对外贸易跃级发展[J].人民论坛,2018(20):72-73.
[3] 温忠麟,叶宝娟.中介效应分析:方法和模型发展[J].心理科学进展,2014,22(05):731-745.

开始上升。因此,借鉴贾妮莎等①的方法,采用第二产业与第三产业占比之和来衡量东盟国家产业结构水平较为合理;表示中国与东盟国家双边进口、出口额和贸易总额;模型中其他控制变量与式(6-1)保持一致。

6.1.1.2 回归结果分析

从表 6-1 第(1)、(3)和(5)列可以看到,中国对东盟国家直接投资可以显著促进双边进出口贸易发展。由第(7)列结果可知,中国对东盟国家直接投资变量在 1% 水平上显著为正,这表明中国对东盟国家直接投资可以促进东盟国家产业结构升级,这一结论与贾妮莎、雷宏振②和乔敏健③的研究结论保持一致。从第(2)、(4)和(6)列结果可以看到,加入中介变量产业结构升级后,中国对东盟国家直接投资变量不再显著,而中介变量在 1% 水平上显著为正,这表明产业结构升级变量存在完全中介效应,即中国对东盟国家直接投资通过促进东盟国家产业升级,进而促进双边进出口贸易发展。该研究结论为中国与东盟国家开展互补性国际产能合作提供了理论支撑,也从侧面表明了中国对东盟国家开展直接投资构建区域产业链、供应链和价值链的合理性。对东盟国家来说,中国直接投资可以转移纺织、化工、水泥等传统产业,释放出相关产业的部分生产要素,支持国内具有竞争优势产业的成长。而东盟国家凭借其廉价的劳动力和资源要素禀赋优势,吸纳中国直接投资以提升产业能力,调整和优化东盟国家的产业结构④,促进中国与东盟国家产业间和产业内贸易发展水平,并创造出更多的经济效益。

---

① 贾妮莎,雷宏振. 中国 OFDI 与"一带一路"沿线国家产业升级——影响机制与实证检验[J]. 经济科学,2019(01):44-56.
② 同上.
③ 乔敏健. 对外直接投资带动东道国产业升级的效果分析——来自"一带一路"国家的经验证据[J]. 亚太经济,2019(05):103-112+152.
④ 陈元清. 中国对东盟十国直接投资的产业升级效应分析[J]. 山西大学学报(哲学社会科学版),2019,42(06):115-123.

表 6-1 产业结构升级的中介效应

Table 6-1 Intermediary Effect of Industrial Structure Upgrading

	(1)	(2)	(3)	(4)	(5)	(6)	(7)
	Lntrade		Lnexport		Lnimport		Str
$Lnofdi$	0.218*** (4.22)	0.059 (1.40)	0.209*** (3.09)	0.056 (1.03)	0.287*** (2.88)	0.075 (0.79)	2.614*** (6.58)
Str		0.061*** (7.59)		0.059*** (7.21)		0.081*** (5.12)	
$Lnpgdp\_CHN$	0.264 (1.10)	0.876*** (4.41)	1.017*** (3.59)	1.606*** (6.77)	−0.925** (−2.15)	−0.108 (−0.26)	−10.054*** (−5.33)
$Lnpgdp\_Host$	1.719*** (5.37)	1.133*** (3.97)	0.137 (0.37)	−0.428 (−1.14)	4.410*** (8.86)	3.630*** (7.90)	9.620*** (4.86)
$Lndis$	0.010 (0.02)	−0.008 (−0.02)	1.031** (2.16)	1.013** (2.39)	−1.837*** (−2.74)	−1.862*** (−3.11)	0.311 (0.11)
$Lang$	−7.614*** (−6.84)	−7.237*** (−7.86)	−2.261* (−1.86)	−1.898* (−1.71)	−17.309*** (−9.48)	−16.806*** (−10.42)	−6.191 (−0.78)
Res	0.010** (2.39)	0.001 (0.33)	0.004 (0.97)	−0.004 (−1.28)	0.031*** (4.22)	0.020** (2.48)	0.144*** (4.15)
$Open$	0.988*** (10.33)	0.735*** (8.46)	0.923*** (8.62)	0.678*** (7.35)	1.268*** (7.53)	0.930*** (5.61)	4.163*** (6.77)
$Exchan$	0.152** (2.39)	0.366*** (5.92)	0.040 (0.60)	0.246*** (3.83)	0.416*** (3.71)	0.701*** (5.55)	−3.509*** (−5.90)
$Cons$	−4.301 (−0.95)	−7.726** (−2.10)	−11.901** (−2.56)	−15.199*** (−3.70)	6.261 (0.89)	1.688 (0.27)	56.248* (1.76)
Year	Y	Y	Y	Y	Y	Y	Y
Country	Y	Y	Y	Y	Y	Y	Y
Hansen J	0.8676	0.9329	0.1885	0.1843	0.4425	0.3282	0.6125
N	170	170	170	170	170	170	170
F	485.69	748.67	569.65	795.59	201.30	248.80	282.75
R^2	0.9866	0.9900	0.9833	0.9872	0.9699	0.9727	0.9771

注：括号内为 t 值；***、**、*分别表示通过1%、5%和10%的显著性水平检验。

6.1.2 直接投资—生产效率提升—贸易发展

6.1.2.1 技术框架

在经济学中,生产效率水平是指在固定投入量下的实际产出与最大产出两者间的比率。参考徐明君、黎峰[①]的研究,本书以全要素生产率衡量生产效率水平。全要素生产率(Total Factor Productivity,简称TFP)本质上是一种资源配置效率[②],最为全面地反映了包含劳动、资本在内的所有生产要素作为投入量时关于投入量和产出量的关系[③]。该指标最早由荷兰经济学家索洛(Solow,1957)提出并加以研究,随后逐步得到学术界的关注。全要素生产率测算有多种方法,包括索洛余量法、非参数数据包络法、随机前沿分析法等。相比而言,Malmquist 指数法不依赖具体生产函数形式,运用范围较为广泛,测算的结果更为准确。因此,本书采用 Malmquist 指数法来测度东盟各国的全要素生产率。

瑞典经济学家 Sten Malmquist 采用缩放因子之比构造了 Malmquist 消费指数。随后,Caves、Christensen 和 Diewer[④] 将 Malmquist 思想运用到生产分析中,采用距离函数比构造了生产率指数。为更好的度量方法,Charnes、Cooper 和 Rohode(1978)提出了数据包络分析方法,并发展出了一个假设规模报酬不变(Constant Return to Scale,CRS)的 CCR 模型。Charnes、Cooper 和 Banker(1984)在 CCR 的基础上加入了效率权重和为 1 的约束条件,并延伸发展出了规模效率可变(Variable Return to Scale,VRS)的 BCC 模型。

[①] 徐明君,黎峰.基于生产效率视角的全球价值链分工:理论解释及实证检验[J].世界经济与政治论坛,2015(06):74-94.

[②] 蔡昉.以提高全要素生产率推动高质量发展[N].人民日报,2018-11-09(007).

[③] 聂文星,朱丽霞.企业生产率对出口贸易的影响——演化视角下"生产率悖论"分析[J].国际贸易问题,2013(12):24-35.

[④] Caves D W, Christensen L R, Diewert W. The Economic Theory of Index Numbers and the Measurement of Input, Output, and Productivity. 1982,50(6):1393-1414.

假定在 t 时期,第 z 个国家,投入 n 种要素 $x_{z,n}^t$,可以得到 $y_{z,m}^t$ 种产出结果,即投入产出的组合为 (X^t, Y^t),其中投入向量 $X^t = (x_1, x_2, \cdots, x_n)$,产出向量 $Y^t = (y_1, y_2, \cdots, y_m)$。令 K_z^t 为单个决策单元效率评价时权重值,且在特定年份中有 $\sum_{z=1}^{n} K_z = 1$,此时可能的生产集合 S^t 可以表示为:

$$S^t = \left\{ (X^t, Y^t) \in \mathbf{R}^2 : x_n^t \geqslant \sum_{z=1}^{n} K_z^t x_{z,n}^t, y_m^t \leqslant \sum_{z=1}^{n} K_z^t y_{z,m}^t, K_z^t \geqslant 0 \right\} \tag{6-4}$$

根据 Farrell(1957)的假设,距离函数是技术效率的倒数,则在 t 时期既定投入下的距离函数为:

$$D_0^t(x^t, y^t) = \frac{1}{F_0^t(x^t, y^t)} = \min\left\{ \varphi : \left(\frac{y^t}{\varphi}\right) \in S^t \right\} \tag{6-5}$$

进一步可以得到在 t 时期的技术条件下,从 t 时期到 $t+1$ 时期的全要素生产率变化,此时 Malmquist 指数可以表示为:

$$M_0^t = \frac{D_0^t(x^t, y^t)}{D_0^t(x^{t+1}, y^{t+1})} \tag{6-6}$$

其中,x^t、x^{t+1} 为 t 期和 $t+1$ 期的投入向量;y^t、y^{t+1} 为 t 期和 $t+1$ 期的产出向量。

6.1.2.2 研究设计

通过前文的实证分析可知,中国对东盟直接投资可以促进双边贸易发展。在微观层面上,直接投资是否通过提升东盟国家生产效率来促进贸易发展呢?这些结论尚不得而知。因此,本书继续借鉴温忠麟和叶宝娟[1]的方法构建中介效应模型,具体模型设定如下:

$$TFP_{it} = \lambda + \lambda_1 Lnofdi_{it} + \lambda_2 \sum Control_{it} + \mu_i + u_t + \varepsilon_i \tag{6-7}$$

$$TT_{it} = \alpha + \alpha_1 Lnofdi_{it} + \alpha_2 \sum Control_{it} + \mu_i + u_t + \varepsilon_i \tag{6-8}$$

$$TT_{it} = \varphi + \varphi_1 Lnofdi_{it} + \varphi_2 TFP_{it} + \varphi_3 \sum Control_{it} + \mu_i + u_t + \varepsilon_i \tag{6-9}$$

---

[1] 温忠麟,叶宝娟.中介效应分析:方法和模型发展[J].心理科学进展,2014,22(05):731-745.

其中，TFP 表示东盟国家全要素生产率。TT 表示中国与东盟国家双边进口、出口额和贸易总额；模型中其他控制变量与式(6-7)保持一致。

借鉴一般做法，采用 2002—2020 年东盟国家实际 GDP(2010 年不变价格)来衡量东盟国家的产出。投入要素包括劳动投入和资本投入，其中劳动投入量采用东盟各国劳动力总人数来衡量，资本存量采用永续盘存法进行测算得到，具体测算公式如下：

$$K_t = I_t + (1-\delta)K_{t-1} \tag{6-10}$$

其中，K 表示实际资本存量额，I 表示实际投资额，采用固定资本形成总额(2010 年不变价格)来衡量，δ 表示资本折旧率，参考 Delpachitra 与王勇、黎鹏[①][②]的研究，新加坡的资本折旧率取值为 33.3%，东盟其他国家资本折旧率取值为 5%。根据研究目标，本书以 2002 年为基期测算资本存量值，具体公式为：

$$K_0 = \frac{I_0}{g+\delta} \tag{6-11}$$

其中，g 为东盟各国固定资本形成总额的年均增长率，数据来源于世界银行数据库。K_0 和 I_0 为 2002 年东盟各国的资本存量和资本形成总额(2010 年不变价格)。由于东盟国家间的经济发展水平存在明显差异，并不满足 CRS 模型 DMU 都在最优的规模上运作的前提，因此假设模型为规模报酬可变形式[③]。本书以 2002－2020 年东盟国家(缅甸除外)的数据为基础，通过使用 DEAP2.1 软件，采用投入导向型的 DEA 模型计算东盟国家全要素生产率。

6.1.2.3 回归结果分析

从表 6-2 第(7)列的结果可以看到，中国对东盟直接投资系数为正，且在 1% 水平上显著，这表明中国对东盟国家直接投资可以显著提升东

---

① Delpachitra S, Dai P V. The Determinants of TFP Growth in Middle Income Economies in ASEAN: Implication of Financial Crises[J]. International Journal of Business and Economics, 2012, 11(1):63-88.

② 王勇, 黎鹏. 信息通信基础设施对东盟全要素生产率的影响[J]. 亚太经济, 2019(02):23-32+42+149-150.

③ 赵慧, 范祚军. 基于技术视角的东盟国家全要素生产力分析:1980—2011[J]. 南洋问题研究, 2016(01):54-64.

第6章 直接投资与双边贸易:间接效应和调节效应视角

盟国家全要素生产率,且直接投资额每增加1%,东盟国家全要素生产率将提升1.8%。该结论符合现实预期,充分说明中国直接投资促进了东盟国家经济可持续发展,也有力地驳斥了境外舆论对中国对外直接投资的质疑。从第(1)、(2)列结果可以看到,加入中介变量全要素生产率后,直接投资系数发生了明显变动。从进出口贸易角度来看,加入全要素生产率变量后,中国对东盟国家直接投资系数仍然显著为正,且在5%水平上显著,系数从0.218减少为0.132,明显小于未加入中介变量前的系数,这说明中国对东盟国家直接投资可以促进贸易发展,但全要素生产率仅存在部分中介效应。从第(3)、(4)列结果中可以看到,在加入全要素生产率变量后,直接投资系数值从0.209减小到0.199,该变量仍在1%水平上显著为正,而全要素生产率系数不显著。结合第(7)列的结果表明,中国直接投资可以促进东盟国家全要素生产率,但东盟国家全要素生产率的提升尚不能有效提升对中国贸易产品的进口。可能原因是,中国企业采取直接投资的形式将优质富余产能转移到东盟国家,提高了这些国家的生产效率。但不可否认的是,中国与东盟国家在贸易产品结构上存在一定的相似性,这使得东盟国家会减少在同类型贸易产品的进口规模。从第(5)、(6)列结果中可以看到,在加入全要素生产率变量后,直接投资系数值从0.287减小到0.108,且该变量在统计学意义上不显著,这说明中国对东盟国家直接投资可以促进对东盟国家的进口贸易发展,在这一过程中东盟国家的全要素生产率存在完全中介效应。这一结论符合现实预期,从实证层面较好地解释了直接投资促进贸易发展的内在原因。通过企业"走出去"开展对外直接投资,一方面中国将优质富余的纺织、化工等产能转移到东盟国家,满足东盟国家工业化发展需求;另一方面可以为高端产业腾出发展空间,促进国内产业升级,打造更为完善的区域产业分工体系,实现产业链更新和价值链攀升。在区域分工的良性互动过程中,中国将着力发展先进制造业和现代服务业,而东盟国家可以充分运用自身资源禀赋、劳动力等比较优势,完善自身制造业发展体系,充分嵌入和融入区域产业链和价值链中低端环节,以满足中国这个超大市场对东盟贸易产品的需求。

表 6-2 全要素生产率提升的中介效应

Table 6-2　Intermediary Effect of Total Factor Productivity

	(1)	(2)	(3)	(4)	(5)	(6)	(7)
	\multicolumn{2}{c}{$Lntrade$}	\multicolumn{2}{c}{$Lnexport$}	\multicolumn{2}{c}{$Lnimport$}	TFP
$Lnofdi$	0.218***	0.132**	0.209***	0.199***	0.287***	0.108	0.018***
	(4.22)	(2.18)	(3.09)	(2.63)	(2.88)	(0.90)	(2.66)
TFP		1.520**		−0.919		5.772***	
		(2.08)		(−0.91)		(3.25)	
$Lnpgdp\_CHN$	0.264	0.512*	1.017***	0.857**	−0.925**	−0.064	−0.165***
	(1.10)	(1.78)	(3.59)	(2.19)	(−2.15)	(−0.11)	(−4.64)
$Lnpgdp\_Host$	1.719***	1.938***	0.137	0.494	4.410***	4.288***	0.157***
	(5.37)	(5.63)	(0.37)	(1.22)	(8.86)	(6.71)	(4.38)
$Lndis$	0.010	−0.385	1.031**	0.665	−1.837***	−2.226***	−0.087*
	(0.02)	(−0.93)	(2.16)	(1.38)	(−2.74)	(−3.24)	(−1.66)
$Lang$	−7.614***	−9.057***	−2.261*	−4.340**	−17.309***	−16.894***	−0.821***
	(−6.84)	(−6.39)	(−1.86)	(−2.52)	(−9.48)	(−6.20)	(−5.74)
Res	0.010**	0.006	0.004	0.006	0.031***	0.019***	0.002***
	(2.39)	(1.53)	(0.97)	(1.25)	(4.22)	(2.65)	(2.74)
$Open$	0.988***	0.814***	0.923***	0.917***	1.268***	0.843***	0.043**
	(10.33)	(9.90)	(8.62)	(8.16)	(7.53)	(5.75)	(2.65)
$Exchan$	0.152**	0.382***	0.040	0.260	0.416***	0.550**	0.060***
	(2.39)	(2.90)	(0.60)	(1.54)	(3.71)	(2.55)	(4.95)
$Cons$	−4.301	−3.346	−11.901**	−7.705	6.261	1.958	1.973***
	(−0.95)	(−0.76)	(−2.56)	(−1.50)	(0.89)	(0.26)	(3.53)
Year	Y	Y	Y	Y	Y	Y	Y
Country	Y	Y	Y	Y	Y	Y	Y
Hansen J	0.8676	0.9613	0.1885	0.1826	0.4425	0.3006	0.1564
N	170	153	170	153	170	153	153
F	485.69	553.89	569.65	548.00	201.30	203.21	16.42
R^2	0.9866	0.9888	0.9833	0.9838	0.9699	0.9760	0.7330

注：括号内为 t 值；***、**、* 分别表示通过 1%、5%和 10%的显著性水平检验。

第 6 章　直接投资与双边贸易：间接效应和调节效应视角

6.2　直接投资与双边贸易：调节效应视角

正如国际生产折衷理论阐述的区位优势所讲，企业开展直接投资需要结合东盟国家的市场发展情况、资源禀赋、制度质量、政策环境等因素。在这些因素中，东盟国家资源禀赋、市场发展等因素在短期内的变动不大，对企业对外直接投资的影响有限。然而，由于中国与东盟国家之间的政治关系、东盟国家制度质量和营商环境等因素存在不确定性，中国投资企业所面临的外部环境日趋复杂，其中制度距离、文化认同①以及双边关系②③的影响愈发突出。因此，本书从双边政治关系、制度距离和文化认同三个角度出发，采用调节效应模型考虑中国对东盟直接投资贸易的外部影响。

6.2.1　直接投资与贸易发展：政治关系的调节效应

6.2.1.1　研究假设

通过第二章和第三章的文献回顾和理论分析表明，国家间友好的双边政治关系可以降低东道国经济环境的不确定性④，减少政治风险对直接投资带来的不利影响⑤⑥，为较敏感或重要的直接投资活动提供良好

---

① 李俊久，丘俭裕，何彬. 文化距离、制度距离与对外直接投资——基于中国对"一带一路"沿线国家 OFDI 的实证研究[J]. 武汉大学学报：哲学社会科学版，2020，73(1)：15.
② 杨连星，刘晓光，张杰. 双边政治关系如何影响对外直接投资——基于二元边际和投资成败视角[J]. 中国工业经济，2016(11)：56-72.
③ 戴利研，李震. 双边政治关系、制度质量与中国对外直接投资[J]. 经济理论与经济管理，2018(11)：94-109.
④ 王珏，李昂，周茂. 双边政治关系距离对中国出口贸易的影响：基于联合国大会投票数据的研究[J]. 当代财经，2019(01)：96-107.
⑤ 杨连星，刘晓光，张杰. 双边政治关系如何影响对外直接投资——基于二元边际和投资成败视角[J]. 中国工业经济，2016(11)：56-72.
⑥ 韩民春，江聪聪. 政治风险、文化距离和双边关系对中国对外直接投资的影响——基于"一带一路"沿线主要国家的研究[J]. 贵州财经大学学报，2017(02)：84-91.

的保障①，为企业的直接投资贸易创造效应提供了相对稳定的空间。同时，友好双边政治关系能够改善企业直接投资的形象，发挥直接投资选择的信号作用，提升企业赴东道国开展直接投资的意愿②，有助于促进企业对外直接投资规模，提高企业开展直接投资的成功率③，进而更高效地开展产业内和产业间贸易活动。因此，双边关系的发展必然会影响直接投资对双边贸易的作用。基于此，本书得到如下假设：

假设3：双边政治关系可以正向调节中国对东盟国家直接投资贸易效应。

6.2.1.2 研究设计

在前文的基础上，本节分析双边政治关系对中国对东盟国家直接投资贸易效应的调节效应。实证分析主要分为三部分：一是构建回归模型；二是阐释双边政治关系指标的选择以及数据来源；三是纳入双边政治关系指标与直接投资变量的交互项，研究双边政治关系对直接投资贸易效应的调节效应。

6.2.1.2.1 模型构建

本节重点分析双边关系对直接投资贸易效应的调节机制，根据上述理论模型和研究目标构建模型，具体如下：

$$Lnexport_{it} = \alpha_0 + \alpha_1 Lnofdi_{it} + \alpha_2 Lnofdi_{it} \times Pol_{it} +$$
$$\alpha_4 \sum Control_{it} + \mu_i + u_t + \varepsilon_i \quad (6-12)$$

$$Lnimport_{it} = \beta_0 + \beta_1 Lnofdi_{it} + \beta_2 Lnofdi_{it} \times Pol_{it} + \beta_3 Pol_{it} +$$
$$\beta_4 \sum Control_{it} + \mu_i + u_t + \varepsilon_i \quad (6-13)$$

$$Lntrade_{it} = \gamma_0 + \gamma_1 Lnofdi_{it} + \gamma_2 Lnofdi_{it} \times Pol_{it} + \gamma_3 Pol_{it} +$$
$$\gamma_4 \sum Control_{it} + \mu_i + u_t + \varepsilon_i \quad (6-14)$$

---

① 张建红，姜建刚．双边政治关系对中国对外直接投资的影响研究[J]．世界经济与政治，2012(12)：133-155+160．

② 姜丽群，张新蕾，黄江英．双边政治关系、投资动机与对外直接投资——基于12个主要交易国面板数据的实证研究[J]．哈尔滨商业大学学报(社会科学版)，2020(05)：55-66．

③ 杨连星，刘晓光，张杰．双边政治关系如何影响对外直接投资——基于二元边际和投资成败视角[J]．中国工业经济，2016(11)：56-72．

其中，$Lnexport_{it}$为中国对东盟国家出口贸易额对数值；$Lnimport_{it}$为中国对东盟国家进口贸易量对数值；$Lntrade_{it}$为中国对东盟国家贸易总额的对数值；$Lnofdi_{it}$为中国对东盟国家直接投资存量对数值；Pol_{it}表示t时期中国与东盟国家的政治关系水平，包括高层互访、伙伴关系、政治冲突等多个维度；$Control_{it}$表示其他控制变量；ε_i为误差项。

6.2.1.2.2 变量解释与说明

在本节中，中国对东盟国家直接投资、进出口贸易额均与前文保持一致。在现有文献中，衡量双边政治关系存在多种方式。一是采用联合国大会投票进行衡量，反映国家间的政治共识[1][2]；二是采用建交时间、高层互访、伙伴关系、友好城市等指标来衡量双边政治关系[3][4][5]。上述指标均可从不同侧面反映国家间双边关系水平，但也存在一些不足。联合国大会投票数据很好地反映了全球公共问题上的国家立场，但不足以很好地衡量国家间政治分歧。在区域合作中，中国建立了国家伙伴关系制度，将不同国家分为全面战略合作伙伴关系、全面战略伙伴关系、战略合作伙伴关系、战略伙伴关系、全面合作伙伴关系以及伙伴关系等多个层次，但该指标缺乏连续性，无法衡量相同层次之间的差异性，如中国与越南、老挝、柬埔寨、缅甸和泰国均为全面战略伙伴关系。友好城市反映了民间外交的发展水平，同国家间政治关系存在明显差异，且友好城市数量有限。建交时间反映了国家间初始政治关系水平，但不同国家执政党更迭导致国家政治、外交战略存在变化，该指标无法有效衡量短期内的双边关系波动。在特定的历史和政治环境下，东盟逐渐形成了一套独特的组织和决策方式，即"东盟方式"，其中最突出的就是非对抗性的协商一致。这使得中国与东盟整体政治关系上保持稳定和健康发

---

[1] 戴利研，李震. 双边政治关系、制度质量与中国对外直接投资[J]. 经济理论与经济管理，2018(11)：94-109.

[2] 刘敏，朱亚鹏，辜良烈. 双边政治关系与中国企业跨国并购成功率——基于联合国大会投票数据的研究[J]. 南方经济，2020(07)：18-38.

[3] 潘镇，金中坤. 双边政治关系、东道国制度风险与中国对外直接投资[J]. 财贸经济，2015(06)：85-97.

[4] 刘晓光，杨连星. 双边政治关系、东道国制度环境与对外直接投资[J]. 金融研究，2016(12)：17-31.

[5] 张建红，姜建刚. 双边政治关系对中国对外直接投资的影响研究[J]. 世界经济与政治，2012(12)：133-155+160.

展,与不同国家的政治关系存在差异性和波动性。基于以上考虑,本书采用高层互访来衡量中国与东盟国家双边政治关系水平,具体而言:以中国与东盟国家高层领导人互访、在第三国会晤的次数加权之和表示,其中元首级别的互访、在第三国会晤的权重设定为2,其他国家领导人互访、在第三国会晤的权重设定为1[①]。同时,考虑中国与东盟国家双边关系的特征,借鉴聂世坤等[②]的研究方法,采用高层互访流量转换为存量,突出中国与东盟国家双边政治关系的连续性,该数据来源于外交部网站及历年《中国外交》。

6.2.1.3 回归结果分析

在初始模型的基础上,加入双边政治关系与直接投资的交互项进行回归分析,得到的结果如表6-3所示。从第(1)、(2)列中可以看到,双边政治关系与直接投资的交互项系数为正,但在统计学意义上不显著,这说明政治关系尚不能显著正向调节中国对东盟直接投资的进出口贸易效应。可能的原因是双边政治关系的改善可以降低两国经济活动的信息成本、交易成本和不确定风险[③],提升企业开展直接投资的信心,更好促进企业开展本地化生产和经营。然而,东盟国家内部经济发展水平、制度质量差异较大。东盟国家内部较低的制度质量会扩大跨国企业的"外来者劣势"[④],对企业在东盟国家的投资经营造成负面影响,进而削弱了双边关系对直接投资的出口创造效应。从第(5)、(6)列中可以看到,双边关系与直接投资的交互项在10%水平上显著为正,这表明中国与东盟国家双边政治关系改善可以有效提升直接投资的进口贸易效应,这一结论与现实预期相符合。然而,从第(3)、(4)列可以看到,双边政治关系与直接投资的交互项在1%水平上显著为负,这表明中国与东盟国家双边政治关系的改善将抑制直接投资的出口贸易效应。可能原因是

---

① 张倩,李芳芳,程宝栋.双边政治关系、东道国制度环境与中国OFDI区位选择——基于"一带一路"沿线国家的研究[J].国际经贸探索,2019,35(06):89-103.
② 聂世坤,叶泽樱.双边关系、制度环境与中国对"一带一路"国家OFDI的出口创造效应[J].国际经贸探索,2021,37(02):67-82.
③ 张倩,李芳芳,程宝栋.双边政治关系、东道国制度环境与中国OFDI区位选择——基于"一带一路"沿线国家的研究[J].国际经贸探索,2019,35(06):89-103.
④ 杨亚平,高玥."一带一路"沿线国家的投资选址——制度距离与海外华人网络的视角[J].经济学动态,2017(04):41-52.

第6章 直接投资与双边贸易:间接效应和调节效应视角

中国与东盟国家双边政治关系的提升,将坚定中国企业开展跨国投资的信心,谋求实施本地化经营策略,充分利用东盟国家资源禀赋、劳动力优势进行生产,以满足东盟国家以及国际市场的产品需求。

表 6-3 回归分析结果
Table 6-3 Results of Regression Analysis

	(1)	(2)	(3)	(4)	(5)	(6)
	$Lntrade$		$Lnexport$		$Lnimport$	
$Lnofdi$	0.191*** (3.65)	0.158** (1.99)	0.205*** (2.84)	0.402*** (4.77)	0.227** (2.27)	−0.125 (−0.93)
$Lnofdi \times Pol$		0.015 (0.62)		−0.088*** (−3.76)		0.158*** (3.70)
Pol	0.800*** (3.77)	0.587 (1.42)	0.171 (0.74)	1.420*** (3.00)	1.736*** (4.53)	−0.504 (−0.71)
$Lnpgdp\_CHN$	−0.850** (−2.47)	−0.790** (−2.20)	0.773** (2.10)	0.400 (0.96)	−3.337*** (−4.66)	−2.674*** (−4.09)
$Lnpgdp\_Host$	1.100*** (3.04)	1.015*** (2.71)	0.005 (0.01)	0.513 (1.36)	3.067*** (5.54)	2.159*** (3.64)
$Lndis$	1.138** (2.19)	1.226** (2.32)	1.271** (2.32)	0.743 (1.50)	0.611 (0.74)	1.554* (1.90)
$Lang$	−5.786*** (−4.74)	−5.587*** (−4.45)	−1.874 (−1.39)	−3.079** (−2.44)	−13.338*** (−6.86)	−11.19*** (−5.44)
Res	0.009** (2.41)	0.010** (2.32)	0.004 (0.90)	−0.002 (−0.55)	0.028*** (4.00)	0.039*** (4.87)
$Open$	1.036*** (11.22)	1.079*** (9.16)	0.933*** (9.01)	0.675*** (5.34)	1.371*** (8.48)	1.833*** (8.51)
$Exchan$	0.103* (1.64)	0.094 (1.41)	0.029 (0.42)	0.085 (1.31)	0.309*** (2.75)	0.209* (1.76)
$Cons$	−6.588 (−1.54)	−7.167* (−1.64)	−12.352*** (−2.66)	−8.757* (−1.96)	1.260 (0.18)	−5.118 (−0.73)

续表

	(1)	(2)	(3)	(4)	(5)	(6)
	$Lntrade$		$Lnexport$		$Lnimport$	
Year	Y	Y	Y	Y	Y	Y
Country	Y	Y	Y	Y	Y	Y
Hansen J	0.4998	0.3456	0.1571	0.2822	0.8866	0.5210
N	170	170	170	170	170	170
F	471.49	448.71	539.88	515.98	231.24	217.02
R	0.9879	0.9878	0.9834	0.9854	0.9735	0.9749

注：括号内为 t 值；***、**、* 分别表示通过 1%、5%和 10%的显著性水平检验。

6.2.2 直接投资与贸易发展：文化认同的调节效应

6.2.2.1 研究假设

通过前文的文献回顾和理论分析表明，相似文化属性可以增进彼此的信任和理解，维持不同国家或经济体之间的合作与共谋，推进国家相互间的投资合作与经贸发展①。在文化认同更高的国家进行直接投资活动以降低文化交流障碍、交易成本②，提升企业获取外部资源的能力③。中国与东盟国家人缘相亲、习俗相通、文化交流源远流长，文化认同对中国与东盟国家的直接投资合作具有正向的直接和间接溢出效应④。基于此，我们提出如下假设。

假设4：文化认同可以正向调节中国对东盟国家直接投资贸易效应。

---

① Lee C W. Does religion affect international trade in services more than trade in goods? [J]. Applied financial letters, 2013, 20(10-12): 998-1002.

② Luo Y, Tung R L. International expansion of emerging market enterprises: A springboard perspective[J]. Journal of International Business Studies, 2007, 38(4): 481-498.

③ Child J, Rodrigues S B. The Internationalization of Chinese Firms: A Case for Theoretical Extension? [J]. Management and Organization Review, 2005, 1(3): 381-410.

④ 韦永贵,李红,牛晓彤. 中国—东盟文化多样性与相似性测度及其投资效应研究[J]. 世界地理研究, 2019, 28(02): 45-57.

6.2.2.2 研究设计

在前文的基础上,本节进一步分析文化认同因素对中国对东盟国家直接投资贸易效应的调节效应。实证分析主要分为三部分:一是构建回归模型;二是根据现有研究构建文化认同指标;三是纳入文化认同指标与直接投资变量的交互项,研究文化认同对直接投资贸易效应的调节效应。

6.2.2.2.1 模型构建

本节重点分析文化因素对直接投资贸易效应的调节机制,根据上述理论模型和研究目标构建模型,具体如下:

$$Lnexport_{it} = \alpha_0 + \alpha_1 Lnofdi_{it} + \alpha_2 Lnofdi_{it} \times Cul_{it} + \alpha_3 Cul_{it}$$
$$\alpha_4 \sum Control_{it} + \mu_i + u_t + \varepsilon_i \quad (6\text{-}15)$$

$$Lnimport_{it} = \beta_0 + \beta_1 Lnofdi_{it} + \beta_2 Lnofdi_{it} \times Cul_{it} + \beta_3 Cul_{it} +$$
$$\beta_4 \sum Control_{it} + \mu_i + u_t + \varepsilon_i \quad (6\text{-}16)$$

$$Lntrade_{it} = \gamma_0 + \gamma_1 Lnofdi_{it} + \gamma_2 Lnofdi_{it} \times Cul_{it} + \gamma_3 Cul_{it} +$$
$$\gamma_4 \sum Control_{it} + \mu_i + u_t + \varepsilon_i \quad (6\text{-}17)$$

6.2.2.2.2 变量解释与说明

在本节中,中国对东盟国家直接投资、进出口贸易额均与前文保持一致。在现有文献中,学术界对文化认同存在多种衡量方法,其中张帆[①]、曲如晓[②]采用中国核心文化产品出口额作为文化认同的代理变量;张文采用一国来华旅游人数作为文化认同指标的替代指标[③];彭雪清等采用佛教信仰人群占比和东盟国家华人占比来衡量文化认同[④]。上述指标均可间接衡量东盟国家对中国的单向文化认同水平,但无法有效评

---

① 张帆. 文化贸易与文化认同[J]. 思想战线,2007(03):94-98.
② 曲如晓,李婧,杨修. 文化认同对来华留学生规模的影响[J]. 经济经纬,2016,33(03):48-53.
③ 张文. 旅游与文化[M]. 北京:旅游教育出版社,2001.
④ 彭雪清,夏飞,陈修谦. 文化认同是中国对东盟文化产品出口的催化剂吗——基于LSDV的实证检验[J]. 国际经贸探索,2019,35(12):57-69.

估国家彼此间的双向文化认同程度。因此,本书采用刘洪铎等[1]的方法构建中国与东盟国家文化认同综合指标,具体如下：

$$Cul_{ic}^1 = \frac{1}{\sum_{j=1}^{4}\left[\frac{(C_{ij}-C_{cj})^2}{V_j}\right]}{4} + \frac{1}{T_{ic}}} \quad (6-18)$$

$$Cul_{ic}^2 = \frac{1}{\sqrt{\sum_{j=1}^{4}\left[\frac{(C_{ij}-C_{cj})^2}{V_j}\right]}{4}} + \frac{1}{T_{ic}}} \quad (6-19)$$

其中,Cul_{ic}^1、Cul_{ic}^2均表示中国与东盟国家的文化交融综合指标;i 和 c 分别表示东盟国家和中国,而 j 表示第 j 个维度的文化指数。V_j 表示中国与东盟国家在第 j 个维度上文化指数差值的额方差;T_{ic} 表示中国与东盟国家的建交年数。需要指出的是,Cul_{ic}^1 指标是基于 Kogut 和 Singh[2] 的方法的一种变形,而 Cul_{ic}^2 指标则是基于毕达哥拉斯定理－欧几里得空间距离测方法的基础上构建的[3]。

6.2.2.3 回归结果分析

在前文分析的基础上,本节加入文化认同指标及其与东盟直接投资的交互项,得到的回归结果如表 6-4 所示。从表 6-4 第(1)~(6)可以看到,文化认同对直接投资贸易效应的交互作用存在差异性。第(1)、(4)和(6)列中,文化认同指标系数为正,且在 1% 水平上显著,这表明国家间文化认同将显著地促进中国与东盟国家之间的进出口贸易,这与施炳展[4]、康继军等[5]、汪颖[6]的研究结论保持一致。在出口贸易和总贸易额

---

[1] 刘洪铎,李文宇,陈和. 文化交融如何影响中国与"一带一路"沿线国家的双边贸易往来——基于 1995—2013 年微观贸易数据的实证检验[J]. 国际贸易问题,2016(02):3-13.

[2] Kogut B, Nath R. The Effect of National Culture on the Choice of Entry Mode[J]. Journal of International Business Studies, 1988, 19(3):411-432.

[3] 刘洪铎,李文宇,陈和. 文化交融如何影响中国与"一带一路"沿线国家的双边贸易往来——基于 1995—2013 年微观贸易数据的实证检验[J]. 国际贸易问题,2016(02):3-13.

[4] 施炳展. 文化认同与国际贸易[J]. 世界经济,2016,39(05):78-97.

[5] 康继军,孔明星,谈笑. 文化认同对中国出口分行业贸易影响分析[J]. 国际贸易问题,2019(01):67-79.

[6] 汪颖. 边界条件下文化近似对"一带一路"沿线国家双边贸易的影响[J]. 当代财经,2021(07):103-113.

第6章 直接投资与双边贸易：间接效应和调节效应视角

样本,文化认同与直接投资的交互项在统计学意义上不显著。中国企业在东南亚国家开展直接投资活动也存在开拓区域市场的动机,不同国家文化认同水平存在差异,使得企业在进口国内产品时也存在选择性差异。然而,在进口贸易样本中,文化认同与直接投资的交互项显著为正,且在1%水平上显著,这表明直接投资可以促进中国对东盟国家进口贸易,但这种效应也会受到国家间文化认同的约束性影响,即文化认同可以正向提升直接投资的进口贸易效应。可能原因是中国企业将中低端生产环节布局在东盟国家,利用东盟国家的劳动力、资源禀赋优势生产初级产品和贸易中间品,并返销至国内进行深加工和装配生产。在这一过程中,跨国企业将贸易生产要素配置和中间产品的使用统一在特定的行政范围管辖之内,而文化认同水平越高,将减少企业设立和经营过程中的内部化成本,更好地刺激直接投资企业使用东盟国家的初级产品和贸易中间品,以提升其产品的国际化属性。

表6-4 回归结果分析

Table 6-4 Results of Regression Analysis

	(1)	(2)	(3)	(4)	(5)	(6)
	$Lntrade$		$Lnexport$		$Lnimport$	
$Lnofdi$	0.218*** (4.22)	0.177*** (3.00)	0.209*** (3.09)	0.172** (2.30)	0.287*** (2.88)	0.083 (0.73)
$Lndis \times Cul$		0.115 (1.48)		0.095 (1.08)	—	0.643*** (4.32)
Cul	437.720*** (7.62)	424.492*** (7.27)	196.624*** (2.96)	186.382*** (2.74)	915.544*** (9.76)	838.174*** (9.05)
$Lnpgdp\_CHN$	−5.782*** (−6.41)	−5.589*** (−6.09)	01.699* (−1.69)	−1.529 (−1.49)	−13.570*** (−9.21)	−12.538*** (−8.60)
$Lnpgdp\_Host$	1.718*** (5.37)	1.623*** (4.96)	0.137 (0.37)	0.055 (0.14)	4.410*** (8.86)	3.891*** (8.15)
$Lndis$	80.099*** (7.90)	78.024*** (7.59)	37.007*** (3.16)	35.421*** (2.96)	165.678*** (9.99)	153.436*** (9.37)

续表

	(1)	(2)	(3)	(4)	(5)	(6)
	$Lntrade$		$Lnexport$		$Lnimport$	
$Lang$	6.941***	6.814***	4.277***	4.211***	13.134***	12.236***
	(7.08)	(6.96)	(3.46)	(3.42)	(7.99)	(7.62)
Res	0.010**	0.008*	0.004	0.002	0.031***	0.019**
	(2.45)	(1.76)	(0.97)	(0.51)	(4.22)	(2.18)
$Open$	0.988***	0.947***	0.923***	0.888***	1.268***	1.039***
	(10.33)	(9.32)	(8.62)	(8.06)	(7.53)	(5.66)
$Exchan$	0.152**	0.171**	0.040	0.055	0.416***	0.520***
	(2.39)	(2.54)	(0.60)	(0.83)	(3.71)	(4.02)
$Cons$	−1076.0***	−1047.118***	−493.310***	−471.265***	−2235.33***	−2064.816***
	(−7.84)	(−7.51)	(−3.10)	(−2.90)	(−9.94)	(−9.31)
$Year$	Y	Y	Y	Y	Y	Y
$Country$	Y	Y	Y	Y	Y	Y
$Hansen\ J$	0.1885	0.1885	0.1885	0.3903	0.4434	0.2559
N	170	170	170	170	170	170
F	488.94	422.86	569.54	520.90	201.56	200.73
R^2	0.9866	0.9867	0.9833	0.9834	0.9699	0.9713

注：括号内为 t 值；***、**、* 分别表示通过 1%、5%和 10%的显著性水平检验。

6.2.3 直接投资与贸易发展：制度距离的调节效应

6.2.3.1 研究假设

从现有文献看，众多学者在制度距离与直接投资、双边贸易等研究方向进行了较为广泛的研究，取得了丰硕的研究成果。然而，学术界对制度距离与直接投资贸易效应的内在关系关注度不够全面。近两年,有学者陆续关注这一研究领域,并得到了一系列研究结论。赵赛采用制度质量与直接投资进行交互分析,研究认为不同国家的制度质量在中国直接投资的贸易效应中所产生的异质性,其中东南亚地区良好的制度在中国直接投资的贸易效应中起到了明显的阻碍作用[①]。更多的学者则从制度距离的视角进行分析,谢娜研究认为制度距离差异将直接影响直接投资的贸易效应,其中在制度距离差异小的国家,直接投资存在出口创造效应,而在制度距离中等的国家则存在进口贸易创造效应[②]。聂爱云、何小钢等研究认为制度因素是直接投资贸易效应的关键因素之一,制度距离可以正向调节直接投资出口效应,且国家间的制度距离越大,对直接投资的出口带动效应越强[③]。聂世坤等研究发现中国对沿线国家的直接投资出口创造效应较小,东盟国家制度环境对直接投资出口创造效应具有正向调节作用[④]。由此可见,国家间制度距离对直接投资的贸易效应存在正向影响。基于此,本书提出如下假设:

假设5:制度距离可以正向调节中国对东盟国家直接投资贸易效应。

6.2.3.2 研究设计

在前文的基础上,本节进一步分析制度距离因素对中国对东盟国家直接投资贸易效应的调节效应。实证分析主要分为三部分:一是构建基础回归模型;二是结合现有文献研究,构建中国与东盟国家之间的制度距离指标;三是纳入制度距离指标与直接投资变量的交互项,研究制度距离对直接投资贸易效应的调节效应。

[①] 赵赛.基于制度环境视角的中国OFDI的贸易效应研究——基于"一带一路"沿线64个国家的实证分析[J].经济问题探索,2022(01):166-180.

[②] 谢娜.中国对"一带一路"沿线国家直接投资的贸易效应研究——基于制度距离差异的实证分析[J].宏观经济研究,2020,255(02):112-130+164.

[③] 聂爱云,何小钢,朱国悦,李建体.制度距离与中国对外直接投资的出口贸易效应——对"制度接近性"假说的再检验[J].云南财经大学学报,2020,36(10):20-31.

[④] 聂世坤,叶泽樱.双边关系、制度环境与中国对"一带一路"国家OFDI的出口创造效应[J].国际经贸探索,2021,37(02):67-82.

6.2.3.2.1 模型构建

本节重点分析东盟国家营商环境因素对直接投资贸易效应的调节机制,根据上述理论模型和研究目标构建模型,具体如下:

$$Lnexport_{it} = \alpha_0 + \alpha_1 Lnofdi_{it} + \alpha_2 Lnofdi_{it} \times Insd_{it} + \alpha_3 Insd_{it} + \alpha_4 \sum Control_{it} + \mu_i + u_t + \varepsilon_i \quad (6-20)$$

$$Lnimport_{it} = \beta_0 + \beta_1 Lnofdi_{it} + \beta_2 Lnofdi_{it} \times Insd_{it} + \beta_3 Insd_{it} + \beta_4 \sum Control_{it} + \mu_i + u_t + \varepsilon_i \quad (6-21)$$

$$Lntrade_{it} = \gamma_0 + \gamma_1 Lnofdi_{it} + \gamma_2 Lnofdi_{it} \times Insd_{it} + \gamma_3 Insd_{it} + \gamma_4 \sum Control_{it} + \mu_i + u_t + \varepsilon_i \quad (6-22)$$

其中,$Lnexport_{it}$为中国对东盟国家出口贸易额对数值;$Lnimport_{it}$为中国对东盟国家进口贸易量对数值;$Lntrade_{it}$为中国对东盟国家贸易总额的对数值;$Lnofdi_{it}$为中国对东盟国家直接投资存量对数值;$Insd_{it}$表示t时期中国与东盟国家的制度距离;$Control_{it}$表示其他控制变量;ε_i为误差项。

6.2.3.2.2 变量解释与说明

制度因素对直接投资都存在一定的影响,其中较低水平的制度质量会增加投资活动的不确定性和交易成本,对国家间贸易活动产生不利影响[1]。制度质量数据指标来源于全球治理指标数据库(WGI)。全球治理指标包括六个维度的指标,即政治稳定性、政府效率、监管质量、表达与问责、法制规则和腐败控制等,这些指标的取值范围为[−2.5,2.5]。参考祁春凌等[2]的做法,首先将各年份的各单项指数直接进行加总得到综合制度质量指标,然后计算东盟国家与中国在该项指数上的差距,最后取绝对值得到中国与东盟国家之间的制度距离。具体计算公式如下:

$$= Insd_{ij} = \left| \sum_{k=1}^{6} Inst_{jk} - \sum_{k=1}^{6} Inst_{ik} \right| \quad (6-23)$$

---

[1] 潘镇.制度质量、制度距离与双边贸易[J].中国工业经济,2006(07):45-52.

[2] 祁春凌,邹超.东道国制度质量、制度距离与中国的对外直接投资区位[J].当代财经,2013,344(07):100-110.

其中，$Insd_{ij}$ 表示中国与东盟国家之间的制度距离；$Inst_{jk}$ 表示东盟国家第 k 维制度质量数值，$Inst_{ik}$ 表示中国第 k 维的制度质量数值。

6.2.3.3 回归结果分析

在前文分析的基础上，本节加入制度距离指标及其与东盟直接投资的交互项，得到的回归结果如表 6-5 所示。从第(1)、(3)和(5)列可以看到，制度距离与进口贸易、贸易总额呈负相关关系，且在 1% 水平上显著，这说明制度距离越小越有利于开展进口贸易发展。然而，制度距离与出口贸易在统计学意义上不显著，这表明制度距离尚未对出口贸易产生显著性影响。可能原因是中国具有较为完善的工业体系，出口贸易商品种类丰富，存在较高的比较优势，其与东盟国家制度水平的关联度不高。对进口贸易商品而言，国家间的制度距离越小，可以有效降低多边贸易成本、提高贸易自由度，进而促进东盟国家出口贸易发展。从第(2)、(4)和(6)列可以看到，在加入制度距离与直接投资的交互项后，中国对东盟直接投资贸易效应受到制度距离的约束性影响。在进口贸易和总贸易样本中，制度距离与直接投资的交互项的系数为正，且在 1% 水平上显著，这表明制度距离可以正向调节直接投资贸易效应，即随着制度距离的增加，直接投资的偏效应会逐步提升。当制度距离每增加 1%，直接投资对进口贸易的创造效应将提升 0.149%，对总贸易的促进作用将增加 0.084%。在东盟国家中，制度质量较好的国家为新加坡，而制度质量较低的国家为缅甸、柬埔寨等，这些国家与中国的制度距离相对较大。由于经济发展水平存在差异，中国对缅甸、柬埔寨等国家直接投资主要集中在初级产品工业领域，并将这些初级产品或原料进口至国内进行深加工。相反，中国对新加坡等国家的直接投资主要集中在金融业、高新技术产业，其与中国产业结构和贸易结构的互补性较强。然而，在出口贸易样本中，制度距离与直接投资的交互项的系数为正，但在统计学意义上不显著。可能原因在于制度距离大且制度质量较低的缅甸、柬埔寨等国家主要供给初级产品或原材料，其对进口贸易产品的需求有限。同时，中国企业对制度距离相差较小的马来西亚、印尼、菲律宾和越南等国家的直接投资集中在制造业领域，中国与东盟国家存在较为紧密的产业内和产业间贸易行为。

表 6-5 回归结果分析
Table 6-5 Results of Regression Analysis

变量名	(1)	(2)	(3)	(4)	(5)	(6)
	$Lntrade$		$Lnexport$		$Lnimport$	
$Lnofdi$	0.240*** (4.51)	0.117* (1.93)	0.215*** (3.01)	0.197*** (2.77)	0.327*** (3.41)	0.109 (1.02)
$Lndis \times Insd$	—	0.084*** (3.62)	—	0.012 (0.57)	—	0.149*** (3.69)
	−0.529*** (−3.31)	−1.406*** (−4.86)	−0.106 (−0.52)	−0.234 (−0.73)	−0.981*** (−3.41)	−2.525*** (−4.85)
$Insd$	0.022 (0.08)	0.238 (0.91)	0.964*** (0.49)	0.994*** (3.16)	−1.370*** (−3.17)	−0.984** (−2.20)
$Lnpgdp\_CHN$	1.958*** (5.96)	2.093*** (6.54)	0.185 (0.49)	0.205 (0.56)	4.854*** (10.68)	5.092*** (10.78)
$Lnpgdp\_Host$	−0.106 (−0.25)	0.285 (0.65)	1.007** (2.10)	1.064** (2.06)	−2.052*** (−3.38)	−1.361** (−2.08)
$Lndis$	−7.863*** (−7.24)	−9.161*** (−8.69)	−2.314* (−1.88)	−2.505** (−2.15)	−17.767*** (−10.92)	−20.053*** (−11.55)
$Lang$	0.009** (2.23)	0.009** (2.46)	0.004 (0.91)	0.004 (0.92)	0.029*** (4.12)	0.029*** (4.28)
Res	0.965*** (10.04)	1.191*** (10.35)	0.918*** (8.58)	0.951*** (6.92)	1.225*** (7.53)	1.623*** (8.39)
$Open$	0.261*** (3.67)	0.283*** (4.00)	0.061 (0.71)	0.065 (0.75)	0.617*** (5.40)	0.656*** (5.37)
$Cons$	−2.719 (−0.61)	−9.403** (−1.98)	−11.557** (−2.46)	12.516** (−2.34)	9.167 (1.44)	−2.642 (−0.37)
Year	Y	Y	Y	Y	Y	Y
Country	Y	Y	Y	Y	Y	Y

续表

变量名	(1)	(2)	(3)	(4)	(5)	(6)
	\multicolumn{2}{c}{$Lntrade$}	\multicolumn{2}{c}{$Lnexport$}	\multicolumn{2}{c}{$Lnimport$}
$Hansen\ J$	0.8226	0.5593	0.2195	0.3925	0.2355	0.4038
N	170	170	170	170	170	170
F	526.22	534.78	550.55	540.95	224.10	200.27
R^2	0.9871	0.9885	0.9832	0.9834	0.9716	0.9736

注：括号内为 t 值；***、**、*分别表示通过 1%、5%和 10%的显著性水平检验。

6.3 本章小结

本章采用中介效应和调节效应模型，重点分析了中国对东盟直接投资与贸易的间接效应以及外部因素对二者的调节作用。从间接效应角度看，中国对东盟国家直接投资贸易效应主要有两条作用路径：从宏观角度看，中国对东盟国家直接投资可以促进东盟国家产业结构升级，且产业结构升级变量存在完全中介效应，即中国对东盟国家直接投资通过促进东盟国家产业升级，进而促进双边进出口贸易发展。从微观角度看，中国对东盟国家直接投资可以提升东盟国家全要素生产率，而全要素生产率的提升可以促进东盟国家对中国出口贸易发展，但尚不能有效提升对中国贸易产品的进口。从总体上看，中国对东盟国家直接投资可以促进贸易发展，但全要素生产率仅存在部分中介效应。从调节效应角度看，中国对东盟国家直接投资贸易效应会受到双边政治关系、文化认同以及制度距离的影响。中国与东盟国家双边政治关系改善可以有效提升直接投资的进口贸易引致效应，但政治关系与出口贸易呈负相关关系，即中国与东盟国家关系的改善无法有效促进对东盟国家的出口贸易发展。文化认同对直接投资贸易效应的交互作用存在差异性，文化认同可以有效提升中国对东盟国家直接投资进口贸易效应，但国家间文化认同尚不能有效增强中国对东盟国家直接投资出口贸易效应。制度距离越小越有利于开展进口贸易发展。然而，制度距离与出口贸易在统计学意义上不显著,这表明制度距离尚未对出口贸易产生显著性影响。

通过前文的分析,本书较为全面地分析了中国对东盟直接投资与双边贸易的直接效应、间接效应以及外部因素的调节效应,形成了相对完整的直接投资贸易效应的研究框架体系,也得到了较为合理的研究结论。然而,进一步分析中国对东盟投资贸易发展和可拓展空间,将其作为发挥中国对东盟直接投资贸易效应的基础,这也是下一步值得研究的问题。

第 7 章 中国与东盟投资贸易发展的潜力分析

通过前述章节的定性和定量的分析,本书较为全面地分析了中国对东盟直接投资与双边贸易的直接效应、间接效应以及外部因素的调节效应。结果表明中国对东盟直接投资对双边贸易存在较为明显的创造效应,且直接投资主要通过可以促进东盟国家产业结构升级和生产效率提升,进而促进双边贸易发展。同时,这种直接投资贸易效应也受到双边政治关系、文化认同和制度距离的约束性影响。现阶段,中国对东盟国家直接投资加速了区域分工网络的构建,推动了双边贸易的高速发展。然而,中国对东盟直接投资贸易效应也存在一些问题和挑战,这在一定程度上制约了中国对东盟直接投资贸易效应的发挥。在区域全面经济伙伴关系协定(RCEP)顺利签署以及中国—东盟自贸区 3.0 建设的背景下,直接投资是构建跨区域产业内分工的重要方式,其促进双边贸易发展仍存在较大的潜力。通过分析和挖掘中国与东盟双边贸易潜力,将促使中国更好地发挥以直接投资推进双边贸易发展的重要作用。因此,我们有必要对直接投资促进贸易发展的潜力进行研究,明晰现阶段中国与东盟国家双边贸易额的拓展空间。为此,本章继续进行拓展分析,借鉴文淑惠和张昕[1]、潘伟康[2]的方法,在考虑直接投资贸易效应的基础上,采用随机前沿模型和贸易非效率模型测度双边的贸易效率和贸易额潜力值,分析中国与东盟国家之间的动态贸易发展效率和可拓展空间,进一步突出中国对东盟直接投资以及发挥中国对东盟直接投资贸易效应的重要性。

---

[1] 文淑惠,张昕. 中南半岛贸易潜力及其影响因素——基于随机前沿引力模型的实证分析[J]. 国际贸易问题,2017,418(10):97-108.
[2] 潘伟康. 农业 FDI 的贸易效应及其微观解释[D]. 浙江大学,2018.

7.1 基于随机前沿引力模型的分析

7.1.1 随机前沿模型的引入

随机前沿引力模型是基于传统引力模型演化发展起来的,最早源于由 Aigner et al.[1] 和 Meeusen et al.[2] 提出的随机前沿引力分析方法来分析生产函数中的技术效率问题,并在此基础上将随机扰动项分解成误差项和非效率项。该模型中无效率项是为了衡量一个国家实际产出与生产潜力之间的差距,即效率损失,而所谓"潜力"则是指生产能力可以达到的最优值,是"前沿"的体现。该模型时期决策单元的生产函数为:

$$Y_{it} = f(X_{it}, \beta)\exp(v_{it} - u_{it}) \qquad (7\text{-}1)$$

$$Y_{it}^* = f(X_{it}, \beta)\exp(v_{it}) \qquad (7\text{-}2)$$

$$TE_{it} = \frac{y_{it}}{y_{it}^*} = \exp(-u_{it}) \qquad (7\text{-}3)$$

其中,Y_{it} 表示 t 时期决策单元 i 的实际产出,X_{it} 表示 t 时期影响决策单元 i 产出的 K 个生产投入;β 为系数;v_{it} 表示随机误差项,表示不受决策单元控制的随机因素;u_{it} 为非负无效率项,全部不可观测的非效率因素;Y_{it}^* 表示 u_{it} 取值为 0 时达到的随机生产边界;TE_{it} 为技术有效性,即实际产出与生产可能边界产出的比值,其大小取决于 u_{it},当 $u_{it} = 0$ 时,$TE_{it} = 1$,此时生产不存在技术无效率,实际产出达到产出潜力最大值;$u_{it} > 0$ 时,生产过程中存在技术无效率,此时实际产出小于生产可能边界产出,即影响效率的负面因素制约了实际产出。

由于本书面板数据的时间跨度(T)较长,应允许效率项随时间而变

---

[1] Aigner, Lovell, Schmidt. Formulation and Estimation of Stochastic Frontier Production Function Models[J]. Journal of Econometrics, 1977(6):21-37.

[2] Meeusen, Broeck. Efficiency Estimation from Cobb-Douglas Production Functions with Composed Error [J]. International Economic Review, 1977(18):435-444.

第7章 中国与东盟投资贸易发展的潜力分析

化[1],因此,本书借鉴 Wang H J[2] 的方法,采取存在时变的设定,具体表达式为:

$$u_{it}=\eta_{it}u_t=\{\exp[-\eta(t-T)]\}u_i, t\in t(i), i=1,2,3,\cdots,N \tag{7-4}$$

其中,$\exp[-\eta(t-T)]>0$,u_{it} 服从截尾正态分布,η 为待估计参数,若 $\eta>0$ 时,技术非效率随着时间的增加而变小,此时技术效率的负向影响较弱;若 $\eta<0$ 时,随着时间增加,技术非效率也将随之增加,此时技术效率的负向影响较强;若 $\eta=0$ 时,随着时间的增加,技术非效率项不变化,则为时不变随机前沿引力模型。

为克服两步法在回归分析中的缺陷,本书借鉴 Battese 和 Coelli[3]、刁莉等[4]的方法,采用"一步法"的基本形式,将技术非效率影响因素代入随机前沿函数中进行回归分析,得到 u_{it} 的估计值及影响贸易非效率的因素,随机前沿引力模型的对数形式为如下形式:

$$Lny_{it}=Lnf(x_{it},\beta)+v_{it}-(az_{ijt}+\varepsilon_{ijt}) \tag{7-5}$$

传统的贸易引力模型在分析国家间贸易问题时,会在一定程度上损失或者遗漏一些重要变量,其得到的拟合值相对贴近现实的平均值,距离贸易最优值仍存在一定的差距。然而,随机前沿生产函数模型主要分析生产效率理论和生产最优化问题研究,可直接引入国际贸易研究领域,即本质上将国家间贸易量看作经济规模、资源禀赋和社会经济制度等诸多因素共同作用的产物。此时,双边贸易量可以视为随机前沿引力模型中的产出,贸易效率则等同于生产函数的技术效率,得到贸易领域的随机前沿模型的具体形式为:

$$LnT_{ijt}=Lnf(x_{ijt},\beta)+v_{ijt}-(az_{ijt}+\varepsilon_{ijt}) \tag{7-6}$$

其中,T_{ijt} 表示 t 时期 i 国与 j 国的贸易额,x_{ijt} 表示 t 时期 i 国与 j 国的贸易额的影响因素,包括经济发展水平、地理距离、共同语言、制度

---

[1] Schmidt P, Sickles R. Production frontiers and panel data[J]. Journal of Business Economics and Statistics, 1984, 2(4): 367-374.

[2] Wang H J, Ho C W. Estimating fixed-effect panel stochastic frontier models by model transformation[J]. Journal of Econometrics, 2009, 157(2): 286-296.

[3] Battese G E, Coelli T J. A model for technical inefficiency effects in a stochastic frontier production function for panel data[J]. Empirical Economics, 1995, 20(2): 325-332.

[4] 刁莉,罗培,胡娟. 丝绸之路经济带贸易潜力及影响因素研究[J]. 统计研究, 2017, 34(011): 56-68.

环境等关键因素，β 为与关键因素相对应的待估计的参数向量；v_{ijt} 是均值为 0 的随机变量，服从正态分布；z_{ijt} 为贸易效率的阻碍因素。

7.1.2 随机前沿模型的设定

在随机前沿引力模型中，解释变量主要分为三类：一是贸易供给影响因素，主要以国内的产出水平来衡量；二是贸易需求的影响因素，主要以人口规模来衡量；三是代表两国之间阻碍双边贸易的因素，称为贸易阻力。结合实际及现有的研究成果可知，两国贸易的阻力因素主要包括自然属性和人为属性两类。根据 Armstrong S[1] 的研究，将中短期内不变的自然阻力因素作为核心变量引入模型。借鉴 Bergstrand[2]、王瑞等[3]、丁世豪[4]、王领[5]、文淑惠等[6]的做法，从出口贸易、进口和进出口贸易三个角度出发，设定 U_{ijt} 服从截尾正态分布，构建随机前沿引力模型如下：

$$LnEX_{ijt} = \alpha_0 + \alpha_1 LnPGDP_{it} + \alpha_2 LnPGDP_{jt} + \alpha_3 LnPOP_{it} + \alpha_4 LnPOP_{jt} + \alpha_5 LnOfd_{ijt} + \alpha_6 LnDis_{ij} + \alpha_7 Board_{ij} + \alpha_8 Lang_{ij} + V_{ijt} - U_{ijt}$$
(7-7)

$$LnIM_{ijt} = \beta_0 + \beta_1 LnPGDP_{it} + \beta_2 LnPGDP_{jt} + \beta_3 LnPOP_{it} + \beta_4 LnPOP_{jt} + \beta_5 LnOfd_{ijt} + \beta_6 LnDis_{ij} + \beta_7 Board_{ij} + \beta_8 Lang_{ij} + V_{ijt} - U_{ijt}$$
(7-8)

---

[1] Armstrong S. Measuring Trade and Trade Potential: A Survey[J]. Crawford School Asia Pacific Economic Paper, 2007(368): 1-19.

[2] BERGSTRAND J H. The generalized gravity equation, monopolistic competition, and the factor proportions theory in international trade[J]. Review of Economics & Statistics, 1989, 71(1): 143-153.

[3] 王瑞，王永龙. 我国与"丝绸之路经济带"沿线国家农产品进口贸易研究[J]. 经济学家，2017(04): 97-104.

[4] 丁世豪，何树全. 中国对中亚五国农产品出口效率及影响因素分析[J]. 国际商务（对外经济贸易大学学报），2019(05): 13-24.

[5] 王领，陈珊. 孟中印缅经济走廊的贸易效率及潜力研究——基于随机前沿引力模型分析[J]. 亚太经济，2019(04): 47-54+150-151.

[6] 文淑惠，张昕. 中南半岛贸易潜力及其影响因素——基于随机前沿引力模型的实证分析[J]. 国际贸易问题，2017(10): 97-108.

第7章 中国与东盟投资贸易发展的潜力分析

$$LnTrade_{ijt} = \gamma_0 + \gamma_1 LnPGDP_{it} + \gamma_2 LnPGDP_{jt} + \gamma_3 LnPOP_{it} + \gamma_4 LnPOP_{jt} +$$
$$\gamma_5 LnOfd_{ijt} + \gamma_6 LnDis_{ij} + \gamma_7 Board_{ij} + \gamma_8 Lang_{ij} + V_{ijt} - U_{ijt}$$
$$(7-9)$$

其中,EX_{ijt}、IM_{ijt} 和 $Trade_{ijt}$ 分别表示 t 时期 i 国对 j 国出口、进口和进出口贸易额;$PGDP_{it}$、$PGDP_{jt}$ 表示 t 时期 i 国和 j 国的人均 GDP;POP_{it}、POP_{jt} 表示 t 时期 i 国和 j 国人口规模;Ofd_{ijt} 表示 t 时期 i 国对 j 国直接投资存量额;Dis_{ij} 表示 i 国和 j 国之间的地理距离;$Lang_{ij}$ 表示 i 国和 j 国是否有共同语言,若两国之间存在共同语言,则取值为 1,否则取值为 0。

在贸易非效率模型中,应将影响贸易流量的人为因素纳入其中[1]。然而,盲目随意选取贸易非效率中的人为因素可能导致研究结果的主观性。为此,本书借鉴刘宏曼等[2]、李村璞等[3]、文淑慧等[4]、丁世豪等[5]、王勇等[6]的做法,将贸易非效率模型的解释变量分为三组,即区域组织与自由贸易协议变量;经济制度环境变量;贸易便利化水平变量。

$$u_{ijt} = \alpha_0 + \alpha_1 FTA_{ijt} + \alpha_2 WTO + \alpha_3 Tra_{jt} + \alpha_4 Mon_{jt} +$$
$$\alpha_5 Fin_{jt} + \alpha_6 Free_{jt} + \alpha_7 Infs_{jt} + \alpha_8 Gee_{jt} + \varepsilon_{ijt} \quad (7-10)$$

其中,被解释变量 u_{ijt} 表示贸易非效率,FTA_{ijt} 表示 i 国与 j 国是否存在共同的区域协定;WTO 表示 i 国和 j 国是否是世界贸易组织成员国,双方均加入世界贸易组织的年份开始赋值为 1,否则为 0[7];Tra_{jt} 表示 t 时期 j 国的贸易自由度;Fin_{jt} 表示 t 时期 j 国的金融自由度;Mon_{jt} 表示 t 时期 j 国的货币自由度;$Free_{jt}$ 表示 t 时期 j 国的经济自由度。

---

[1] AMSTRONG S P. Measuring trade and trade potential: a survey[R]. Crawford School Asia Pacific Economic Paper, 2007(368): 1-19.

[2] 刘宏曼,王梦醒. 制度环境对中国与"一带一路"沿线国家农产品贸易效率的影响[J]. 经济问题,2017(07):78-84.

[3] 李村璞,柏琳,赵娜. 中国与东南亚国家贸易潜力及影响因素研究——基于随机前沿引力模型[J]. 财经理论与实践,2018,39(05):122-127+147.

[4] 文淑惠,张昕. 中南半岛贸易潜力及其影响因素——基于随机前沿引力模型的实证分析[J]. 国际贸易问题,2017(10):97-108.

[5] 丁世豪,何树全. 中国对中亚五国农产品出口效率及影响因素分析[J]. 国际商务(对外经济贸易大学学报),2019(05):13-24.

[6] 王勇,黎鹏. 基于新经济地理"3D"框架的中国与 RCEP 伙伴国贸易效率影响因素研究[J]. 经济经纬,2021,38(05):51-60.

[7] 张艳艳,印梅. 中国对"一带一路"国家出口贸易效率及影响因素[J]. 首都经济贸易大学学报,2018,20(05):39-48.

Tra_{jt}、Fin_{jt}、Mon_{jt}、$Free_{jt}$ 的指标取值范围为[0,100],得分越高表明该国经济制度环境越好,市场程度越高,有利于提升贸易效率;$Infs_{jt}$表示基础设施水平,采用每百人互联网用户数量来衡量;Gee_{jt}表示 t 时期 j 国政府治理水平,政府治理水平越高,贸易阻力越小,国家间经贸合作的效率越高。

7.2 变量选取及数据说明

7.2.1 基本模型的变量选取

(1)$PGDP_{it}$ 与 $PGDP_{jt}$,分别表示中国与东盟国家 t 时期人均 GDP,用来衡量中国与东盟国家经济发展水平。根据现有研究表明,一国的经济发展水平往往决定着其国际市场地位,其与进口、出口贸易规模呈正相关关系。因此,预期 $PGDP_{it}$ 与 $PGDP_{jt}$ 的符号为正。

(2)POP_{it} 与 POP_{jt},分别表示中国与东盟国家 t 时期人口规模,代表国内市场规模。一般而言,一国的国内市场越大,其在国际市场上的供给和需求能力越强,与双边贸易量成正比。因此,预期 POP_{it} 与 POP_{jt} 符号为正。

(3)Ofd_{it},表示中国对东盟国家直接投资存量额。根据现有文献研究表明,企业开展直接投资活动可以构建跨区域的分工网络,存在明显的溢出效应,可以有效地促进双边贸易发展。因此,预期 Ofd_{it} 的符号为正。

(4)Dis_{ij} 为地理特征因素,表示中国与东盟国家之间的地理距离,代表两国之间的运输成本。本书借鉴蒋冠宏等[1]、胡兵等[2]的方法,采用人口加权的地理距离与国际油价的乘积来衡量双边距离。一般而言,出口

---

[1] 蒋冠宏,蒋殿春.中国对发展中国家的投资——东道国制度重要吗?[J].管理世界,2012(11):45-56.

[2] 胡兵,乔晶.我国对外直接投资的贸易效应及政策研究[M].北京:科学出版社,2019.

第7章 中国与东盟投资贸易发展的潜力分析

国与进口国之间的地理距离越远,进出口贸易产品的运输成本就越高,将不利于进出口贸易发展。因此,预期 Dis_{ij} 符号为负。

(5) $Lang_{ij}$ 为虚拟变量,表示是否存在共同语言。现有研究认为,共同语言有助于降低国家间交流成本,进而促进双边贸易发展。如两国之间存在共同语言,则变量取值为1;反之则取值为0。比如中国与新加坡、马来西亚存在共同语言,故该变量取值为1,其他国家的该变量取值均为0。因此,预期 $Lang_{ij}$ 符号为正。

7.2.2 贸易非效率模型变量选取

(1)贸易自由度(Tra)。该指标反映货物进出一国或地区的难易程度。

(2)金融自由度(Fin)。该指标衡量银行的经济效率和不脱离政府行政干预情况下金融业的独立性强弱程度。

(3)货币自由度(Mon)。该指标衡量一国或地区自由兑换货币的能力。

(4)经济自由度($Free$)。该指标衡量一国或地区的市场化发展程度。一般而言,经济自由化程度越高,国际贸易产生的阻力越低,反之则会产生较高的贸易阻力。

(5)政府治理水平(Gee)。政府治理水平体现了一国政府部门对公共事务的治理和社会环境的建设情况,治理水平越高说明政府行政职能的质量越高,社会环境建设得越好,对企业参与贸易活动和国家之间开展贸易活动都更加有利。该指标囊括了控制腐败、政府管制效率、政治稳定性、监管质量、法制环境、民主议政程度等六个方面内容的综合指标。具体而言,控制腐败反映一国政府官员的廉洁程度和受贿状况;政府管制效率反映了一国政府干预市场,确保微观经济有序运行的能力;政治稳定性体现了国家的主权稳定、政治系统稳定、政策稳定、政治生活秩序稳定以及社会政治心理稳定等多方面;监管质量体现了政府对各界的监管水平;法制环境反映了公众对社会规则的信任程度和遵守程度的看法。民主议政程度反映了一国的民主程度和人民的话语权。因此,政府治理水平越高,贸易阻力越小,贸易合作潜力越大。

(6)基础设施($Infs$)。一国或地区的基础设施越完善,可以有效降低贸易运输成本,进而促进进出口贸易的发展。本书采用每百人互联网数量来衡量一国的基础设施发展水平。

(7)自由贸易区(FTA)。借鉴谭秀杰和周茂荣[1]、李文霞和杨逢珉[2]的研究,如果两国签订了自由贸易协定,则数值取1,反之则数值取0。本书以2010为时间节点,规定凡是时间节点以前的年份均取值为0,时间节点以后的年份均取值为1。

(8)是否是世界贸易组织成员国(WTO)。借鉴龚新蜀等[3]的研究,均以加入世界贸易组织的年份开始赋值为1,否则为0。

7.2.3 数据来源及说明

为了拟合出更切合实际的贸易潜力值与贸易效率值,本书选取了中国与东盟10国长达18年、时间跨度为2003年至2020年的面板数据开展研究。双边进口、出口贸易数据来源于联合国贸易数据库;人均GDP数据来源于世界银行数据库,采用2010年不变价美元数据;人口规模POP数据来源于世界银行数据库;地理距离来源于法国国际经济研究所(CEPII)。具体指标来源说明如下:

表 7-1 样本数据来源说明

Table 7-1 Description of Sample Data Source

序号	变量	数据来源	单位或计算方式
1	双边贸易额	联合国贸易数据库(UN Comtrade)	亿美元
2	人均GDP	世界银行Data Bank系统数据库	亿美元
3	人口规模	世界银行Data Bank系统数据库	人

---

[1] 谭秀杰,周茂荣.21世纪"海上丝绸之路"贸易潜力及其影响因素——基于随机前沿引力模型的实证研究[J].国际贸易问题,2015(02):3-12.

[2] 李文霞,杨逢珉.中国农产品出口丝绸之路经济带沿线国家的影响因素及贸易效率——基于随机前沿引力模型的分析[J].国际贸易问题,2019(07):100-112.

[3] 龚新蜀,乔姗姗,胡志高.丝绸之路经济带:贸易竞争性、互补性和贸易潜力——基于随机前沿引力模型[J].经济问题探索,2016(10):145-154.

第7章 中国与东盟投资贸易发展的潜力分析

续表

序号	变量	数据来源	单位或计算方式
4	直接投资	商务部	亿美元
5	两国距离	法国国际经济研究所(CEPII)	Km
6	共同语言	法国国际经济研究所(CEPII)	虚拟变量
7	贸易自由度	世界银行 Data Bank 系统数据库	/
8	金融自由度	世界银行 Data Bank 系统数据库	/
9	货币自由度	世界银行 Data Bank 系统数据库	/
10	经济自由度	世界银行 Data Bank 系统数据库	/
11	基础设施水平	WDI 数据库	/
12	政府效率	WDI 数据库	/
13	是否是自由贸易区	商务部	虚拟变量
14	是否 WTO 成员国	商务部	虚拟变量

注：作者整理得到。

7.3 实证检验与分析

7.3.1 模型检验

为了更有效、准确地开展实证分析,本书首先进行分布检验和适用性检验。

7.3.1.1 分布检验

在对模型进行实证分析之前,需先对所有变量进行描述性统计,具体结果如表 7-2 所示。贸易自由度的最大值为 94.8,最小值为 47.6,这说明东盟国家间贸易自由度差异较大,其中新加坡的贸易自由度最高;货币自由度最大值为 92.952,最小值为 41.631,均值为 74.983,这表明东盟国家的货币自由度存在明显差异性,其中新加坡、泰国的货币自由度较高,而缅甸的货币自由度水平最低;金融自由度最大值为80,最小值为10,其中金融自由度水平最高的国家为新加坡,而缅甸、老挝的金融自由度水平最低;基础设施变量的最大值为95,最小值为0.024,均值为35.050,这说明东盟国家之间的基础设施水平相差悬殊。总体上看,基础设施的离散程度较高,而其他变量的均值大于标准差,总体上呈现正态分布。

表 7-2 变量含义及描述性统计

Table 7-2 Variable Meaning and Descriptive Statistics

变量	定义	最小值	最大值	均值	标准偏差
$LnExport_{it}$	中国对东盟出口贸易额对数值	8.128	16.247	13.417	1.869
$LnImport_{it}$	中国对东盟进口贸易额对数值	7.021	15.876	12.988	2.281
$LnTrade_{it}$	中国对东盟进出口贸易额对数值	9.301	16.771	14.025	1.900
$LnPGDP_{it}$	中国人均国民生产总值对数值	6.002	11.021	8.325	1.349
$LnPGDP_{jt}$	东盟各国人均国民生产总值对数值	3.565	10.217	7.735	1.795
$LnPOP_{it}$	中国国内总人口的对数值	11.766	11.851	11.811	0.026
$LnPOP_{jt}$	东盟各国人口总数对数值	3.565	10.217	7.735	1.795
$LnOfd_{it}$	中国对东盟国家直接投资额对数值	2.565	15.605	11.233	2.323
Dis_{ij}	中国和东盟各国的双边距离	12.011	13.955	13.069	0.427
$Lang_{ij}$	是否有共同语言	0	1	0.3	0.459
$Board_{ij}$	是否具有边界	0	1	0.2	0.401
Tra_{jt}	贸易自由度	47.6	94.8	74.770	9.523
Mon_{jt}	货币自由度	41.631	92.952	74.983	8.399
Fin_{jt}	金融自由度	10	80	44.333	18.250
$Free_{jt}$	经济自由度	20	100	60.527	19.527
$Infs_{jt}$	基础设施水平	0.024	95	35.050	28.010
Gee_{jt}	政府效率	−1.618	2.437	0.125	1.013
FTA_{jt}	是否是自由贸易区	0	1	0.611	0.489
WTO_{ijt}	是否WTO成员国	0	1	0.922	0.269

注:根据stata整理所得。

7.3.1.2 适用性检验

由于随机前沿引力模型的估计结果与模型设定形式高度相关,因此在进行随机前沿模型分析前,本书首先采用似然比检验对该模型的适用性进行分析,并依据检验结果适当调整模型的形式。考虑到本书设定的函数形式,先进行如下3个检验:贸易非效率项的存在性检验;是否引入边界变量的检验;是否引入共同语言的检验。

参照 Battese 和 Corra[1]、严佳佳和刘永福[2]、陈创练和谢学臻等[3]的研究进行适用性检验,通常对于研究对象是否适用随机前沿引力模型的检验有两种方法,即误差项中技术无效率项所占比重检验(γ 检验法)和广义似然比检验(LR 检验法),其基本表达式如下:

$$\gamma = \frac{\sigma_u^2}{\sigma_v^2 + \sigma_u^2} \quad (7-11)$$

$$LR = -2 \times \left\{ Ln \left[\frac{L(H_0)}{L(H_1)} \right] \right\} \quad (7-12)$$

其中,σ_v^2 和 σ_u^2 分别表示非效率项和随机误差项方差。在 γ 检验法中,如果 γ 值越接近 1,则表明 σ_v^2 的值越小,且接近于 0,即技术无效率项在随机误差项中起主导作用,引入技术无效率项是合理的;相反,如果 γ 值接近 0,则表明 σ_v^2 的值越大,且接近于无穷,即非技术效率项在随机误差项中起决定性作用,此时没有引入技术无效率项的必要性,采用普通最小二乘法也可以进行分析。在公式(7-12)中,原假设 H_0 为"不存在贸易非效率项",备择假设 H_1 为"存在贸易非效率项",$L(H_0)$ 为原假设 H_0 条件下的对数似然值,而 $L(H_1)$ 则为备择假设 H_1 条件下的对数似然值。一般认为 LR 检验统计量服从一定自由度条件下的混合卡方分布,在随机前沿引力模型中,可以通过 LR 统计量与混合卡方分布表来确定是否有必要引入无效率因素。若该项 LR 统计量大于临界值,模型拒绝原假

---

[1] Battese G E, Corra G S. Estination of a production frontier model: with application to the pastoral zone of eastern Australia[J]. Australian Journal of Agricultural Economics. 1977, 21(3):169-179.

[2] 严佳佳,刘永福,何怡. 中国对"一带一路"国家直接投资效率研究——基于时变随机前沿引力模型的实证检验[J]. 数量经济技术经济研究,2019,36(10):3-20.

[3] 陈创练,谢学臻,林玉婷. 全球贸易效率和贸易潜力及其影响因素分析[J]. 国际贸易问题,2016(07):27-39.

设,说明中国与东盟国家的贸易效率研究适用于随机前沿方法。

检验一:从表7-3所示,在出口贸易模型中,约束模型和非约束模型的对数似然值分别为-135.149、-70.164,LR统计量为129.971,大于1%的显著水平下自由度为2的卡方分布的临界值(8.27),拒绝不存在贸易非效率项的原假设,即存在贸易非效率项,这说明出口贸易模型中加入贸易的非效率项具有合理性和适用性;在进口贸易模型中,约束模型和非约束模型的对数似然值分别为-178.303、-163.631,LR统计量为29.345,大于1%的显著水平下自由度为2的卡方分布的临界值(8.27),拒绝不存在贸易非效率项的原假设,即存在贸易非效率项,这说明进口贸易模型中加入贸易的非效率项具有合理性和适用性;在进出口贸易模型中,约束模型和非约束模型的对数似然值分别为-113.706、-27.223,LR统计量为172.966,大于1%的显著水平下自由度为2的卡方分布的临界值(8.27),拒绝不存在贸易非效率项的原假设,即存在贸易非效率项,这说明进出口贸易模型中加入贸易的非效率项具有合理性和适用性。

检验二:围绕共同语言变量进行检验,原假设H_0为"不引入共同语言"变量,备择假设H_1为"引入共同语言"变量。在出口模型中,无约束的模型和有约束模型的对数似然值分别为-64.971、-108.339,大于1%的显著水平下自由度为2的卡方分布的临界值(8.27),故拒绝原假设,即在出口模型中应包含共同语言变量。在进口模型中,无约束的模型和有约束模型的对数似然值分别为-167.300、-189.862,大于1%的显著水平下自由度为2的卡方分布的临界值(8.27),故拒绝原假设,即在进出口模型中应包含共同语言变量。在进出口模型中,无约束的模型和有约束模型的对数似然值分别为-69.592、-102.639,大于1%的显著水平下自由度为2的卡方分布的临界值(8.27),故拒绝原假设,即在出口模型中应包含共同语言变量。

检验三:围绕共同边界变量进行检验,原假设H_0为"不引入共同"变量,备择假设H_1为"引入共同边界"变量。在出口模型中,无约束的模型和有约束模型的对数似然值分别为-63.323、-105.709,大于1%的显著水平下自由度为2的卡方分布的临界值(8.27),故拒绝原假设,即在出口模型中应包含共同语言变量。在进口模型中,无约束的模型和有约束模型的对数似然值分别为-165.638、-189.361,大于1%的显著水平下自由度为2的卡方分布的临界值(8.27),故拒绝原假设,即在出

第7章 中国与东盟投资贸易发展的潜力分析

口模型中应包含共同语言变量。在进出口模型中,无约束的模型和有约束模型的对数似然值分别为-70.918、-112.900,大于1%的显著水平下自由度为2的卡方分布的临界值(8.27),故拒绝原假设,即在进出口模型中应包含共同语言变量。

表7-3 随机前沿引力模型的假设检验结果
Table 7-3 Hypothesis Test Results of Random Frontier Gravity Model

模型	原假设	H0假设	非约束模型(MLE)	约束模型(OLS)	LR统计量	1%临界值	检验结论
出口模型	不存在贸易非效率	$u=0$;$\eta=0$	-70.164	-135.149	129.971	8.27	拒绝
	不引入共同边界变量	$\alpha_6=0$	-63.323	-105.709	84.772	8.27	拒绝
	不引入共同语言变量	$\alpha_7=0$	-64.971	-108.339	86.734	8.27	拒绝
进口模型	不存在贸易非效率	$u=0$;$\eta=0$	-163.631	-178.303	29.345	8.27	拒绝
	不引入共同边界变量	$\beta_6=0$	-165.638	-189.361	47.448	8.27	拒绝
	不引入共同语言变量	$\beta_7=0$	-167.300	-189.862	45.124	8.27	拒绝
进出口模型	不存在贸易非效率	$u=0$;$\eta=0$	-27.223	-113.706	172.966	8.27	拒绝
	不引入共同边界变量	$\gamma_6=0$	-70.918	-112.900	83.962	8.27	拒绝
	不引入共同语言变量	$\gamma_7=0$	-69.592	-102.639	66.095	8.27	拒绝

注:根据frontier4.1软件处理得到。

7.3.2 随机前沿引力基本模型估计结果

基于前文的检验,本节对2003—2020年随机前沿引力模型加以估计,结果如表7-4所示。γ是贸易非效率项在随机扰动项中所占的比重,在三个模型中,其数值均在0.91以上。时变系数η通过了1%水平上的显著性检验,说明贸易非效率项随时间而变化,这也佐证了采用贸易非效率模型的合理性和正确性。

从随机前沿引力基本模型主要变量上看,中国对东盟直接投资系数均在1%水平上显著为正,这与前文的结果一致,即中国对东盟直接投资存在明显的贸易创造效应。中国与东盟国家的人均GDP变量的系数为正,且在1%水平上显著,这与传统引力模型的结论保持一致,说明伴随着双边经济发展水平的增强,中国与东盟国家的贸易规模将显著提升,与预期相符。在随机前沿引力模型中,中国和东盟国家人均GDP的回归系数明显高于东盟国家人均GDP系数,表明中国的生产能力和生产水平对促进双边的贸易量作用更强。在出口模型中,地理距离变量的系数不显著,这说明中国对东盟国家出口贸易对地理距离不敏感。相反,地理距离与中国对东盟进口贸易存在负相关关系。多数东盟国家处于工业化发展初、中期,其贸易产品存在明显的同质性。在产品差异性较小的情况下,企业基于利润最大化和成本最小化的考虑,更倾向于进口邻近国家的同类贸易产品。是否有共同边界变量与中国对东盟国家出口贸易正向,而与中国对东盟国家进口贸易呈负相关关系。从地理位置上看,中国与缅甸、老挝、泰国和越南存在共同边界。相对于这些国家而言,中国有完整工业制造业生产体系,在一般贸易产品上存在比较优势,可以出口技术密集型、资本密集型的贸易产品。但是,这些国家主要向中国水果、木薯等出口初级产品或粗加工品,且较易受到贸易环境的影响。是否有共同语言变量与中国对东盟国家出口贸易呈正相关关系,且在1%水平上显著,但与中国对东盟国家出口贸易的关系不显著。这表明有共同语言的国家对中国出口贸易产品的需求量较大,而这些国家的贸易产品供给能力有限,同时也面临着其他国家贸易产品的竞争。

表7-4 随机前沿引力模型估计结果

Table 7-4 Estimation Results of Stochastic Frontier Gravity Model

变量	出口模型 回归系数	T值	进口模型 回归系数	T值	进出口模型 回归系数	T值
$LnPGDP_{it}$	5.209***	22.613	3.745***	7.712	2.206***	2.515
$LnPGDP_{jt}$	0.534***	6.593	3.309***	9.553	1.130***	8.114
$LnPOP_{it}$	0.938***	28.243	1.060	1.279	0.953***	10.441
$LnPOP_{jt}$	−59.742***	−65.996	−66.606***	−13.173	−20.525	−1.613

续表

变量	出口模型 回归系数	T 值	进口模型 回归系数	T 值	进出口模型 回归系数	T 值
$LnOfd_{it}$	0.48***	9.950	0.155**	2.080	0.57***	12.420
$LnDis_{ij}$	−0.057	−0.815	−0.317***	−2.817	−0.106	1.048
$Board_{ij}$	1.653***	5.276	−2.359***	−2.102	0.356	1.251
$Lang_{ij}$	0.553***	3.539	1.289	1.078	0.532***	3.326
常数项	662.320***	2.867	735.959***	12.731	218.772***	1.521
σ^2	2.316**	2.028	43.726*	4.993	2.011***	8.238
γ	0.955***	38.752	0.994***	646.904	0.948***	99.939
η	−2.974***	−2.247	−12.771***	−5.430	−2.709***	−1.945
LogLikehood	−70.164		−163.631		−67.833	
LR 检验	129.971		29.344		91.745	

注：根据 Frontier4.1 软件处理得到，***、**、* 分别表示通过 1%、5% 和 10% 的显著性水平检验。

7.3.3 贸易非效率模型的输出结果分析

本书采用"一步法"模型，从出口、进口和进出口三个方面进行随机前沿回归，并估计出各因素对贸易非效率的具体影响，具体估计结果见表 7-5。出口模型、进口模型以及进出口贸易整体估计效果较好，LR 值分别为 77.183、103.046、135.230，γ 值分别为 0.513、0.671、0.999，且都通过 1% 显著性检验，这说明贸易非效率项是导致双边贸易实际量与贸易前沿水平偏离的主要因素。从表 7-9 可以看到，基础设施变量系数在出口贸易模型中不显著，且在进口模型和进出口贸易模型中显著为负。可能的原因是中国与东盟国家在制造业领域存在很高的相似度，特别集中于劳动密集型产业，导致现阶段东盟国家良好的基础设施无法促使中国与东盟进出口贸易的增加①。政府治理水平与出口贸易关系不

---

① 文淑惠，张昕. 中南半岛贸易潜力及其影响因素——基于随机前沿引力模型的实证分析[J]. 国际贸易问题，2017(10):97-108.

显著,但与进口贸易和进出口贸易呈显著负相关关系,这说明政府治理水平阻碍了进口贸易和整体贸易产生了阻碍作用。一般而言,政府治理水平的提升可以促进企业发展,但是多数东盟国家的产业处于中低端水平,相对的透明的治理环境可能会降低中小企业寻租的空间,增加其在环保、劳动保护等方面的投入,加重了企业生产经营的隐性成本,进而弱化企业的贸易竞争力。相反,政治治理水平的提升可以减少进口贸易的交易费用,促进中国贸易产品更快地进入这些国家的市场。贸易自由度、货币自由度与中国对东盟国家出口贸易不相关,与进口贸易和整体贸易呈负相关关系。相对与东盟国家,中国在资本、技术方面存在较高的比较优势,贸易自由度的提升会吸引中国贸易产品进入东盟市场,而货币自由度的提升则促使资本在区域间更便捷地流入和流出,企业可以进行本地生产经营或者跨区域生产以充分运用东盟国家的劳动力、自然资源,这在一定程度上会对本地企业产生竞争压力。金融自由度与中国对东盟出口贸易呈负相关关系,但与中国对东盟进口贸易在1%水平上呈正相关关系。金融开放水平的提升将吸引中国企业开展直接投资活动,降低生产经营成本而放弃从国内出口产品至东盟国家。同时,金融自由度的提升为东盟国家企业发展提供了资金保障和支持,其可以更好地扩大生产出口贸易规模。

表7-5 贸易非效率模型估计结果

Table 7-5 Estimation Results of Trade Inefficiency Model

变量	随机前沿引力模型			变量	贸易非效率		
	出口	进口	进出口		出口	进口	进出口
$LnPGDP_{it}$	4.438*** (24.795)	6.127*** (29.216)	4.744*** (38.870)	$Infs_{jt}$	−0.010 (−1.244)	−0.016* (−1.811)	−0.006*** (−2.372)
$LnPGDP_{jt}$	0.562*** (10.814)	0.920*** (11.823)	0.661*** (11.642)	Gee_{jt}	−0.368 (−1.313)	−0.776*** (−3.149)	−0.167 (−1.545)
$LnPOP_{jt}$	0.812*** (26.688)	1.161*** (24.569)	0.945*** (36.656)	FTA_{ijt}	0.155 (0.704)	−0.543* (−1.782)	−0.399*** (−4.782)
$LnPOP_{it}$	−59.839*** (−339.187)	−88.860*** (−360.030)	−70.395*** (−408.477)	WTO_{ijt}	−0.521*** (−2.278)	−0.511* (−1.723)	−0.869*** (−7.159)
$LnDis_{ij}$	−0.190*** (−1.973)	−0.583*** (−4.859)	−0.350*** (−6.045)	Tra_{jt}	−0.018 (−1.579)	−0.054*** (−4.309)	−0.001*** (−2.631)

续表

变量	随机前沿引力模型			变量	贸易非效率		
	出口	进口	进出口		出口	进口	进出口
$Board_{ij}$	1.035*** (7.441)	1.207*** (7.804)	0.821*** (13.232)	Mon_{jt}	0.004 (0.384)	−0.037** (−2.795)	−0.002*** (−4.358)
$Lang_{ij}$	1.067*** (6.789)	0.750*** (4.290)	0.861*** (6.964)	Fin_{jt}	−0.047*** (−5.832)	0.018*** (2.544)	−0.001*** (−3.439)
$LnOfd_{ijt}$	0.175*** (5.136)	−0.027 (−0.629)	0.033** (2.074)	$Free_{jt}$	−0.016** (1.968)	−0.016 (−1.559)	−0.004 (−1.231)
常数项	671.084*** (673.323)	1000.074*** (1002.291)	809.852*** (812.345)	常数项	2.722** (2.254)	7.962*** (6.470)	5.682*** (9.109)
σ^2	0.274*** (6.210)	0.438*** (5.016)	0.156*** (20.424)	γ	0.513*** (5.017)	0.671*** (7.452)	0.999*** (2574.74)
LogLike-hood	−96.558	−127.95	−48.513	统计量	77.183	103.046	135.230

注:根据Frontier4.1软件处理得到,***、**、*分别表示通过1％、5％和10％的显著性水平检验。

7.4 贸易效率与贸易潜力测算

7.4.1 贸易效率分析

为更好地分析中国与东盟双边贸易效率,本书从平均贸易效率、出口贸易效率、进口贸易效率和进出口贸易效率这四个维度来进行分析。贸易效率取值范围为0到1。该数值越接近1,则代表贸易效率越高,贸易潜力越小;反之,则表明贸易潜力越大。

7.4.1.1 平均贸易效率

如图7-1所示,中国与东盟国家平均贸易效率存在明显的异质性特征。从出口平均效率方面来看,新加坡贸易效率平均数值高于0.7,这表明中国对新加坡的出口贸易阻力较小。其原因在于新加坡是东盟国家中唯一的发达经济体,也是国际航运枢纽和金融中心,其转口贸易发展规模较大。然而,马来西亚、文莱、越南、菲律宾等国家出口贸易效率平均值均小于 0.5,这表明中国对这些国家的出口贸易阻力较大,这也说明国家经济体量、消费能力、运输便利性、文化相似性等因素是中国企业开拓国际市场的重要影响因素[①]。在进口平均效率方面,排名前五的国家是新加坡、马来西亚、文莱、泰国和菲律宾,进口贸易平均值高于 0.75,而中国对老挝、缅甸、柬埔寨的进口贸易效率平均值均在 0.4 以下。马来西亚、泰国、菲律宾等国家具有较好的劳动力、资源禀赋,且处于工业化发展初、中期,对中国在工业制成品等领域的贸易规模较大;文莱石油、天然气资源丰富,是东南亚第三大产油国,是世界上第二大液化天然气出口国,其对中国的石油出口量较高;老挝、缅甸、柬埔寨等国家经济发展水平不高,主要生产低附加值的初级产品,贸易便利化程度不足,在一定程度上降低了中国对这些国家的进口贸易规模。从整体上看,中国对东盟国家出口贸易效率平均值明显低于进口贸易效率平均值,这说明中国对东盟国家出口贸易有待进一步提升。

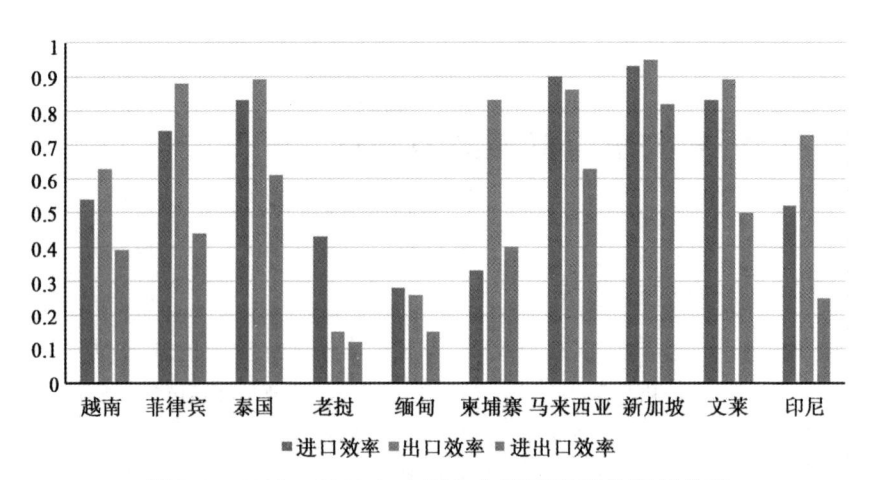

图 7-1 2003—2020 年中国与东盟国家平均贸易效率

Figure 7-1 Average Trade Efficiency between China and ASEAN Countries from 2003 to 2020

---

① 王勇,黎鹏. 基于新经济地理"3D"框架的中国与 RCEP 伙伴国贸易效率影响因素研究[J]. 经济经纬,2021,38(05):51-60.

第 7 章　中国与东盟投资贸易发展的潜力分析

7.4.1.2　出口贸易效率

本书采用 Frontier 软件输出了 2003—2020 年中国对东盟国家不同年份的出口贸易效率,如图 7-2 所示。从时间趋势上看,中国与东盟国家的出口贸易效率呈上升趋势,但是除新加坡和文莱外,中国对其他国家出口贸易效率增长较为缓慢。具体而言,中国对东盟国家出口贸易效率存在明显的差异性特征。中国对新加坡出口贸易效率保持在 0.9 以上,主要原因是新加坡地处马六甲海峡,是国际重要的贸易枢纽,班轮运输和通关效率较高。中国对越南、马来西亚、文莱、菲律宾、泰国和柬埔寨的出口贸易效率呈现波动性,但总体保持上升态势。2016—2020 年,中国对这些国家的出口贸易效率基本保持在 0.8 以上,属于出口贸易潜力开拓型。随着"一带一路"倡议和东盟国家自身发展战略的深入对接,中国企业在东盟国家投资建厂、收购兼并活动,充分利用东盟国家的比较优势,不断扩大直接投资的规模和范围,致力于构建跨区域的产业链和供应链,这也带动了中国机械设备、建筑材料、钢铁等领域产品的出口,

图 7-2　2003—2020 年中国与东盟国家出口贸易效率

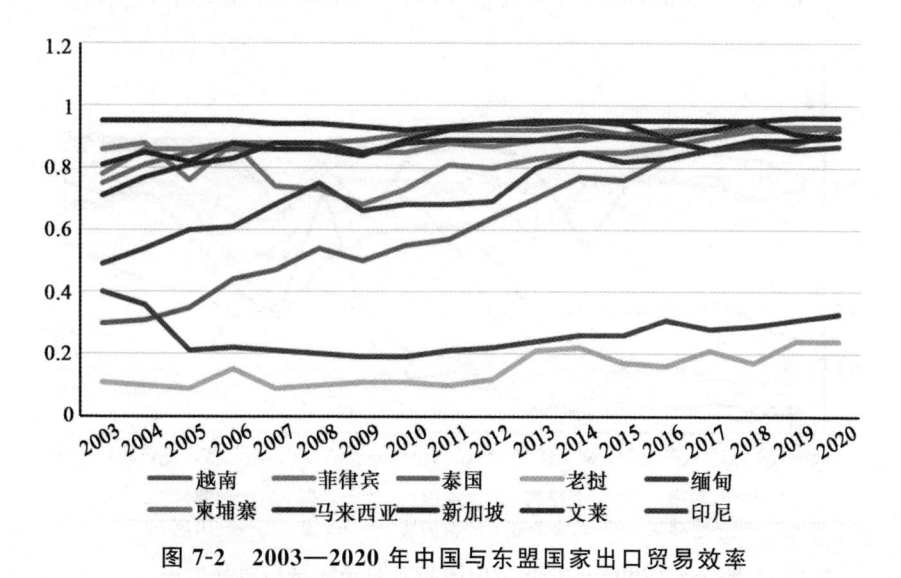

Figure 7-2　Export Trade Efficiency between China and ASEAN Countries from 2003 to 2020

与东盟国家形成了较好的产业和贸易互补性。值得关注的是,中国对缅甸和老挝的出口贸易效率基本处于0.3,远低于东盟其他国家。可能原因是老挝、缅甸经济发展水平不高,对外贸易依赖度不高,这意味着中国对缅甸和老挝的出口贸易潜力巨大。随着缅甸和老挝经济环境和贸易条件的改善,其对中国贸易产品的需求量将不断提升。

7.4.1.3 进口贸易效率

从进口贸易效率角度看,中国对东盟国家进口贸易效率总体呈现上升趋势,但是国家间存在明显的差异性和波动性特征。2003—2020年,中国对新加坡、马来西亚、菲律宾、泰国和文莱进口贸易效率基本保持在0.6以上,其中对新加坡和马来西亚进口贸易效率高于0.8。中国对越南、柬埔寨、老挝和印尼等国家的进口贸易效率呈现上升趋势,其中对缅甸和老挝进口贸易效率波动性较大。根据最近几年的进口贸易效率分布情况来看,中国对东盟国家可分为三个层次。第一层次国家的进口贸易效率值处于0.9~1的区间内,第二层次国家的进口贸易效率值处于0.7~0.89之间,而第三层次国家的进口贸易效率值处于0.7以下。

图 7-3 2003—2020 年中国与东盟国家进口贸易效率

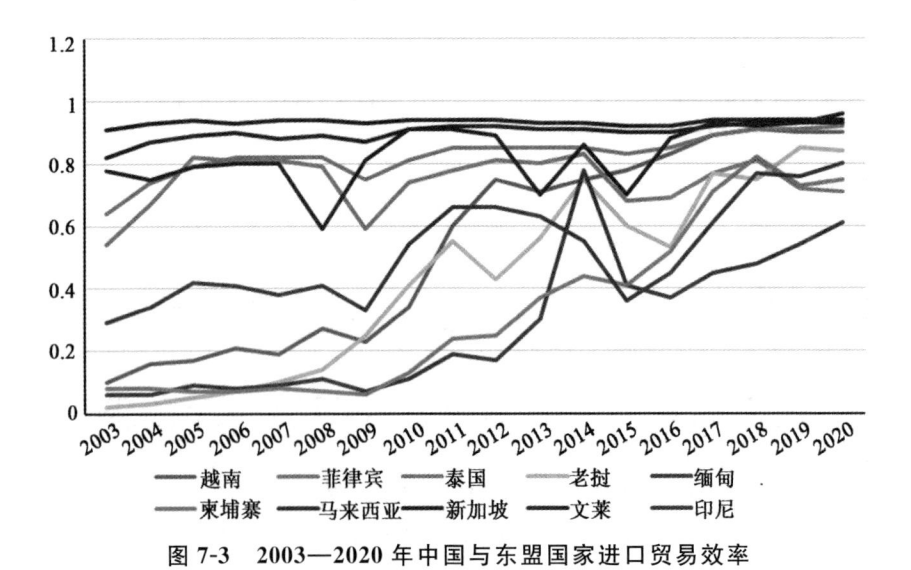

Figure 7-3 Import Trade Efficiency between China and ASEAN Countries from 2003 to 2020

现阶段,第一层次国家为新加坡、马来西亚、越南、文莱和泰国,第二层次国家为印尼、柬埔寨、老挝和菲律宾,而第三层次国家为缅甸。进口贸易效率的国家分布情况符合现实预期,从长期贸易发展的角度来看,中国对印尼、柬埔寨、老挝和菲律宾的进口贸易发展潜力巨大。

7.4.1.4 进出口贸易效率

从进出口贸易效率角度看,中国与东盟国家的贸易效率存在明显的波动性特征。从 2003—2020 年,中国与每个东盟国家的双边贸易量效率呈持续波动、缓慢上升趋势。具体而言,中国与新加坡贸易效率水平较高,其中 2020 年贸易效率达到 0.99;中国与泰国、越南、柬埔寨和马来西亚的贸易效率水平处于 0.6 左右,而中国与菲律宾、印尼、老挝和缅甸的贸易效率均在 0.4 以下。值得注意的是,中国与文莱的贸易效率存在较大波动性,2020 年双边贸易效率为 0.91,而 2019 年贸易效率仅为 0.54,主要原因可能是文莱国家经济总量较小,贸易供给和需求存在不确定性,进而导致双边贸易规模和效率波动性较大。考虑经济发展水平等因素,中国与越南、菲律宾、泰国、菲律宾和马来西亚等国家的贸易发展潜力较大。

图 7-4　2003—2020 年中国与东盟国家进出口贸易效率

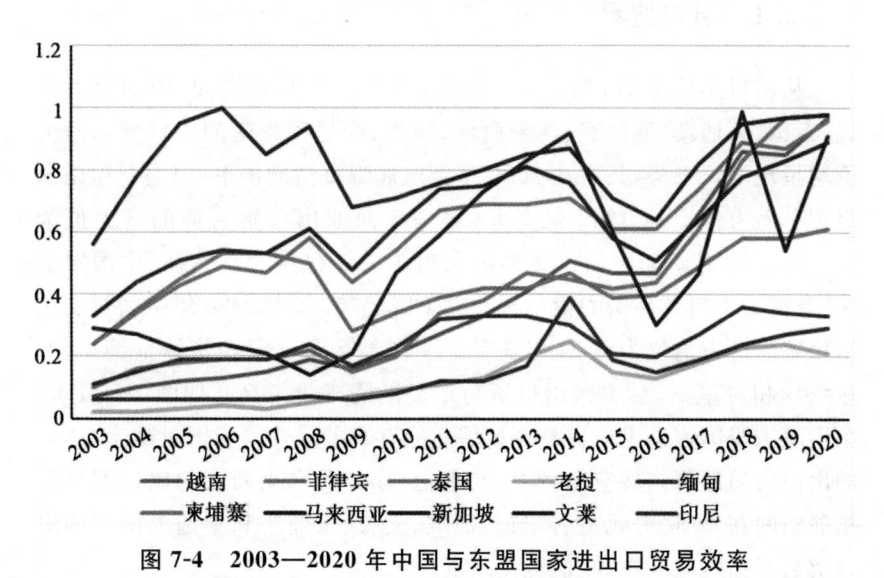

Figure 7-4　Trade Efficiency between China and ASEAN Countries from 2003 to 2020

7.4.2 贸易潜力增长点分析

在上文中测度了2003—2020年中国与东盟国家之间的出口、进口和进出口贸易效率,在一定程度上反映了中国与东盟各国的贸易发展潜力,然而这仍无法有效和直观体现中国与东盟国家之间的贸易发展空间。因此,本节利用贸易效率值进一步计算中国与东盟国家出口、进口和进出口贸易潜力值。本研究将侧重考察2013年及以后的中国与东盟国家贸易潜力值。首先,将回归结果带入公式求得贸易非效率项 u 的值,再根据公式(7-3)计算贸易潜力指数 TE,并带入实际贸易值,最后估计出贸易潜力值。贸易潜力指数越大意味着实际贸易值越接近于前沿值,说明双边贸易可开拓的潜力空间越小。其次,计算贸易拓展空间指数的值,具体计算公式为:拓展空间指数＝(贸易潜力/实际贸易额－1)＊100％。基于上述计算,可得中国与东盟各国贸易合作的潜力。

7.4.2.1 出口贸易

从出口角度来看,如表7-6所示,2013—2020年期间,中国对新加坡、泰国、柬埔寨、菲律宾、马来西亚、缅甸、印尼和越南的出口贸易潜力值均呈现增长态势,其中在2020年新冠病毒疫情冲击下,中国对越南出口贸易潜力值高达1242亿美元,对马来西亚出口贸易额的潜力值为630亿美元,对新加坡出口贸易潜力值为601亿美元。然而,中国对文莱、老挝的出口贸易潜力值呈现波动下降趋势,其中2020年中国对文莱出口贸易潜力值仅为5.21亿美元。主要原因是文莱经济体量偏小,产业结构相对单一,对中国出口贸易产品的需求量不高。如图7-5所示,中国对东盟国家的出口贸易可拓展空间存在差异性。中国对越南、缅甸的出口贸易额可拓展空间较大,与老挝、印尼和马来西亚的出口贸易可拓展空间在50亿美元左右,与新加坡、文莱、柬埔寨和泰国等国家的出口贸易可拓展空间在50亿美元以下。

第 7 章 中国与东盟投资贸易发展的潜力分析

表 7-6 2013—2020 年中国对东盟各国的出口贸易潜力值(单位:亿美元)

Table 7-6 Potential Value of China's Export Trade to ASEAN Countries from 2013 to 2020 (USD 100 million)

国家/年份	2013	2014	2015	2016	2017	2018	2019	2020
新加坡	480.25	512.56	545.41	467.90	473.12	521.75	574.64	601.90
马来西亚	515.71	507.26	488.83	423.41	483.97	515.48	589.82	630.33
印度尼西亚	464.27	459.14	417.17	387.56	403.19	492.51	528.78	473.34
越南	692.56	830.05	870.08	732.75	835.11	962.74	1117.13	1242.99
泰国	354.20	369.66	421.22	409.58	417.70	465.17	494.16	542.93
柬埔寨	40.92	38.72	44.31	45.17	53.15	65.72	87.21	87.10
菲律宾	223.54	263.36	292.42	324.89	347.13	378.00	438.47	448.34
文莱	18.03	18.44	14.97	5.65	6.92	16.86	7.12	5.21
老挝	81.71	84.28	73.79	63.13	68.65	84.59	74.57	63.02
缅甸	301.62	354.90	367.03	265.58	316.75	362.19	403.73	385.23

注:表中结果为作者计算得到。

图 7-5 中国对东盟国家出口贸易可拓展空间

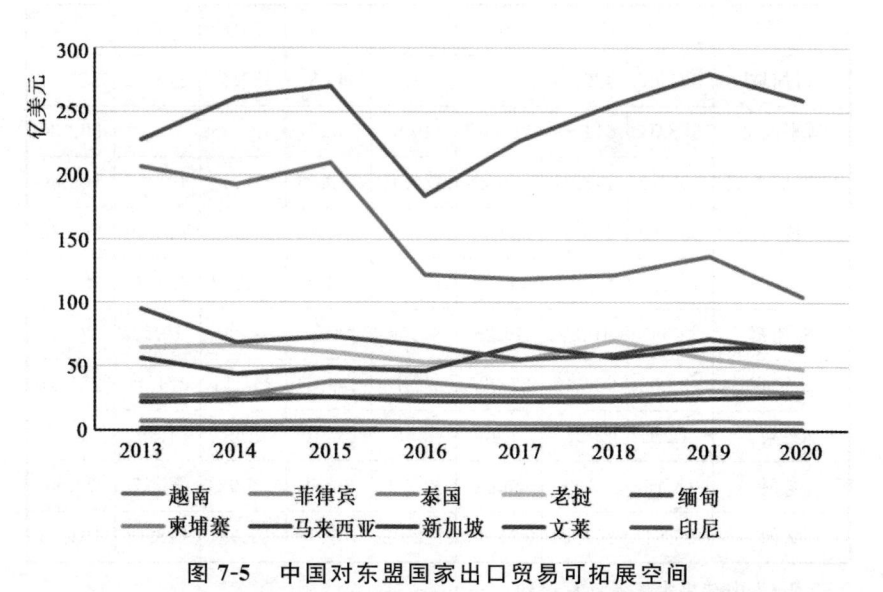

Figure 7-5 Possible Expansion Space of China's Export Trade to ASEAN Countries

7.4.2.2 进口贸易

从进口角度来看,如表 7-7 所示,中国对东盟国家进口贸易潜力值均低于 1000 亿美元,与实际进口贸易值差距不大。中国对越南、马来西亚等国家的进口贸易潜力高于 800 亿美元,对新加坡、印尼、泰国等国家的进口贸易潜力值均处于 300～600 亿美元之间,对缅甸、柬埔寨、菲律宾和文莱的进口贸易潜力值均小于 280 亿美元。其主要原因是中国对东盟国家进口贸易不存在贸易壁垒,贸易发展效率水平较高,但是东盟国家自身产业结构和经济发展水平不高,贸易产品供给能力不高,且市场竞争能力不强。如图 7-6 所示,中国对印尼进口贸易可拓展空间明显高于其他国家,2013—2020 年进口贸易潜力值与实际进口值的差额均在 100 亿美元以上。2013—2020 年中国对菲律宾、越南和马来西亚的进口贸易可拓展空间基本处于 50 亿美元至 100 亿美元之间。

表 7-7 2013—2020 年中国对东盟各国的进口贸易潜力值(单位:亿美元)

Table 7-7 Potential Value of China's Import Trade with ASEAN Countries from 2013 to 2020(USD 100 million)

国家/年份	2013	2014	2015	2016	2017	2018	2019	2020
新加坡	321.67	329.83	298.91	283.13	365.80	357.85	374.02	336.31
马来西亚	658.54	611.79	594.67	549.36	593.77	677.66	773.51	802.35
印度尼西亚	498.13	443.81	550.36	476.01	470.68	470.68	448.77	468.30
越南	238.89	266.64	381.28	447.74	564.81	703.52	713.09	867.38
泰国	454.47	449.06	447.96	452.04	466.08	492.48	504.68	524.20
柬埔寨	9.94	10.89	16.26	15.09	14.14	16.90	19.77	20.10
菲律宾	228.00	253.40	278.25	252.78	249.69	255.11	271.41	271.41
文莱	1.29	2.22	1.45	2.53	3.80	2.69	4.83	15.01
老挝	18.16	23.86	26.01	25.52	20.81	26.92	25.37	24.68
缅甸	96.64	201.17	131.43	112.02	101.48	97.74	118.12	104.73

注:表中结果为作者计算得到。

图 7-6 中国对东盟国家进口贸易可拓展空间

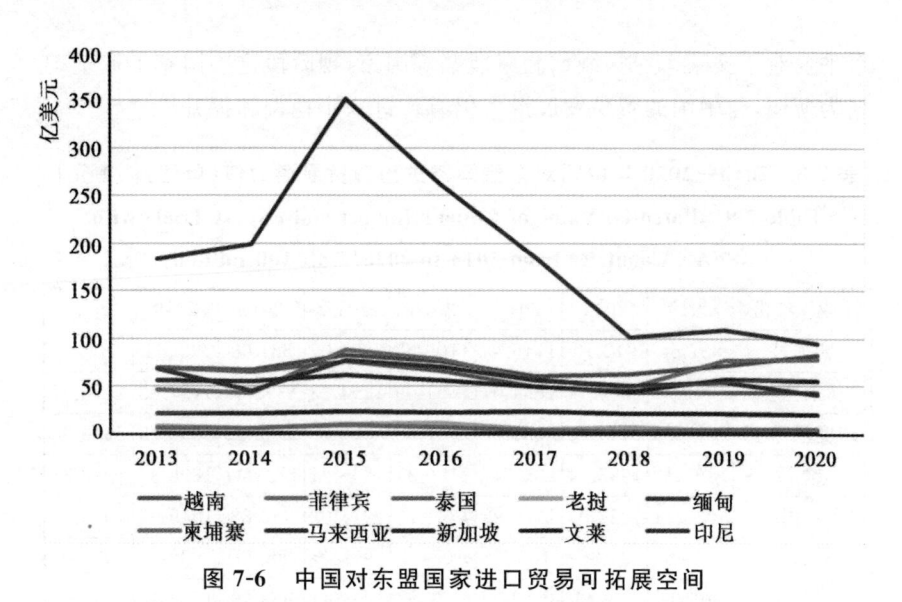

Figure 7-6　Possible Expansion Space of China's Import Trade to ASEAN Countries

7.4.2.3 进出口贸易

从进出口总量角度来看,中国与东盟各国的双边贸易潜力值差异性较大,但潜力值与现实预期保持一致。从 2013—2020 年,中国与东盟国家贸易潜力值呈现波动上升的态势,其中与马来西亚、越南和菲律宾等国家的双边贸易潜力增幅较大。2020 年,中国与印尼的贸易潜力值高达到 1475 亿美元;其次是越南,双边贸易潜力值为 1475 亿美元。然而,2020 年中国与新加坡、柬埔寨、文莱和老挝的双边贸易潜力值低于 1000 亿美元。如图 7-7 所示,从整体贸易角度上看,中国与印尼的贸易可拓展空间最大,其次是缅甸和菲律宾,而中国与越南、泰国等国家贸易潜力值相对较小。在东盟国家中,印尼的劳动力和自然资源较为丰裕,贸易产品的供给和需求能力都较强,双边整体贸易的发展空间巨大。由于缅甸经济发展水平不高,且国内不稳定因素较多,其整体贸易效率不高,未来贸易发展空间较大。菲律宾制造业基础相对较好,其与中国在工业制成品领域的产业内贸易合作较为密切。越南、马来西亚、泰国属于外向型经济体,其与中国之间建立了相对密切的产业内贸分工网络,中间产品贸易发展规模较高,在现有条件下,双边贸易可拓展的空间处于中等水平。对于文莱、老挝、缅甸和柬埔寨等国家,现阶段这些国家工业基础较为薄弱,与中国的贸易发展潜力仍有待进一步挖掘和提升。

表7-8 2013—2020年中国对东盟国家进出口贸易潜力值(单位:亿美元)

Table 7-8 Potential Value of China's Import and Export Trade with ASEAN Countries from 2013 to 2020(USD 100 million)

国家/年份	2013	2014	2015	2016	2017	2018	2019	2020
新加坡	887.68	912.10	1116.44	1109.88	968.75	881.02	932.54	911.80
马来西亚	1308.73	1350.44	1664.01	1691.09	1494.23	1392.59	1497.83	1475.31
印度尼西亚	2070.25	2144.68	2634.68	2657.38	2320.18	2142.22	2330.25	2343.38
越南	1593.13	1653.94	2052.47	2100.31	1846.71	1720.47	1898.37	1973.23
泰国	1025.31	1027.09	1241.97	1241.79	1078.02	983.88	1049.97	1025.87
柬埔寨	80.96	84.36	105.02	107.34	95.24	88.99	97.85	97.50
菲律宾	906.94	939.44	1156.32	1176.84	1041.41	963.43	1042.46	994.44
文莱	21.71	21.12	24.97	24.67	21.01	18.64	20.46	20.84
老挝	138.89	146.82	182.58	186.41	165.30	153.97	167.17	171.39
缅甸	613.01	640.00	792.95	800.05	705.17	648.70	683.23	643.65

注:表中结果为作者计算得到。

图7-7 中国对东盟国家进出口贸易可拓展空间

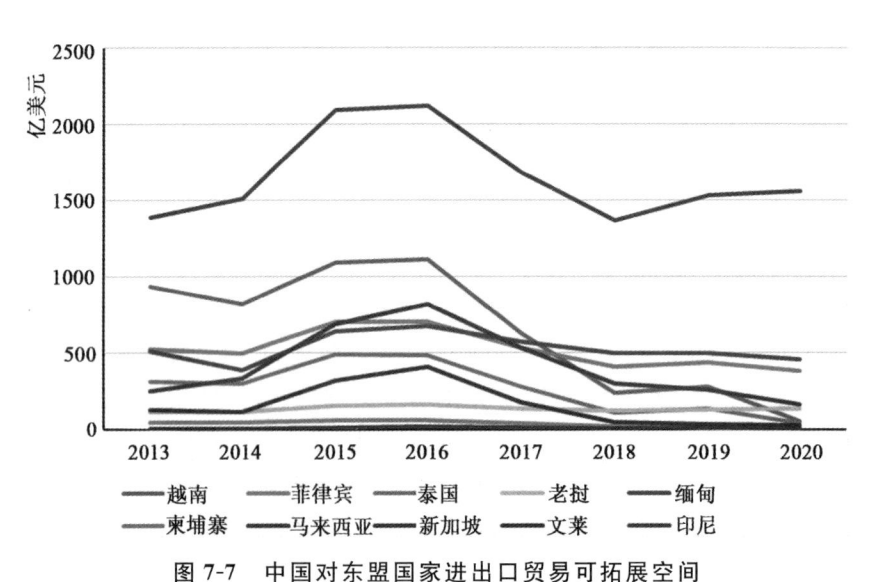

Figure 7-7 Possible Expansion Space of China's Trade to ASEAN Countries

7.5 本章小结

本章采用随机前沿引力模型,探究了中国对东盟贸易发展潜力以及可拓展空间。结果表明,中国与东盟国家平均贸易效率存在明显的异质性特征,新加坡贸易效率平均数值高于0.7,而马来西亚、文莱、越南、菲律宾等国家出口贸易效率平均值均小于0.5。中国对东盟国家出口贸易效率平均值明显低于进口贸易效率平均值,这说明中国对东盟国家出口贸易有待进一步提升。从出口贸易效率角度看,中国对这些国家的出口贸易效率基本保持在0.8以上,属于出口贸易潜力开拓型。从进口角度看,中国对新加坡、马来西亚、菲律宾、泰国和文莱进口贸易效率基本保持在0.6以上,对新加坡和马来西亚进口贸易效率高于0.8,属于潜力开拓性。从整体贸易角度看,中国与新加坡贸易效率水平较高,与泰国、越南、柬埔寨和马来西亚的贸易效率水平处于0.6左右,与菲律宾、印尼、老挝和缅甸的贸易效率均在0.4以下。对于中国与东盟国家贸易潜力而言,从出口角度看,中国对新加坡、泰国、柬埔寨、菲律宾、马来西亚、缅甸、印尼和越南的出口贸易潜力值均呈现增长态势,这说明东盟国家对中国贸易产品的需求较大,中国对东盟出口贸易存在巨大的发展空间。从进口角度看,中国对越南、马来西亚等国家的进口贸易潜力高于800亿美元,对新加坡、印尼、泰国等国家的进口贸易潜力值均处于300~600亿美元之间。相比而言,中国对东盟国家进口贸易潜力弱于出口贸易潜力。总体上看,现阶段中国与东盟国家都存在一定程度的贸易发展潜力,其中中国与越南贸易发展潜力巨大,与印尼、新加坡、泰国、马来西亚和菲律宾与中国的贸易潜力较大,与文莱、柬埔寨、老挝和缅甸等国家的贸易潜力有待进一步提升。在双边贸易发展潜力的分析中,本书加入了很多与直接投资相关的因素,这也说明直接投资对双边贸易的发展仍存在较大发展潜力和空间。同时,在不存在贸易非效率因素的情况下,中国对东盟国家直接投资对双边贸易存在明显的创造效应。这表明在促进中国与东盟双边贸易发展过程中,可以通过发挥直接投资贸易效应,进一步挖掘贸易发展潜力,促进双边贸易的规模增长。如何进一步发挥中国对东盟直接投资的作用,拓展中国与东盟国家的贸易空间,挖掘双边贸易发展潜力是下一步值得研究的问题。

第8章　政策建议

在新冠病毒疫情的冲击下,中国与东盟都面临产业链、供应链和价值链等领域的挑战,全球产业链"切片化"的产业演变模式赋予了中国对东盟国家直接投资贸易效应新的意义。现阶段,中国在东盟国家的直接投资贸易效应仍面临诸多问题和挑战,这些问题一定程度上弱化了直接投资对双边贸易的促进作用。在打造"双循环"发展格局、全面经济伙伴关系协定(RCEP)顺利签署以及中国—东盟自贸区3.0建设的新机遇下,有效解决中国对东盟直接投资贸易效应中存在的问题,需要发挥直接投资对双边贸易的促进作用,进一步挖掘双边贸易发展潜力,提升中国与东盟国家产业内贸易发展水平。

从前文的分析来看,直接投资的贸易效应主要反映在三个方面,即直接效应、间接效应以及外部因素的调节效应。为了更好地增强直接投资对双边贸易的促进作用,可以从这三个方面继续发挥直接投资的作用。从直接效应角度来看,中国对东盟直接投资可以促进双边贸易规模增长,但存在较为明显的国别差异性。为进一步发挥直接投资贸易效应,更好地挖掘双边贸易潜力,有必要推进中国对东盟直接投资转型发展,增强国家间互补性产能合作,加强区域内互联互通建设,提高产业竞争力优势。从间接效应角度来看,直接投资主要通过提升东盟国家产业结构和生产效率,进而促进双边贸易发展。在新的发展机遇下,为进一步促进双边贸易发展,应优化中国对东盟国家直接投资方式,打造直接投资新模式,优化经贸合作平台建设,把握RCEP协议等政策叠加优势,进一步提升中国直接投资对东盟国家产业结构升级和生产效率提升的促进作用,进而深化中国与东盟国家产业内和产业间的贸易联系。此外,从外部因素的调节效应角度看,政治、文化和制度等因素会影响直接投资贸易效应。在发挥直接投资贸易效应的过程中,也需要进一步加强政策与投资环境支持建设,注重双边政治关系、人文交流领域合作,提高投资贸易便利化水平,为中国对东盟直接投资贸易效应创造良好的发展基础。

8.1 推进中国对东盟直接投资转型

在中国对东盟开展直接投资活动的过程中,存在明显的国别和行业分布不均衡,导致直接投资存在明显的"路径依赖",继而使得直接投资的贸易效应停留在较低水平。为更好地发挥直接投资与双边贸易的直接效应,有必要加强对东盟直接投资规模,推进中国对东盟直接投资转型。具体而言,一是要扩大对东盟国家的直接投资规模,优化直接投资的国别产业布局,提高中国与东盟国家间工业合作水平,增强双边的互补性产能合作,充分挖掘中国与东盟国家的贸易发展潜力,进而提升双边贸易发展规模;二是加强对基础设施领域的直接投资规模,推进区域互联互通建设,畅通跨区域的贸易网络渠道,提升区域经济一体化水平,以更好地发挥直接投资贸易效应;三是加强在数字经济和跨境电商等领域的直接投资合作力度,在开展优质富余产能合作的过程中,注重以直接投资积极培育双边贸易发展新优势,提升中高端产业竞争力优势,为中国与东盟贸易高质量发展提供动力。

8.1.1 优化区域产业分工布局,增强互补性产能合作

中国和新加坡处于工业化后期发展阶段,而泰国、马来西亚、菲律宾是工业化中期阶段,柬埔寨、老挝、缅甸和越南处于工业化初期阶段。中国与大多数东盟国家在资源禀赋、劳动力成本、资金和技术等方面存在较强的互补性,这是中国企业对东盟国家开展直接投资的重要因素。为了充分利用东盟国家的比较优势,中国企业需要优化在东盟国家直接投资的产业布局,提高区域产业分工能力和东盟国家的生产效率,完善区域产业链、供应链和价值链,以更好地促进双边进出口贸易发展。同时,结合中国与东盟国家产业发展阶段,中国企业应重点加强与东盟国家在工业制造业领域的投资合作水平,发挥中国在工业制造业高端领域的比

较优势,推动产业内分工和细化产品分工,优化企业全产业链和供应链布局,以提高双边产业内贸易发展规模。

实施差异化的国别产业布局。相比"一带一路"沿线其他国家,东盟地区具有较好的合作基础和发展潜力,是中国开展对外直接投资以构建区域产业链与价值链的重点区域。然而,东盟国家在资源禀赋、劳动力成本、投资环境等基础条件方面存在较大差异,使得直接投资贸易效应存在明显的差异性。为更好地发挥直接投资的贸易创造作用,有必要实施差异化的产业布局策略。第一,注重直接投资的产业选择。根据不同国家的投资政策和风险等级,明确产业优势和价值链定位,灵活采取直接建厂、工程建设、技术合作、技术援助等多种投资方式,重点加强对东盟国家制造业、采矿业、金融业、建筑业、交通运输业等行业的直接投资活动,将优质富余产能转移到劳动力相对低廉的东南亚国家,优化纺织、钢铁、机械、化工等产能合作领域的区域布局,提升东盟国家工业制造业发展能力,扩大外向型企业的中间产品规模,加强中国与东盟国家双边贸易联系。第二,注重直接投资的国别选择。根据有关数据,中国对东盟的直接投资集中在新加坡、马来西亚、印度尼西亚等国[1]。然而,从直接投资贸易效应的国别差异角度看,中国对越南直接投资的出口贸易效应和进口贸易效应均处于较高水平,直接投资的贸易效应最强,对泰国、缅甸和柬埔寨的贸易创造效应次之,而对新加坡、马来西亚、印度尼西亚、文莱和老挝的贸易创造效应最弱。在后续的直接投资中,中国要注重提升对越南、泰国、柬埔寨等国家的直接投资强度,加强与马来西亚、印度尼西亚和新加坡等国家当地企业的合作,增强跨区域产业内贸易网络的联系强度,提升直接投资对双边贸易的创造效应。第三,开展第三方市场合作。借助我国与发达国家的"第三方"市场合作机制,通过双边合作、三方合作、多边合作等各种形式,中国企业加强与比利时、德国等欧洲国家的企业在产品服务、工程承包以及投资等方面进行联合投资,有效对接东盟国家的发展需求,以更好地推进区域产业链、供应链和价值链构建,提升双边产业内贸易的发展能力以及贸易产品的国际化水平。

提高国家间工业合作水平。东盟国家处于工业化初、中期发展阶段,各国采取一系列措施以提升先进制造业的竞争力,谋求加快工业化

---

[1] 张亮.中国对东盟的投资效应及产业影响研究[J].山东社会科学,2021(04):137-143.

第 8 章　政策建议

发展进程。2019年11月,东盟发表了《东盟向工业4.0转型宣言》,提出探索建立新机制和开放平台,促进企业、企业和研究机构联合研究、投资、开发和应用工业4.0相关技术。在工业化发展背景下,东盟国家明确提出工业4.0战略及其具体目标和措施,确定振兴制造业的重点领域,提出吸引跨国公司投资工业4.0项目,致力于参与全球价值链的重组与调整,以加快迈进工业4.0时代[①]。根据东盟统计数据显示,2012—2019年中国对东盟制造业直接投资绝对数量呈现上升趋势,相对占比达到30%以上。现阶段,中国与东盟国家同属东亚区域生产网络,彼此之间具有高水平的产品内分工关系,双边贸易逐步由传统农副产品、初加工产品和低附加值工业品逐步向工业制成品、高附加值机电产品、机械器具和数字化机械设备转型升级,在工业制成品等领域的产业内和产业间贸易水平较高,具有较好的合作条件和基础。从实证分析结果来看,中国对东盟国家直接投资尚无法有效促进初级产品贸易发展,但对中国与东盟国家工业制成品贸易存在创造效应,且对进口贸易的促进作用明显高于出口贸易。为促进中国与东盟国家经贸关系发展,应进一步深化双边在工业制造业领域的合作水平,加强与东盟国家工业制造业领域的国际产能合作,引导中国企业开展投资设厂、兼并等活动以转移优质富余产能,促进东盟国家的产业和工业化水平的提升,以进一步推动中国与东盟国家在工业制造业领域的产业内贸易规模提升。东盟国家在工业制造业领域存在比较优势,其中越南正在成为世界新兴的电子工业中心,而泰国汽车制造和装配产业的发展聚集地,中国企业开展对越南、菲律宾、泰国等国家直接投资,发挥中国在工业制造业高端领域的比较优势,在优质富余产能外迁过程中推动越南、柬埔寨、菲律宾等国家进口全套机械和其他工业中间品,进而提高中国与东盟国家的贸易规模。同时,通过直接投资推动制造业工业等领域的产业内分工和细化产品分工,延伸工业制造业产业链和供应链,形成相对合理的区域产业分工网络,提升中国与东盟国家产业内贸易规模。比如,越南向中国出口棉花等初级产品,从中国进口技术密集的化纤、面料和资本密集的纺织机械,再将劳动密集的服装出口给中国和其他国家。

企业是"走出去"开展直接投资的主体,只有提高企业的国际化经营能力,才能有效地规避潜在的直接投资风险,整合上下游的产业链和供

---

① 王勤.面向工业4.0的中国与东盟区域合作[J].创新,2019,13(05):17-24+2.

应链环节,构建起合理的跨区域产业分工布局,继而更好地促进双边产业内和产业间贸易的发展。第一,注重开展跨区域的资源整合。在开展直接投资的过程中,不少企业缺乏符合自身发展需求的跨区域生产和管理组织架构,在海外资产、人力、文化、品牌等方面的资源整合能力不足[1],严重影响了企业的跨区域产业链布局,也抑制了直接投资对双边贸易的促进作用。基于此,中国企业应以直接投资整合跨区域的经营战略、人力资源以及技术优势等要素资源,进而构建和完善双边产业内和产业间贸易网络,以更好地促进双边产业内贸易的发展。第二,重视本土化经营策略。在政治、文化和社会等方面,东盟国家与国内存在一定的差异性,这些因素可能会降低投资者信心和直接投资的规模,直接弱化了中国对东盟国家直接投资的贸易创造效应。在实际的生产经营中,企业应尽可能地利用当地生产要素,努力实现生产与采购本土化,使用劳动力和资本,与当地厂商和民众形成紧密的利益关系,从而提升企业在东盟国家的抗风险能力和市场竞争力,以稳定和巩固企业的跨区域产业链和供应链,进而更好地促进国内与东道国进出口贸易往来规模。第三,发挥大型企业的带头引领作用。中小企业是中国对东盟国家直接投资的重要力量,但这些企业在直接投资国别和产业选择上可能存在偏差,面临着较大的投资风险。为更好地促进中国企业对东盟国家直接投资,形成较为完善的区域产业链、供应链和价值链,应发挥大型企业的直接投资引领作用,通过前向关联效应和后向关联效应带动国内配套中小企业对外开展直接投资,打造产业链集群的竞争力优势,促进中国与东盟国家产业内和产业间贸易规模化发展。

8.1.2 推进区域互联互通建设,促进区域经济一体化

区域互联互通建设可以支撑起东盟国家发展所需的产业配套体系[2],更好地吸引中国企业在东盟国家开展直接投资活动,提升东盟国

---

[1] 太平,李姣. 中国对外直接投资:经验总结、问题审视与推进路径[J]. 国际贸易,2019(12):50-57.

[2] 张中元. 基础设施互联互通对出口经济体参与全球价值链的影响[J]. 经济理论与经济管理,2019(10):57-70.

第 8 章 政策建议

家在区域生产体系中的参与度,促进东盟国家经济转型计划的实施[①],进一步扩大市场规模并创造新的市场需求,促进商品的流通和贸易的发展。为进一步提升中国对东盟直接投资贸易效应,有必要推进中国与东盟互联互通水平。

提升中国与东盟国家基础设施互联互通水平。基础设施是互联互通的基石,有利于吸引中国企业更大区域内开展直接投资活动,以充分发挥东盟国家资源禀赋优势和比较优势,更好地构建中国东盟区域产业链、供应链和价值链,进一步提升国家间产业内贸易水平。第一,开展"一带一路"倡议与《东盟互联互通总体规划》的深入对接,积极参与东盟国家公路网、海上基础设施、通信信息网络和能源基础设施等传统领域建设,实施一批铁路、港口等重点投资建设项目,提升中国与东盟国家基础设施互联互通水平和质量,降低中国与东盟国家间运输成本和交易成本,以更好地促进中国对东盟直接投资,进而提升双边贸易规模。同时,要加快推进中国与东盟国家间港口城市网络和重要港口节点建设,增加广西北部湾港与东盟国家主要港口之间的航运线路,推动西部地区面向东盟国家铁海联运班列常态化,促进"西部陆海新通道"与东盟国家的有效联通,以畅通中国与东盟国家产业内和产业间贸易产品的跨区域流通。第二,推进新型基础设施建设进程。新型基础设施突破了实体空间限制,是中国与东盟国家未来发展的新趋势,更是双边投资贸易发展的重要内容和支撑。中国应与东盟国家共同协商新型基础设施合作规划、框架和内容,推动通信网络、新技术等领域基础设施领域合作,以新基建、新技术赋能传统制造业等,促进中国与东盟国家产业内贸易能力。第三,鼓励企业参与基础设施互联互通建设。中国企业在基础设施建设、铁路、电力和通信等装备制造方面具有较强的技术、资金和人才优势,可以主动开拓 PPP、TOT、EPC、BOT 市场业务,采取股权合资、联合建设、设立子公司等方式实施本土化策略,以中国技术、标准为引领,更加高效地参与该地区的基础设施建设,带动机械、建材和装备制造出口贸易发展。

加强与东盟国家标准互联互通对接工作。标准化是中国与东盟国家开展互联互通的桥梁,深刻影响着中国与东盟投资贸易合作务实合

---

① 卢潇潇,梁颖."一带一路"基础设施建设与全球价值链重构[J].中国经济问题,2020(01):11-26.

作。在中国—东盟产业链与价值链构建中,互联互通标准化对接将降低交易和合规成本,规避技术性贸易壁垒,更好地促进企业开展投资建厂、收购兼并活动,增强跨区域产业内和产业间的贸易联系,进而提升双边贸易的规模和质量。然而,中国与东盟国家在工业技术和产品标准的制定、适用、管理和技术语言上存在多样化,使得中国与东盟国家在标准一致化对接上存在难题。为更好地提升直接投资对进出口贸易的创造效应,有必要加强与东盟国家的标准化合作,以标准"软联通"打造国家、行业和企业合作"硬机制"。第一,加强双边在基础设施、跨境电商、产能合作、贸易金融和海洋等领域标准化合作,提升建材、纺织、钢铁、有色金属、农业、家电等优势产能标准化推广能力,更好地促进贸易产品的快捷流通。通过与亚太经合组织标准与一致性评价委员会(APEC SCSC)、东盟标准与质量咨询委员会(ACCSQ)和东盟国家标准化机构签署标准互认协议、制定共通标准、共同制定标准等形式实现标准对接融合[①],提高各行业国际标准采标率,优先推进落实动植物产品、纺织、机械和电子设备等工农业产品的标准互认,提高中国与东盟国家贸易产品的便利化水平,反向激励国内企业参与开展直接投资构建跨区域生产网络,进而促进双边贸易的快速发展。第二,开展标准合作重大项目研究工作。政府应继续推动各类标准化试点示范工程创新示范基地建设,激励企业开展自主科技创新,占据产业发展和市场制高点和主动权,提高在产品标准领域的话语权,弱化潜在的技术性贸易壁垒,以更好地开展跨国投资活动,进而密切跨国企业间的联系,形成高效畅通的区域分工网络体系。

8.1.3 加强数字经济与跨境电商合作,提升产业竞争力优势

中国与东盟国家存在自然资源、劳动力、资本和技术的比较优势以及地理邻近优势,这为中国与东盟开展经贸合作提供了便利,为区域产业链、供应链和价值链构建奠定了坚实基础。改革开放后,我国依赖廉价生产要素和政策优惠等优势逐步嵌入全球价值链分工体系,促进了我国出口贸易发展与外商直接投资的流入。然而,由于产业发展存在"路

---

① 冯怀宇. 东盟标准化政策战略[J]. 标准科学. 2018(6):6-10.

径依赖"效应,我国也面临着发达国家和新兴经济体的"双重挤压"①②,相对比较优势正在逐步弱化。在这种情况下,我国需要紧随国际贸易发展趋势,加快数字经济等新兴产业领域的直接投资合作,积极培育双边贸易发展新优势,增强新兴产业的竞争优势以及与东盟国家的产业互补性,占据国际贸易发展的制高点,推进中国与东盟国家双边贸易合作的提质升级。

推进中国与东盟国家数字经济的投资合作进程。近年来,东盟国家逐步成为中国开展数字经济合作的重点区域。根据淡马锡、谷歌、贝恩近日联合发布的《东南亚数字经济报告 2021》(Report e-Conomy SEA 2021)指出,2021 年东南亚国家数字经济规模达 1740 亿美元,较 2020 年增长 49%,2025 年将达 3630 亿美元。中国与东盟国家应携手推进发挥数字经济合作进程,而中国企业有必要提前投资布局东盟国家数字化发展业务,为双边货物贸易、服务贸易、跨境电商的发展提供支持,更好地拓展贸易发展的空间。第一,加快中国与东盟数字经济战略对接。政府应充分对接《〈东盟数字一体化框架〉行动计划 2019—2025》,提升双方合作的战略协调性与契合度,落实《中国—东盟关于建立数字经济合作伙伴关系的倡议》,围绕东盟电子商务、移动支付、数字娱乐、在线旅游等数字经济重点领域,加强对东盟数字经济的前瞻性投资布局,与东盟国家协同参与数字经济治理、数字领域等领域的治理和机制构建③,为中国与东盟国家数字经济领域投资贸易合作营造良好的发展空间。第二,实施国别差异化的数字经济投资合作方案。在东盟国家中,泰国、印尼、菲律宾、新加坡和越南的数字经济水平基础较好,中国企业可以进一步与这些国家开展跨境电子商务、智能制造、智慧城市、大数据、5G 等领域的投资合作,将其广泛运用于跨境贸易服务、生产、物流和支付环节,形成"数字链、产业链、创新链、价值链"的融合协同发展④,促进数字化领域联合研发、技术交流和人力资源建设,共同搭建可协作的高效率的商

---

① 乔小勇,王耕,朱相宇,刘海阳.全球价值链嵌入的制造业生产分工、价值增值获取能力与空间分异[J].中国科技论坛,2018(08):58-65.
② 刘慧岭,凌丹.全球价值链重构与中国制造业转型升级——基于价值链分布的视角[J].中国科技论坛,2019(07):84-95.
③ 姜志达,王睿.中国—东盟数字"一带一路"合作的进展及挑战[J].太平洋学报,2020,28(09):80-91.
④ 同上.

业框架和生态体系,促进国家间贸易活动的快捷、高效运转,进一步提升中国与这些国家的双边贸易发展规模。对于缅甸、柬埔寨、老挝等数字经济发展基础相对薄弱的国家,应加大对老挝、缅甸、柬埔寨等周边国家数字经济规划编制的援助力度。中国企业可以考虑提前进行开展数字经济产业的投资布局,加强在电信、互联网等基础设施建设领域的投资合作,提供资金、技术和人才培养等方面的支持力度,提升这些国家的产业结构和生产效率,进一步挖掘双边贸易发展的潜力。第三,鼓励企业参与区域数字经济产业链建设。积极引导数字经济领域企业在东盟国家实施数字经济合作项目,强化在线旅游、在线教育、电子商务等领域的投资力度,主动参与东盟国家制造业产业链的数字化、智能化、自动化、服务化进程,加快应用工业互联网开展境内外网络化协同、个性化定制等先进制造业发展,提升东盟国家产业结构升级和生产效率,进一步提高中国与东盟国家的全产业链的贸易发展规模。

突出中国与东盟国家跨境电商服务能力建设。贸易电商化是传统国际贸易流程的电子化、数字化和网络化,在一定程度上扩大了交易主体的普惠化范围,能够高效联结采购商、供应商、第三方服务提供商等上下游供应链环节。在中国与东盟国家经贸合作中,跨境电商发展已成为推动双边贸易高质量发展的共识。特别是新冠病毒疫情发生后,跨境电商的发展有效刺激消费恢复和贸易改善,在稳定中国与东盟国家贸易发展中的作用日益凸显。然而,我国与东盟国家之间的跨境电子商务仍处于起步和培育阶段,支付方式不匹配、东盟的物流设施落后且缺少先进技术支撑、跨境电商人才缺乏等方面的问题[①]。在这种情况下,进一步提升对东盟国家跨境电商行业的投资水平,强化中国与东盟国家跨境电商服务能力建设,已成为稳定和提升中国与东盟国家贸易高质量发展的当务之急。第一,中国与东盟国家应完善的跨境电商的法律法规框架、政策环境,促进无纸化贸易、电子签名与认证、规范化制度建设和应用落实,完善和创新跨境电商消费者纠纷解决机制,推进人民币跨境支付系统工程建设,健全和完善有关跨境支付、结汇制度的监管体系,有效促进跨境电商投资合作,进而推动双边贸易的快速增长。第二,推进中国与东盟跨境电商平台的投资建设。为更好地助力中国—东盟跨境电商发展,政府应积极探索"跨境电商+国际联运"新模式,打造面向东盟的跨

---

① 卢文雯,林季红. 中国与东盟跨境电商合作研究[J]. 亚太经济,2021(05):12-20.

第8章 政策建议

境电商产业链、供应链,支持南宁打造培育中国与东盟跨境电商生态圈,提高企业跨境电商服务能力水平。第三,加大跨境电商投资合作水平。跨境电商是鼓励企业提高跨境电商领域的投资强度,加大在支付系统、物流系统以及技术支持的投入,采取多种投资方式参与东盟国家电商发展浪潮。比如借鉴阿里巴巴、京东等电商企业的方式,通过收购、入股等方式加大对东盟电子商务、移动支付等直接投资,推动双边跨境电子商务发展,进一步拓展中国与东盟国家贸易发展空间。

提升中国与东盟服务贸易发展水平。服务贸易已成为全球贸易最具活力的组成部分,在世界经贸格局中的地位日益凸现,已成为全球贸易的重点和焦点。然而,我国企业的服务贸易对外投资能力不足,与东盟国家服务贸易的合作深度不够,无法实现与传统货物贸易的良性互动发展。为更好地促进中国与东盟国家双边贸易发展,应进一步推动服务贸易领域的投资合作。第一,壮大服务贸易市场的发展主体。政府应加大对服务贸易重点企业和重点项目的支持力度,培育具有较强创新能力、竞争意识和国际竞争力的服务贸易领军企业。在新兴服务贸易行业和细分领域,鼓励企业开展研发创新领域的投资活动,提升旅游、运输、建筑等传统服务贸易综合竞争力,扩大服务贸易对外投资水平,积极融入全球产业分工合作,进而推动服务贸易的发展。第二,加强双边服务贸易平台与机制建设。政府应引领和发展服务贸易新业态、新模式,进一步支持企业拓展国际国内市场,与东盟国家开展服务贸易政策对接,畅通服务贸易领域的投资合作路径,推动多双边服务规则协调。比如运用广交会、进博会、服贸会等贸易平台,投资建设特色服务出口基地、国际合作示范区,优化服务贸易改革开放和创新发展的载体平台体系,带动中国与东盟国家传统贸易的发展。第三,扩大服务贸易合作领域。在中国与东盟国家服务贸易合作中,加快拓展现代服务业和服务贸易发展空间,加快服务外包转型升级,大力发展高端生产性服务外包,推进与东盟国家开展教育、医疗、旅游、劳务和运输等服务领域的投资合作,进一步激发其对传统贸易产品的需求,实现传统商品贸易与现代服务贸易的良性互动。

8.2 优化中国对东盟直接投资方式

中国企业在东盟国家建立生产基地,与国内企业形成了跨区域的产业分工网络,对促进中国与东盟国家双边贸易发挥了重要作用。然而,中国企业对东盟国家的直接投资的方式仍存在问题,比如产业结构层次较低,一定程度上弱化了直接投资的贸易效应。为了更好地从间接效应角度发挥直接投资贸易效应,有必要优化中国对东盟直接投资方式,提升东盟国家产业结构和生产效率,更好地提高中国与东盟国家双边产业内贸易发展水平。具体而言,优化中国对东盟直接投资方式主要有如下几个方面:一是打造直接投资发展的新模式,更好地实现要素资源的优化配置,充分利用中国与东盟国家的比较优势,构建和完善区域产业链、供应链和价值链,进而促进区域产业内贸易的发展;二是要加快境外经贸合作区建设,形成相对完善的上下游产业链和区域产业集群,进一步推动东盟国家产业结构和生产效率的提升,进而促进双边产业内贸易规模;三是把握 RCEP 协议发展新机遇,发挥双循环政策优势,充分运用区域投资贸易新规则,加快推进优质富余产能向东盟国家转移,提高东盟国家工业和制造业发展能力,形成跨区域的产业链和供应链网络,进一步推进双边贸易的高质量发展。

8.2.1 打造直接投资发展新模式,构建区域产业链与价值链

东盟国家与中国互为第一大贸易伙伴,区域经贸关系日益密切,产业结构存在较强的互补性,且技术行业的梯度产业链配套优势已初步形成[①]。依托区域产业链和价值链条开展直接投资活动,打造直接投资发展新模式,可以更好地提升直接投资效率,更好地发挥直接投资的贸易效应。从价值链对接方式和产业升级驱动要素的两个维度出发。曾楚

---

① 陈爱贞. 构筑一带一路高质量发展的共建之路. https://m.gmw.cn/baijia/2022-02/16/35521682.html[EB/OL]. 登录时间:2022 年 2 月 16 日.

第 8 章 政策建议

宏和王钊[①]提出构建中国主导的"一带一路"区域价值链的战略模式,即创新资源开发、创新资源利用、市场资源开发以及市场资源利用等模式,如图 8-1 和表 8-1 所示。东盟国家要素禀赋较为丰富,且经济发展活力强劲,是"一带一路"建设的重点和优先地区。这四种模式也适用于中国与东盟区域产业链与价值链构建。基于此,本书在借鉴前人研究的基础上,依据中国与东盟国家资源禀赋、产业结构、经济发展水平的差异性以及技术演化特性,提出打造直接投资新的分工模式,推进区域产业链与价值链的建构以进一步提升中国与东盟贸易发展水平。

	技术	市场
国际	创新资源开发模式	市场资源开发模式
国内	创新资源利用模式	市场资源利用模式

纵轴：价值链对接；横轴：产业结构升级

图 8-1　中国—东盟区域产业链与价值链构建的模式

Figure 8-1　Model of China ASEAN Regional Industrial Chain and Value Chain Construction

注:来源于《中国主导构建"一带一路"区域价值链的战略模式研究》

表 8-1　四种战略模式的比较

Table 8-1　Comparison of Four Strategic Models

	产业选择	节点定位	进入方式	治理机制
创新资源开发模式	高科技产业	研发或生产	合资或兼并收购	模块型或关系型
创新资源利用模式	高科技产业	研发、设计或品牌	外包或发包	俘获型或科层型

---

① 曾楚宏,王钊.中国主导构建"一带一路"区域价值链的战略模式研究[J].国际经贸探索,2020,36(06):58-72.

续表

	产业选择	节点定位	进入方式	治理机制
市场资源开发模式	传统产业	生产	独资和合作经营	俘获型或科层型
市场资源利用模式	高科技和传统产业	营销和销售	出口或许可	市场型

注：来源于《中国主导构建"一带一路"区域价值链的战略模式研究》

打造创新资源开发模式。东盟国家已较好地参与到全球价值链中，但仍处于全球价值链的低端环节[1]，以本土中小企业为主[2]。中国与东盟国家在全球价值链与区域价值链上存在技术梯度差异，可以发挥在"双环流价值链"体系中枢纽作用，吸收、转化、创新与扩散发达国家的先进技术和产品，结合东盟国家的需求，通过直接投资活动推动农业、新能源、生物技术、化工等领域技术成果快速向技术梯度较低的东盟国家转移，解决东盟国家技术发展急需甚至在某些领域填补空白，实现先进技术的本土化融合和逆向创新，进而推进东盟国家在产业链和价值链的双重提升，继而提升双边产业内贸易发展规模。在创新资源开发模式下，中国可以占据区域价值链上的研发或生产的环节，对链条上的参与者进行模块化或关系化治理[3]。依据区域产业链与价值链构建基础和产业结构发展实际，这种模式适合手机、LED等行业。以手机行业为例，其主要由上游行业的操作系统、处理器、芯片、显示屏，中游的外观设计与生产以及下游的集成应用构成。中国企业主要集中在显示屏、外观设计与生产以及集成应用等领域，而操作系统、处理器、芯片等关键环节的研发和生产仍集中在美国、日本和中国台湾地区。这些企业可以一方面通过代工的方式参与或承接第三次半导体产业转移，积极与荷兰、日本等国家的企业在晶圆制造、测试、封装等方面开展合作，打造并畅通半导体产业供应链、产业链，提高在半导体制造工艺、封装技术、关键设备材料等领

---

[1] 熊琦. 东盟国家在全球生产网络中的分工与地位——基于TiVA数据与全球价值链指数的实证分析[J]. 亚太经济, 2016(5):51-56.
[2] 王勤. 全球价值链下的中国与东盟经贸关系[J]. 国际贸易, 2019(02):40-45.
[3] 曾楚宏, 王钊. 中国主导构建"一带一路"区域价值链的战略模式研究[J]. 国际经贸探索, 2020, 36(06):58-72.

第 8 章 政策建议

域的技术水平；另一方面，在东盟国家投资建设研发中心和生产基地，提升对国内显示屏、集成电路等产业的贸易产品需求，对技术资源进行有效整合集成，促进中国与东盟国家产业内贸易发展。

打造创新资源利用模式。由于长期深入实施科教兴国战略、人才强国战略、创新驱动发展战略，中国创新速度和能力得到了有效提升，在人工智能、生物技术、绿色能源、移动通信等领域居于全球领先地位。相比东盟国家，中国在区域产业链和价值链上具有的技术梯度优势，可以将国内价值链上先进的原创技术通过外包或发包的方式输出到东盟国家，并以投资建厂等方式在东盟国家生产相应产品以满足东盟国家和国内市场需求。一方面，可以扩大中国原创技术的市场化和产品化价值，实现了原创技术的标准化扩散运用，提升东盟国家的产业结构和生产效率，同时以技术的海外市场化价值反哺国内产业技术研发创新，打造"国内研发——区域生产——国内研发"的高科技循环发展路径；另一方面，可以充分利用东盟国家的"近邻优势"和要素成本优势，以东盟国家为产品生产基地，开展优势领域的国际产能合作，降低企业生产成本和制度性交易成本，谋求更好地占据海外市场，构建"国内研发—区域生产—世界销售"的区域产业内贸易分工网络，进而提高双边产业内贸易联系。在创新资源开发模式下，中国可以主导构建的区域价值链上占据研发、设计或品牌的环节，对价值链条上的参与者进行俘获型甚至科层型治理[1]。这种模式适合新能源汽车等产业。新能源汽车产业链的上游主要有原料、动力电池等汽车零部件及生产设备制造行业，下游是交通运输等相关产业领域，涉及整车装配、充电桩和运营等。近几年，中国新能源汽车行业发展迅速，已经进入产业化、规模化发展阶段，涌现出比亚迪、五菱、长城等一批具有国际竞争力的新能源汽车企业。相比传统汽车的垄断市场，东盟国家新能源汽车市场仍属于起步阶段。同时，泰国、马来西亚和印尼等国家均出台优惠政策鼓励发展新能源汽车。因此，中国新能源汽车企业一方面可以将整车装配等生产环节布局在东盟国家，输出知识产权和技术标准，进一步密切区域内汽车零部件、半成品的贸易联系，提升双边在中间产品领域的贸易规模；另一方面，通过区域生产和世界市场销售的形式，将收入反哺国内创新链，提高新能源企业在汽

---

[1] 曾楚宏，王钊. 中国主导构建"一带一路"区域价值链的战略研究[J]. 国际经贸探索，2020,36(06):58-72.

车芯片、动力电池等领域的研发能力,以更好地提升企业的可持续发展和对外投资能力。

打造市场资源利用模式。伴随着参与全球生产网络的进程,东盟国家的生产国际化迅速发展,并逐渐融入国际垂直专业化分工和全球生产网络体系中。为了更好地规避关税壁垒以促进国际商品、服务和资本、技术、人员等生产要素的自由流动,东盟国家与美国、日本、澳大利亚和欧盟等发达国家或地区签署了多边和双边自由贸易协定(FTA),构建了庞大的自由贸易协议网络,且居于FTA网络"轮轴—辐条"结构的中心位置。中国可以利用在全球价值链上的位势及作用,通过投资建厂或与当地企业合作经营的方式进入东盟国家市场,带动中国装备制造、机械、建材等领域产品出口,同时在东盟国家完成中低端产品生产和制造,利用东盟国家的FTA网络出口至国内和欧美发达国家市场,有效避免生产要素价格波动以及国际贸易保护主义的影响。这种模式主要适合纺织服装业、制鞋业等劳动密集型产业。上世纪80年代,中国承接全球劳动密集型制造业,以加工贸易方式融入全球分工体系,建立起完善的上下游产业链和产业集群,实现贸易和经济的快速增长。然而,随着人口红利下降、劳动力成本上升以及环境保护力度加强,纺织服装业、制鞋业等劳动密集型制造业的利润空间逐步缩小。同时,欧盟、美国等对纺织、鞋类等产品设置较高的关税壁垒,印度、巴西以及东南亚国家的竞争,导致纺织服装和鞋业的产品竞争力进一步被弱化。中国纺织服装业、鞋业等劳动密集型产业可以将设计等上游环节留在国内,而采取投资建厂的方式将生产加工环节转移到越南、柬埔寨、印尼等国家,充分利用这些国家的自然资源禀赋、劳动力成本优势以及自由贸易协议网络的原产地规则,进一步延伸产业链和价值链的发展空间,提升双边贸易发展规模。

东盟拥有丰富的资源和近7亿人口的消费市场,却尚未充分发挥其作为经济龙头的潜力。中国企业在东盟国家投资建设批发零售销售网络,将国内价值链生产的产品和服务直接以出口或许可的方式输出到东盟国家,经过适应性调整最终销售给更广大的消费者,其本质是以产品和服务出口形式的国际产能合作。通过在国内生产较高品质和性能的产品,满足东盟国家消费者多样化的需求,形成"国内生产——区域销售"的产业发展格局。这种模式主要适合高铁、航空航天、通信等知识和技术密集型产业,而中国在这些领域处于先进水平,拥有较强的比较优势。以高铁为例,中国在高速铁路系统、整车集成输出和建造施工方面具有充足的人力、资本和技术支撑。在高铁等基础设施方面,东盟国家有着相当大的缺口和发展潜力[①]。一方面,通过参与东盟国家高铁网络建设,可以实现中国高铁产品设备、技术和系统标准输出,满足东盟国家经济、社会发展需求,进而带动中国与发展中国家和新兴国家开展全方位基础设施合作;另一方面,与东盟国家实现高铁网络互联互通,发挥基础设施建设的基础产出、技术带动和配置协调作用[②],使其获得更好地参与区域国际分工,增强中国与东盟国家经济产业间的紧密关系,推动中国—东盟区域产业链和价值链构建,促进双边贸易高质量发展。

8.2.2 加快境外经贸合作区升级,优化经贸合作发展平台建设

境外经贸合作区是企业开展跨国直接投资合作的重要平台,承担着我国产业境外延伸和全球布局的新使命,以充分利用区域内的要素禀赋优势形成,跨区域的产业内分工网络,参与全球产业链和价值链重塑[③]。通过境外经贸合作区建设,其可以降低直接投资对东道国制度质量的敏感性[④],增强了企业开展跨国经营、生产和销售的信心和能力,为中国与东盟国家双边贸易发展提供了持久动力。因此,为更好地发挥直接投资贸易效应,有必要加强主要载体"园区"和"走廊"中心城市建设,创新境外经贸合作区发展模式,提升境外经贸合作区承载能力。

加强主要载体"园区"和"走廊"中心城市建设。经济走廊与海上通道将节点城市、园区、港口进行串联,而产业园区则成为经济走廊与海上通道建设的有力支撑。第一,完善节点城市、园区以及港口之间交通网络,以重要城市节点境外合作园区作为重要港口节点临海开发园区建设

---

① 任远喆."一带一路"与中国在东南亚的"高铁外交"实践[J].东南学术,2019(03):140-148.
② 卢潇潇,梁颖."一带一路"基础设施建设与全球价值链重构[J].中国经济问题,2020(01):11-26.
③ 王建华."一带一路"区域建设境外产业园区的战略思考[J].技术经济与管理研究,2018(1):122-127.
④ 支宇鹏,陈乔.境外产业园区、制度质量与中国对外直接投资[J].国际经贸探索,2019,35(11):97-112.

的腹地延伸和基础①,形成"港口＋园区＋城市"发展格局,通过强化节点城市、园区以及港口之间的连接,改变通道通而不畅的弱连接状态,降低企业的贸易运输成本和时间成本,提高双边贸易便利化水平和贸易规模;第二,在经济走廊沿线国家和重要节点城市打造更多的资源整合型境外产业园区,充分汇聚资金、技术等生产要素,以更好地服务于区域产业链、供应链与价值链构建,提高中国与东盟国家产业内贸易联系能力,增强企业在本地区和国际市场的竞争力。在境外经贸合作区的建设中,有必要将境外经贸合作区建设纳入双边多边合作机制中,建立健全政府间沟通协调和重要节点城市园区建设落实机制,形成国家层面稳定的专门合作交流机构,扩大境外产业园区建设的深度和广度,以更好地保障中国企业海外投资的贸易利益。

  创新境外经贸合作区发展模式。借助我国与欧美发达国家的"第三方"市场合作机制,发挥发达国家技术优势以及我国的资金优势,总结"两国两园"园区模式,探索"三国三园"模式②,在双边以及第三方市场的合作机制下,重点开展钢铁、有色、建材、化工、轻纺等领域的直接投资合作,提升东盟国家制造业工业在产业结构中的占比,扩大与国内企业在中间产品领域的贸易规模。同时,注重发挥纺织、建材、有色金属、石油化工等产业联盟的优势,有效整合国内大型国企和民营企业大、中、小企业资源,形成跨区域内集群发展优势,有效提升东盟国家产业结构,进而促进双边产业内贸易发展规模。此外,注重将本地区企业纳入产业链和供应链,建立与东盟国家企业的良好关系,形成区域要素流动与产业链群发展网络。在扩散效应的作用下,逐步开展产业分工协作,实现生产技术、管理经验、经营方式的技术扩散,辐射和带动周边区域发展,提高东盟国家本土企业的生产效率,进一步扩大双边产业内贸易规模。

  提升境外经贸合作区承载能力。境外经贸合作区可以有效弱化企业的直接投资风险,提升企业在东盟国家的直接投资产出效率,实现跨区域的生产要素流动和产业内贸易分工。在推进中国企业对外直接投资的过程中,要进一步提升园区承载能力,促进经贸合作区转型发展,为

---

① 梁颖,卢潇潇.打造中国—东盟自由贸易区升级版旗舰项目 加快中国—中南半岛经济走廊建设[J].广西民族研究,2017(05):165-171.
② 王建华."一带一路"区域建设境外产业园区的战略思考[J].技术经济与管理研究,2018(1):122-127.

第8章 政策建议

企业创造良好的发展环境,进而更好地发挥直接投资贸易效应。第一,要提升园区管理水平,提供政策法律咨询、优惠政策申请等全方位的直接投资服务工作,指导对外直接投资企业结合东盟国家的国情特点引入适合的商业模式,提高企业在东盟国家的直接投资效率,以更好地发挥直接投资对贸易的促进作用;第二,适度扩大发展较好的园区规模,进一步提升园区的基础设施建设水平,实施"一区多园"规划,为汽车零部件、电气设备、纺织、化工等优势产业集群提供多元化的发展空间,提升不同产业间的协同发展和生产效率,进而提升企业的跨区域产业内贸易能力和规模;第三,鼓励数字经济企业参与科技研发型境外经贸合作区的投资建设,打造跨越物理边界的虚拟合作区和产业链,通过信息平台将区内企业与产业内上下游企业的对接,更好地促进企业开展直接投资活动,进一步扩展跨区域产业内和产业间贸易规模。同时,要探索境外经贸合作区与跨境电商综合试验区等园区之间的联动发展,共同推进海外仓的投资建设,推动跨境电商企业等"走出去"投资发展,进一步扩展中国与东盟跨境贸易合作深度。

8.2.3 把握 RCEP 协议发展新机遇,发挥双循环政策优势

为应对贸易摩擦和新冠病毒疫情的冲击,结合根据我国发展阶段、环境、条件的变化,中共中央政治局常委会会议首次提出,要继续深化供给侧结构性改革,打造"双循环"发展格局。国内循环和国际循环是相互联系、相互影响、相互促进的,国内大循环是国际大循环的根本,而国际大循环为国内大循环向更高层次发展提供动力和支撑[1]。2020 年 11 月,中国与东盟等经济体正式签署了 RCEP 协议。对中国而言,加入 RCEP 协议是构建国内国际双循环相互促进的新发展格局的重要战略[2]。2021 年 11 月,在正式建立中国东盟全面战略伙伴关系之际,中国与东盟国家提出共同建立中国—东盟自由贸易区 3.0 版,进一步释放双边投资贸易发展潜力,携手共建包容、现代、全面、互利的中国—东盟经

---

[1] 钱学锋,裴婷. 国内国际双循环新发展格局:理论逻辑与内生动力[J]. 重庆大学学报(社会科学版),2021,27(01):14-26.

[2] 吴春霞,曲林迟. RCEP:中国"双自"联动的政策选择[J]. 探索与争鸣,2021(10):120-129+179.

贸关系。在政策红利的叠加效应下,应充分发挥RCEP协议和中国东盟自由贸易区3.0建设的发展机遇,布局和构建"双循环"格局,打造双循环发展交汇点,加大对东盟国家直接投资规模,推动中国与东盟产业链与价值链构建,进一步挖掘中国与东盟国家贸易发展潜力。

推进国内产业结构转型升级发展。在"双循环"战略中,推动国内产业结构转型升级是构建国内大循环的重要支柱和必要措施,也是实现国内国际双循环相互促进的有效路径。一般认为,产业结构转型升级存在诱致性制度变迁、产业转移带动效应和低要素成本替代效应,将不同程度的促进中国对外开展直接活动[①],推动跨区域产业内分工,进而促进国家间产业内贸易规模。从宏观层面来看,在产业结构转型升级的过程中,势必伴随着大量优质富余产能的转移,为发展优势产业和新兴产业提供了发展空间。从微观层面上看,在推动产业升级的过程中,生产要素会从低附加值、低效率的部门向高附加值、高效率的优势产业转移或者向新兴产业流动,造成某些产业的生产要素成本相对较高,压缩了企业发展空间和利润。为适应市场竞争需要和追求利润最大化,这些产业将选择将生产基地外迁或者消费市场重构以降低生产成本,其必然引发对外直接投资,深化国家间产业内贸易联系。为更好地发挥直接投资效应,就必须着力布局和构建"双循环"格局,进一步实施供给侧结构性改革,构建中国与东盟区域产业链、供应链和价值链。第一,加大供给侧结构性改革力度。坚持以推进供给侧结构性改革为主线,加快推动经济转型升级发展,运用市场化、法治化手段化解过剩产能,严格控制新增产能,帮助相关产业突破升级过程中的核心瓶颈制约,倒逼国内企业"走出去"开展对外直接投资以延长产业链、供应链,增强与东盟国家产业内和产业间贸易往来。第二,鼓励企业开展创新研发。政府要加强创新服务供给,激发各类主体的创新发展活力,着力打造新技术、新产品、新业态、新模式,支撑战略性新兴产业加快发展,提升企业的国际市场竞争力,提升技术密集型产品出口规模和能力,构建符合自身发展需求的跨区域产业链和供应链体系。第三,促进先进制造业与现代服务业的发展。政府应支持传统企业逐步向产业链上下游和价值链中高端拓展,提高先进制造业和现代服务业的竞争能力,同时通过直接投资活动将优质富余产能

---

① 马子红,余志鹏,周心馨. OFDI与产业结构升级的互动性——基于VAR模型的实证分析[J]. 云南民族大学学报(自然科学版),2020,29(04):401-408.

第8章 政策建议

向越南、菲律宾和泰国等国家转移,形成产业优势互补格局,进一步促进中国与东盟国家双边贸易规模的增长。

促进"双自联动"融合发展。在新冠病毒疫情背景下,只有坚持"引进来"和"走出去"相结合,推动"双自联动"融合发展,利用好周边国家资源,才能畅通国内、国际双循环,进而有效稳定中国与其他国家的经贸关系。从全局角度来看,推行FTA战略的目的是为了确定中国在全球贸易治理和规则制定中的地位,并以对外开放促进产业结构升级,而推行FTZ建设主要是为了服务于国际贸易战略的实施,同时吸引其他区域协定外的世界各国的商品和货物开展进出口贸易[1],二者具有构建开放型经新体制的共同使命[2]。自由贸易试验区建设、RCEP协议的签署与中国—东盟自由贸易区3.0建设的联动发展推进区域贸易、投资和要素流动的自由化和便利化,可以有效畅通区域产业链和供应链,更好地联通国内、国际两个市场实施优化配置资源,稳定和发展对外投资贸易。为进一步推进中国与东盟国家经贸发展,应促进"双自联动"融合发展,畅通国内国际双循环,加速推动中国与东盟产业链与价值链构建。第一,进一步推进自贸试验区、自由贸易港建设、重点开发开放试验区、内陆开放型经济试验区等对外开放载体和平台建设,集聚并运用国内和国际两个市场、两种资源要素,推进产业链、供应链的开放发展,创新中国对东盟国家的对外投资方式,加快培育国际经济合作和竞争新优势,进一步挖掘双边贸易发展潜力。第二,加快推进RCEP与中国—东盟自贸区3.0建设。RCEP协议和中国—东盟自贸区3.0建设的作用主要体现在出口、进口和投资促进,有助于促进外循环和引领内循环发展。中国应发挥多重政策叠加优势,把握全球产业链、供应链重构的趋势,抓住国内劳动密集型产业向东盟等周边国家转移的机遇,向东盟国家提供必要的资金和技术,构建中国与东盟国家资本和劳动密集型产业链[3],多维度构建更为紧密的产业链、供应链网络,推进区域贸易、投资和要素流动的自由化和便利化。

引导企业合理运用RCEP协议规则。在货物贸易方面,RCEP协议

---

[1] 吴春霞,曲林迟.RCEP:中国"双自"联动的政策选择[J].探索与争鸣,2021(10):120-129+179.

[2] 刘恩专.自贸试验区(FTZ)与自由贸易区(FTA)"双自联动"的机制与对策[J].港口经济,2016(08):5-7.

[3] 黄汉权.加快构建双循环相互促进的新发展格局[N].经济日报,2020-07-15(011).

采取实行原产地累积规则,在确定产品原产资格时将各成员的原产材料累积计算,让各成员企业更容易享受优惠关税,有利于促进企业开展跨区域投资活动,形成更加紧密、更具韧性的产业链、供应链网络。在直接投资方面,RCEP 协议规定成员国对投资市场准入采用负面清单制度,提升了对外商投资的政策透明度,纳入了知识产权、电子商务、贸易救济、竞争、政府采购等议题,提高了金融、法律、建筑、海运等部门的承诺水平。为此,应充分利用 RCEP 协议规则,发挥直接投资贸易效应,更好的促进双边产业内贸易发展。第一,推进实施 RCEP 协议。政府应成立 RCEP 生效实施的工作机制和部门,健全原产地管理制度体系,搭建适合 RCEP 协议原产地管理需求的信息化系统,采取线上培训等方式做好对相关部门和企业的宣传培训和辅导,使企业更好地适应、熟悉和掌握 RCEP 协定规则,进一步优化和拓展中国对东盟直接投资贸易方式。第二,加强对 RCEP 协议规则的运用。结合自身发展实际,企业深入系统地研究和分析 RCEP 各国在货物贸易开放、服务贸易开放和投资优惠政策,用好市场开放承诺和规则,扩大原产地累积规则的综合效应,优化跨区域的直接投资产业分工布局,构建优势互补的新产业链和供应链,提升企业国际市场竞争力,更好地促进双边贸易规模的增长。

8.3 加强政策与投资环境支持建设

在政府推动、企业主导的模式下,中国企业对东盟国家直接投资增长迅猛,将原有的产业链、供应链和价值链延伸到东南亚地区,有效推进了国际产能合作层次,构建了中国与东盟国家互利共赢的发展格局。然而,现阶段政府财税、金融等领域支持力度仍存在不足,降低了企业的直接投资信心。同时,国家间政治、文化、制度等方面的外部不稳定因素相互叠加,弱化了企业的经营效益和发展动力,导致企业无法在短期内实现跨区域的产业内贸易分工布局,抑制了直接投资贸易效应的发挥。因此,为更好增强直接投资的贸易效应,有必要增强政策支持力度,充分发挥外部因素的正向调节作用。具体而言,一是增强中国与东盟国家政治互信水平,弱化"南海问题"的潜在负面影响,巩固次区域合作进程,推进全面战略合作伙伴关系建设,为稳定发挥直接投资贸易效应提供良好的政治环境;二是加强国家间人文交流,构建完善的人文交流机制,增强中国与东盟国家民众间的文化认同和情感联系,为发挥直接投资贸易效应创造良好的民意基础;三是加强金融等领域政策支持力度,缓解对外投资企业融资约束,进一步优化双边投资贸易的便利化水平,为发挥直接投资贸易效应提供良好的政策保障。

8.3.1 增强双边政治互信水平,妥善管控分歧与争议

无论是过去、现在还是将来,政治互信都是双边关系持续稳定发展的基石。随着美国、日本等国家对东盟的介入,东盟在经贸、文化及南海问题上与中国构成了多元的问题域①。对于中国与东盟国家而言,不断巩固双边睦邻友好、深化政治互信水平是构建和夯实中国与东盟产业链、供应链和价值链的基础,也是推进中国与东盟国家投资贸易发展的重要保障。

推进全面战略合作伙伴关系建设。伴随着"一带一路"倡议的推进和RCEP协议的签署,中国坚持深入推进和实施更大范围、更宽领域、更深层次的对外开放,致力于促进国际合作,实现与不同经济体的互利共赢。中国与东盟国家全面伙伴关系的确立,进一步增强了双边政策沟通和政治互信水平,有助于在新时期构建区域产业链、供应链和价值链,有利于深化双边投资贸易合作。为进一步推进中国与东盟国家经贸领域的务实合作,应细分东盟成员国的立场差异和多样化发展需求,采取双边与多边相结合的方式,进一步丰富和深化全面伙伴关系建设的内涵。第一,强调整体性发展,全面推进中国与东盟全面战略伙伴关系建设。基于共同利益和地区认同的基础上,中国可以与东盟形成多层次、全领域的对话合作架构,建立外交、经济、交通等领导人、部长级对话机制,共同搭建起中国—东盟自由贸易区3.0版、"一带一路"倡议和RCEP协议为载体的立体网络,更好地稳定中国与东盟国家之间的关系,进而增强中国对东盟国家直接投资的贸易效应。对于中国与东盟国家共同提出的构想和蓝图,双边可以在合作框架协议内协商具体确定合作的内容和方式,并采取一致的行动计划加以落实,其中中国—东盟自由贸易区建

---

① 成汉平,宁威."大变局"视野下中国—东盟关系中的问题、挑战与对策[J].云南大学学报(社会科学版),2020,19(01):126-134.

设就是最好的例证。第二,注重实施差异性的推进策略,稳步推进与不同东盟国家全面战略伙伴关系建设。由于东盟国家的经济发展水平存在较大差异,可以根据国别差异采取因地制宜的推进方式。在具体实践中,应尊重和理解东盟国家的利益诉求,保持和密切高层交往水平,密切不同层级人员往来,进一步加强与东盟成员国的战略对接,尊重和理解东盟国家的利益诉求,密切保持高层交往以及各层级人员往来,聚焦基于共同利益基础上的功能性合作,加强与东盟国家在国际和地区事务中的协调配合,保障中国企业在东盟国家的投资权益,进而增强中国对东盟直接投资对进口贸易的引致作用。

深化中国—东盟次区域合作水平。在中国与东盟国家的双边关系建构中,次区域合作重要性日益凸显。为了促进各国发展与合作,东盟在成员国内部或与中国构建了许多区域与次区域合作机制,这些次区域机制深刻反映了东盟成员国的发展诉求。因此,为进一步提升双边政治关系水平,推进中国与东盟直接投资合作深度,充分利用东盟国家的比较优势以满足中国对东盟国家进口贸易需求。第一,中央政府层面应发挥主导作用,与次区域东盟国家探索建立更为稳定的合作机制及合作模式,推进中南半岛经济走廊、澜沧江-湄公河次区域(LMC)合作、孟中印缅经济走廊、"两廊一圈"、泛北部湾经济合作、"广西-文莱经济走廊"、黄金四角"计划等次区域合作。在次区域发展过程中,对东盟国家给予一定的利益让渡,以推动区域和次区域合作顺利发展,缓解制度环境和文化差异等因素的负向影响,进而更好地提升直接投资贸易效应。比如,增强在中南半岛国家的农业领域直接投资规模,提升农业产业发展水平,扩大粮食和原料进口以解决中南半岛国家替代种植的产品销售市场,进一步深化中国与东盟次区域国家在产业内贸易的合作水平。第二,在加强与东盟次区域合作过程中,中国可以考虑从拓展与东盟国家合作深度的目的出发,逐步增加和改善在东盟次区域公共产品的投资供给,强化与次区域国家的利益和情感联系,并以此不断拓展到直接投资和双边贸易领域,进一步增强直接投资对中间产品贸易的促进作用。比如,在新冠病毒疫情肆虐的严峻时期,中国与次区域国家加强公共卫生领域沟通与合作,主动向次区域国家提供疫苗和医疗防护用品,提高次区域国家的疫情防控能力,这为后疫情时期中国企业开展直接投资合作提供了社会基础,进而更好地发挥直接投资对双边贸易的创造效应。第三,中央政府应给予地方政府制度性分权和政策性分权,充分激励和发

第 8 章 政策建议

挥地方政府的内生动力,将地方参与次区域合作作为国家层面合作的配合和补充,统筹推进边疆地区与次区域国家的合作进程,形成多层次枝状制度性安排[①],以更好地在不同合作领域得到实质性突破,为发挥直接投资贸易效应创造良好的外部环境。比如,广西、云南可以加强与越南就"两廊一圈"的合作,建设跨境经济合作区,密切双方在边境贸易、产业发展、资源开发、基础设施建设、贸易自由化和流通便利化建设等领域的合作,吸引和促进双边资金、技术和劳动力的聚集与双向流动,形成推动两国经贸合作的新增长点。

共同维护南海地区和平稳定。"南海问题"是中国与东盟国家合作中始终绕不开的主题,如果处理不好这个问题,将有可能会降低中国对东盟直接投资的规模和质量,抑制直接投资贸易效应的效能,导致现有区域产业内贸易分工体系的撕裂。为更好地维护中国与东盟国家经贸关系健康发展,需要以灵活、高效的方式妥善处理"南海问题",共同维护南海地区的和平稳定,有效降低政治关系波动对直接投资贸易效应的不利影响。第一,坚持既有的外交方法解决争端的实践传统。在无法获得实质性解决的情况下,中国与东盟国家继续全面有效落实《南海各方行为宣言》(DOC)的联合声明,将协商沟通的"南海行为准则"(COC)构建为中国—东盟南海上共同安全规范,为南海安全维护提供一个相对适合的制度规范。第二,在国际规则框架体系下,中国与东盟国家重视司法渠道的规则构建,通过赋予"南海行为准则"(COC)恰当的法律地位和效力,为各方解决争端、避免摩擦和矛盾激化、维护地区的团结稳定发挥切实作用[②]。第三,坚持"双轨"思路,直接与当事国对话解决南海问题的原则,与东盟共同维持南海和平稳定。在处理"南海问题"上,与泰国、缅甸、柬埔寨等国家形成观念共识,既要避免"南海问题""东盟化"和"国际化",又要避免纠纷复杂化、尖锐化和扩大化。第四,在《南海各方行为宣言》(DOC)框架下,积极与菲律宾、越南、马来西亚等国家开展经济、文化以及反恐、灾害救援、打击跨国犯罪等领域合作,以不涉及"南海问题"相关领域的深入合作来弱化"南海问题"带来的潜在波动,稳定中

---

① 苏长和. 中国地方政府与次区域合作:动力、行为及机制[J]. 世界经济与政治,2010(05):4-24+156.
② 范祚军. 后疫情时代中国—东盟战略伙伴关系发展前景[J]. 当代世界,2021(08):41-47.

国与越南、菲律宾等国家的政治关系,进而提升直接投资对双边贸易的创造效应。

8.3.2 加强国家间人文交流,凝聚合作共赢发展理念

中国与东盟国家都属于东亚文化圈,存在相似和共通的文化传统。然而,在区域文化支离、多元文化发展的情况下,传统的价值链不断被解构[1],进而导致固有的情感沟通纽带不断割裂,对直接投资贸易效应产生实质性影响。在弥合分歧和化解矛盾方面,人文交流的作用日益凸显,其是国与国之间加深理解信任和务实合作的必然要求,在中国与东盟国家经贸合作中发挥基础性和支柱性作用。在中国对东盟直接投资发展的过程中,必须加强与东盟国家的人文交流工作,增强中国与东盟民众间的文化认同和情感联系,进而为企业赴东盟国家投资创造良好的民意和社会基础,更好地发挥直接投资对双边贸易的创造效应。

创新人文交流合作机制。人文交流机制建设是实现中国与东盟国家实现沟通交流价值和功能的有效路径。现阶段中国与东盟已经建立了中国—东盟文化部长会议机制、中国—东盟教育部长会议机制、中国—东盟旅游部长会议机制等,与印尼建立了副总理级人文交流合作机制。在现有人文交流合作机制下,中国与东盟国家在教育、文化、旅游、卫生等领域举办了一系列多元化的人文交流活动,增强了中国与新加坡、马来西亚等国家民众之间的文化认同,提高了中国对东盟国家直接投资效率和生产效率,进而促进了双边贸易规模的快速增长。然而,人文交流是一项系统性工程,现有的人文交流机制无法约束成员国对人文交流合作成果的落实,尚未有效处理好东盟成员国人文交流共性需求与个性需求之间的关系,使得中国与东盟各国的文化认同差异性较为明显,无法有效增强直接投资对出口贸易的创造效应。为更好的加强文化认同对直接投资贸易效应的调节作用,应创新人文交流合作机制。第一,加强人文交流机制的顶层设计。中国与东盟应提升人文交流合作机制的级别,共同协商调动和整合现有人文交流合作机制,从战略上谋划双边人文交流与合作的短期目标、阶段性目标和长期目标,充分利用教

---

[1] 成汉平,宁威."大变局"视野下中国—东盟关系中的问题、挑战与对策[J].云南大学学报(社会科学版),2020,19(01):126-134.

第8章 政策建议

育、文化、旅游等领域的有限资源,打造人文交流重点领域的示范性成果,提高中国与东盟各国民众之间的文化认同。第二,在与东盟国家开展人文交流过程中,充分考虑不同国家和地区的风俗民情,形成特色鲜明、有针对性的双边人文交流合作机制,积极拓展建立中国与越南、菲律宾、马来西亚等国家的双边人文交流合作机制,深化与东盟国家人文交流向多元化方向发展。第三,完善人文交流统筹协调机制建设。政府应梳理好双边与多边人文交流与合作机制之间的关系,推动部门之间以及地方政府的积极参与和配合,发挥民间社会团体的能动性,适度放开民间组织和团体参与教育、文化、智库等各领域合作,对不同层级的人文交流活动进行备案管理,避免人文交流活动的过度单一化和趋同化的现象,采取集约式资源投入方式提高人文交流的投入产出效率。

人文交流的内容是多样化,涵盖文化、卫生、旅游、教育、新闻等方面。现阶段,中国与东盟国家人文交流呈现出合作的广度和深度不足,仅在有限的范围内进行扁平化交流①。这些情况的发生制约了中国与东盟国家民众之间的文化认同,提高了企业直接投资过程中的跨文化交流成本,不利于跨国企业建立区域产业分工体系,进而弱化了双边贸易产品需求和发展规模。为增强文化认同对直接投资贸易效应的调节作用,应不断拓展交流宽度、增强交流深度②。第一,在水平方向上拓展人文交流合作范畴。在尊重各自国家文化、坚持文明交流互鉴的基础上,中国与东盟国家人文交流合作应突破地域、民族、行业、宗教、文化背景、价值观等因素的限制,密切议会、商会协会、妇女、青年、工商界等群体交流,从文化、教育、体育等领域向影视创作、文博展览、环境保护、消除贫困等诸多领域拓展,开展全方位、多领域的人文交流与合作,构建多元化、多向型的人文交流合作网络平台和发展格局,推进人文交流旗舰项目的落实,进一步筑牢中国与东盟国家人文交流合作民意基础。第二,在垂直方向上深化人文交流合作层次。实际上人文交流的领域丰富多样,且在单一领域也会存在不同发展层次。中国与东盟国家人文交流不应停留在表层,更需要开展深层次的对话和沟通,延伸交流合作链条。第三,注重人文交流重点领域建设。基于中国与东盟国家的历史、地理、文化和现状,将教育、文化、旅游等领域作为人文交流务实合作的重点领

---

① 陆建人,蔡琦.中国—东盟人文交流:成果、问题与建议[J].创新,2019,13(02):45-54.
② 郭业洲."一带一路"民心相通报告[M].北京:人民出版社,2018.

域,增强中国和东盟国家民众之间的双向互动,充分发挥媒体、智库等机构的先导性和支持性作用,加强国际传播能力建设,讲好中国故事,传播好中国声音,增强东盟国家对合作共赢理念以及中国—东盟命运共同体建设的认同。

中国与东盟国家人文交流互动频繁,不断畅通人文交流渠道,扩大人文交流发展规模,推动了中国与东盟国家在人文交流领域的务实发展,有效助力和深化双边政治互信和经贸合作。然而,由于新冠疫情反复性和持续性的影响,中国与东盟国家采取了不同等级的疫情防控和出入境限制措施,使得教育、旅游、文化等领域人员往来被迫中断,使得人文交流的途径和关系面临着"脱钩"风险。在这种情况下,中国与东盟国家有必要创新人文交流合作形式,进一步深耕和夯实中国与东盟国家的民意基础,为后疫情时代更好地推动双边关系的全方位发展奠定基础。第一,加快"互联网+人文交流"模式建设,实现实体与虚拟交流平台的相互补充和良性互动。要充分发挥微信、TikTok等网络媒体和平台的移动性、便捷性、综合性、互动性等方面的优势,加快新型网络文化交流互动方式建设,举办线上文博展览、线上音乐节、线上文艺演出、线上文创展播、直播带货等活动,传播中国文化产品、内容和理念,定期和不定期开展在线智库论坛、在线研学等"云沟通"活动,探讨新形势下区域合作和治理等问题,共同维护中国与东盟国家利益和多元发展。第二,加大对东盟国家的传播精准度和力度。政府应支持打造具有国际影响力的全媒体和文化传播机构,提高在人文交流合作领域的话语权,加强国内主流媒体与东盟国家门户网站、社交媒体、报纸、新闻客户端等渠道的合作,充分发挥各种媒介在当地的综合宣传力量,分享我国在新冠疫情防控等领域的经验做法。第三,发挥跨国企业的人文交流能力建设。作为促进东盟国家经济增长、满足本土市场需求以及提升社会福利水平的重要推动者,跨国公司在此次新冠疫情中发挥着重要的作用[1]。中国企业应关注当地的社会发展和民生,突出防疫物资捐赠、支持东盟国家医护工作者、支援疫情严重地区等方式,开展有利于改善当地民生的合作项目与公益活动,更规范地履行跨国公司企业社会责任使命,树立中国企业在东盟国家的良好形象,进一步扩大人文交流的民间和社会基础。

---

[1] 崔新健,彭谓慧. 新冠疫情影响下跨国公司企业社会责任新趋势[J]. 国际贸易,2020(09):14-21.

8.3.3 增强政策支持力度,优化投资贸易便利化水平

为更好地构建产业链、供应链和价值链,提升双边贸易发展水平,需要中国企业顺利并长期可持续"走出去"开展直接投资合作,发挥直接投资对进出口贸易的引致作用,完善区域产业分工体系。在企业"走出去"发展的过程中,巩固和发展以投资贸易便利化为核心的贸易畅通网络至关重要[①],这要求政府在贸易与投资活动提供的服务与保障发挥明显的政策导向性,进一步完善区域贸易投资政策、金融财政支持政策以及区域风险防控体系建设,畅通区域内要素流通渠道,以更好地发挥直接投资贸易效应。

中国—东盟自由贸易区建成后,所有商品基本实现零关税,完成了"以削减关税为主"的第一代贸易政策改革,正在向以"国内管理体制改革"为主的第二代贸易政策改革发展[②]。在中国—东盟区域产业链与价值链构建中,贸易、投资、服务与技术之间存在密切联系。从商品贸易开放走向制度型开放,要继续提升贸易投资便利化水平,实行更为开放的贸易投资政策,消除关税、非关税贸易壁垒和直接投资限制,确保贸易、投资和技术政策的协调性和一致性。具体而言,在进出口贸易方面,应落实出口服务增值税零税率或免税政策,持续清理规范进出口环节涉企收费,以进一步增强企业进出口贸易能力。要对进出口贸易管理模式进行创新,推进全流程作业无纸化,加快推进"单一窗口"功能覆盖海运和贸易全链条,推进数字关境建设与应用,提高进出口贸易通关效率。鼓励传统外贸企业、跨境电商和物流企业等参与海外仓建设。要采取线上线下结合,办好中国进出口商品交易会、中国—东盟博览会等展会,支持企业在东盟国家投资建立展示中心、分拨中心、批发市场、零售网点,完善区域采购、生产、营销及服务网络,推进市场采购、跨境电子商务等新型贸易方式发展,鼓励传统制造业企业参与跨境电商供应链建设,促进跨境电子商务与传统产业融合,进一步提升贸易发展质量和动能。在对

---

① 刘镇,邱志萍,朱丽萌. 海上丝绸之路沿线国家投资贸易便利化时空特征及对贸易的影响[J]. 经济地理,2018,38(03):11-20.
② 沈铭辉. 金砖国家合作机制探索——基于贸易便利化的合作前景[J]. 太平洋学报,2011(10):28-37.

外投资方面,借助中国—东盟自由贸易区3.0版和RCEP协议条款,推进国内产业资本与全球资本深度融合,鼓励企业"走出去"采取并购、海外建厂等方式布局企业生产网络,推进自贸试验区改革试点的建设,加快直接投资管理体制改革,提高企业开展对外直接投资的审批效率,促进投资的自由化与便利化,进而更好地促进产业内贸易发展。

在符合世界贸易组织规则前提下,为企业发展提供多渠道的资金支持,拓展企业发展空间,让企业在"走出去"发展中提质增效。为此,应通过市场化方式引导资金流向高附加值的部门扩大银行业、保险业等行业对外开放水平,为企业向价值链高端地位跃升提供全流程资金支持。鼓励企业购买海外投资保险、担保保险、合同保险等,提升企业对外直接投资活动的抗风险能力。要进一步发挥政策资金的杠杆作用,最大限度调动民间社会资金的积极性,推进国内产业资本与全球资本深度融合,解决企业"走出去"的融资难和融资贵问题。打造征信、评级、信贷、证券、保险、基金等于金融平台,降低企业"走出去"发展的准入门槛和贷款利率,适度放宽抵押物限制[①],缓解企业信贷融资压力,以更好的发挥直接投资贸易效应。

作为中国企业开展直接投资的重要目的地,东盟国家在中国对外直接投资中的比重已经远超欧盟和美国等经济体。然而,东盟国家在政治、经济、文化、宗教等方面存在多重差异,这对中国企业赴东盟国家投资产生了诸多不确定性影响。为更好地开展中国对东盟国家直接投资,发挥其对双边贸易的促进效应,应充分开展调研评估,健全区域风险防控机制建设,降低企业的跨国投资风险。第一,政府应引导企业遵从国际惯例与商业规则,借鉴成功的跨国公司的合规管理经验,对项目成本收益风险进行评估,进而显著降低中国企业海外投资的各种风险,稳定提升直接投资对跨区域产业内贸易的促进作用。第二,完善投资风险防控平台建设。政府应加强走出去公共服务平台建设,把各个政府部门、各种驻外机构、各种行业协会整合起来,牵头建立一个系统性的区域协调机制以及投资规范发展体系,提供相对可靠和完善的风险预警与风险评估、风险监控以及投资受损后的利益保护等信息,整合咨询、法律、会计、金融等中介服务资源,加强对企业"走出去"发展的指导。

---

① 于田,杜秋. 构建高新企业"走出去"的金融财政支持机制[J]. 国际融资,2018(08):28-29.

第 9 章 主要研究结论与展望

9.1 研究结论

在贸易摩擦、新型冠状病毒疫情冲击、贸易保护主义抬头的背景下，全球价值链朝着碎片化、分散化的方向发展，产业链、供应链和价值链倾向于缩短化和本土化，使得中国与东盟也面临着产业链、供应链和价值链领域的挑战。然而，区域全面经济伙伴关系协定（RCEP）、中国—东盟自贸区 3.0 建设为双方合作注入了新的发展动力，有效推进直接投资的自由化和便利化，畅通区域产业链和供应链的梗阻，更好地联通国内国际两个市场、实施优化配置资源，进一步扩大双边贸易的发展规模。在中国与东盟经贸发展的挑战与机遇并存的情况下，中国对东盟直接投资促进双边贸易发展蕴含着新的时代意义，以加强对东盟国家直接投资，优化区域产业分工，构建更为开放、更具韧性的中国—东盟区域产业链、供应链和价值链体系，进一步巩固和促进双边贸易高质量发展，为世界经济复苏和可持续发展注入更多动力。本书从规模、结构和国别视角围绕中国对东盟国家直接投资贸易效应进行研究，探究直接投资对双边贸易的间接效应和外部因素的调节效应，并进一步拓展分析中国与东盟国家贸易发展潜力，得出以下结论。

（1）中国与东盟国家直接投资与双边贸易发展迅速，但仍存在一些问题。改革开放 40 多年来，中国逐步嵌入全球产业链、供应链和价值链，在国际分工体系中占据着举足轻重的地位。在这一过程中，中国与东盟国家间投资贸易关系在跌宕起伏，从对话沟通逐渐全面合作，大致上经历了四个阶段的变化，即初始阶段、深入阶段、中国—东盟自由贸易区阶段和"一带一路"倡议阶段。现阶段，东盟是中国在主要经济体中投资量最多的地区，中国对东盟国家的直接投资的主体为国有企业，私营企业对东盟国家开展直接投资的项目数量和金额也基本保持逐年增加的态势。中国对东盟国家直接投资较为集中,主要投资产业依次是制造业、批发零售业、租赁与商务服务业等。中国对东盟直接投资产业结构层次较低,国别投资选择不均衡,直接投资方式较为单一,境外产业园区建设不完善;直接投资的政策支持与保障措施不健全;政治、文化等外部风险制约直接投资发展等一系列问题,制约了跨区域产业链、供应链和价值链的构建,也抑制了直接投资贸易效应的有效发挥。

(2)中国对东盟国家直接投资可以促进双边贸易发展。从规模角度看,中国对东盟国家直接投资具有显著的出口创造和进口创造效应,且直接投资的进口创造效应明显高于出口创造效应。从结构角度看,中国对东盟国家直接投资尚无法有效促进初级产品贸易发展,但对中国与东盟国家工业制成品贸易存在创造效应,且对进口贸易的促进作用明显高于出口贸易。中国对东盟国家直接投资可以显著促进一般贸易、进料加工贸易、保税区仓储转口贸易方式的出口贸易发展,但尚无法有效促进其他贸易方式的进口贸易发展。相比其他贸易方式,直接投资对保税区仓储转口贸易方式的贸易促进效应最强。同时,中国对东盟直接投资可以显著促进资本密集型产业的出口贸易以及劳动密集型和技术密集型产业的进口贸易发展,但直接投资与资源密集型、劳动密集型和技术密集型产业出口贸易的关系不显著。从贸易产品类型上看,中国对东盟直接投资对中间产品、资本品的进口、出口贸易以及消费品进口贸易存在创造效应,但尚无法促进消费品出口贸易。从国别视角来看,中国对东盟所有国家的直接投资均具有出口创造和进口创造效应,其中中国对越南直接投资的出口贸易效应和进口贸易效应均处于较高水平,对越南、老挝、缅甸和柬埔寨直接投资的出口贸易效应大于进口贸易效应,对其他东盟国家直接投资的出口贸易效应小于进口贸易效应。

(3)中国对东盟直接投资与双边贸易存在间接效应。中国对东盟国家直接投资可以促进东盟国家产业结构升级,且产业结构升级变量存在完全中介效应,即中国对东盟国家直接投资通过促进东盟国家产业升级,进而促进双边进出口贸易发展。同时,中国对东盟国家直接投资可以提升东盟国家全要素生产率,而全要素生产率的提升可以促进东盟国家对中国出口贸易发展,但尚不能有效提升对中国贸易产品的进口。

(4)政治关系、文化认同和制度距离等外部因素对直接投资贸易效应存在调节作用。在调节效应分析中,中国与东盟国家双边政治关系改

第 9 章　主要研究结论与展望

善可以有效提升直接投资的进口贸易引致效应,但双边政治关系与出口贸易呈负相关关系,无法有效促进出口贸易发展。文化认同对直接投资贸易效应的交互作用存在差异性,文化认同可以有效提升中国对东盟国家直接投资进口贸易效应,但国家间文化认同尚不能有效增强中国对东盟国家直接投资出口贸易效应。制度距离越小越有利于提升直接投资对进口贸易的促进效应,但制度距离尚未对出口贸易产生显著性影响。

(5)中国与东盟国家投资贸易合作潜力巨大。采用随机前沿引力模型,从贸易发展潜力角度分析中国与东盟国家贸易发展空间,进一步说明直接投资促进双边贸易发展的重要性。中国与东盟国家平均贸易效率存在明显的异质性特征,新加坡贸易效率较高,而其他东盟国家贸易效率不高。从出口贸易效率角度看,中国对东盟国家的出口贸易效率基本保持在 0.8 以上,属于出口贸易潜力开拓型。从进口角度看,中国对新加坡、马来西亚、菲律宾、泰国和文莱进口贸易效率基本保持在 0.6 以上,对新加坡和马来西亚进口贸易效率高于 0.8。中国与东盟国家都存在一定程度的贸易发展潜力,其中中国与越南贸易发展潜力巨大,与印尼、新加坡、泰国、马来西亚和菲律宾与中国的贸易发展潜力较大,与文莱、柬埔寨、老挝和缅甸等国家的贸易发展潜力一般。总体上看中国与东盟国家存在较大的贸易发展空间。同时,在缓解贸易非效率因素的情况下,中国对东盟国家直接投资对双边贸易存在明显的贸易创造效应。这表明在促进中国与东盟双边贸易发展过程中,可以通过发挥直接投资贸易效应,进一步挖掘双边贸易发展潜力,进而促进双边贸易高质量发展。

9.2　研究展望

在新冠病毒疫情的背景下,全球产业链、供应链断裂问题凸显,出现区域化、本土化的收缩趋势,这直接影响着中国与东盟国家经贸的高质量发展。然而,随着"双循环"战略的提出、RCEP 协议的签署以及中国—东盟自由贸易区 3.0 建设,多重政策为中国与东盟国家投资贸易注入了新的活力。本书较为全面地分析了中国对东盟国家直接投资贸易效应,并取得了一定的研究成果。当然,本书仍然存在一定的不足之处,这将是未来研究的重点方向,有待未来进一步深化和拓展。

第一,本书从宏观层面分析中国对东盟直接投资贸易效应,但由于数据获取方面存在难度,尚未涉及到企业微观层面。在今后的研究中,将进一步从微观视角研究直接投资对双边贸易的作用。

第二,本书的贸易额仅指货物贸易,并未涉及服务贸易领域。服务贸易已成为全球贸易最具活力的组成部分,而服务领域跨国直接投资方兴未艾。未来中国对东盟国家直接投资与服务贸易的关系也值得深入研究。

第三,东盟国家政府的数据统计能力差别很大,致使本书在研究过程中搜集和获取的数据存在不完整的情况。由于受到疫情影响,原计划到东盟国家开展实地调研的计划搁浅,缺乏一些一手数据和资料,希望能在未来的研究中获得完善。

参考文献

[1]卢潇潇,梁颖."一带一路"基础设施建设与全球价值链重构[J].中国经济问题,2020(01):11-26.

[2]古柳,宋婕."一带一路"背景下中国对外直接投资的价值链构建效应[J].国际经贸探索,2020,36(11):99-114.

[3]强永昌,胡迪锋.发展中国家对外直接投资贸易效应研究[C]."中国与世界区域经济开放与发展"全国学术研讨会.2007.

[4]梁颖.中国—东盟政治经济互动及机制研究[M].北京:人民出版社,2016.

[5]牛志伟,邹昭晞,卫平东.全球价值链的发展变化与中国产业国内国际双循环战略选择[J].改革,2020(12):28-47.

[6]刘志彪,郑江淮.价值链上的中国:长三角选择性开放新战略[M].北京:中国人民大学出版社,2012.

[7]张慧明,蔡银寅.中国制造业如何走出"低端锁定"——基于面板数据的实证研究[J].国际经贸探索,2015,31(01):52-65.

[8]毛蕴诗,王婕,郑奇志.重构全球价值链:中国管理研究的前沿领域——基于SSCI和CSSCI(2002—2015年)的文献研究[J].学术研究,2015(11):85-93+160.

[9]张彦.中国与东盟共建区域价值链问题探讨——以制造业为例[J].国际展望,2019,11(06):68-89+152-153.

[10]刘源丹,刘洪钟.中国对外直接投资如何重构全球价值链:基于二元边际的实证研究[J].国际经贸探索,2021,37(11):20-36.

[11]张玮.国际贸易原理[M].北京:中国人民大学出版社,2009.

[12]黎绍凯,朱卫平,刘东.高铁能否促进产业结构升级:基于资源再配置的视角[J].南方经济,2020(02):56-72.

[13]赵国庆,沈冰阳.产业结构高级化的演化与度量[J].数量经济

研究,2021,12(03):36-55.

[14]张明,任烜秀.经济波动与产业结构合理化的相互作用关系研究[J].经济问题,2019(06):55-64.

[15]李坤望,马天娇,黄春媛.全球价值链重构趋势及影响[J].经济学家,2021(11):14-23.

[16]刘金全,郑荻.中国在全球价值链中的地位变迁与路径升级[J].西安交通大学学报(社会科学版),2022,42(02):14-21.

[17]支宇鹏,黄立群,陈乔.自由贸易试验区建设与地区产业结构转型升级——基于中国286个城市面板数据的实证分析[J].南方经济,2021(04):37-54.

[18]黎峰.中国国内价值链是怎样形成的?[J].数量经济技术经济研究,2016,33(09):76-94.

[19]黎峰.增加值视角下的中国国家价值链分工——基于改进的区域投入产出模型[J].中国工业经济,2016(03):52-67.

[20]刘培青.增加值视角下中国产业结构升级:国内价值链还是全球价值链?[J].产业经济评论(山东大学),2020,19(03):64-82.

[21]赵江林.大区域价值链:构筑丝绸之路经济带共同利益基础与政策方向[J].人文杂志,2016(05):21-28.

[22]张彦.RCEP区域价值链重构与中国的政策选择——以"一带一路"建设为基础[J].亚太经济,2020(05):14-24+149.

[23]魏龙,王磊.从嵌入全球价值链到主导区域价值链——"一带一路"战略的经济可行性分析[J].国际贸易问题,2016(5):104-115.

[24]闫东升,马训."一带一路"倡议、区域价值链构建与中国产业升级[J].现代经济探讨,2020(03):73-79.

[25]赖石成,钟伟.中国与东盟各国间的贸易与FDI关系实证研究[J].东南亚纵横,2011(07):16-20.

[26]刘再起,谢润德.中国对东盟OFDI的国别贸易效应实证分析[J].世界经济研究,2014(06):80-86+89.

[27]郑磊,刘亚娟.中国对外直接投资的贸易效应研究:基于对北美自贸区、欧盟、东盟投资的比较分析[J].数学的实践与认识,2014,44(16):22-30.

[28]吴玲玲.中国对东盟直接投资的贸易效应研究[D].云南师范大学,2017.

[29]李立民,张越,王杰.OFDI对中国—东盟贸易影响研究[J].国际经济合作,2018(09):76-86.

[30]林创伟,谭娜,何传添.中国对东盟国家直接投资的贸易效应研究[J].国际经贸探索,2019,35(04):60-79.

[31]Kiyoshi Kojima. Foreign Investment:A Japanese Model of Multinational Business Operation[M]. London:Croom Helm,1978.

[32]Weiss L M Y. Foreign Production and Exports in Manufacturing Industries[J]. The Review of Economics and Statistics,1981,63(4):488-494.

[33]Hideki,Yamawaki. Exports and Foreign Distributional Activities:Evidence on Japanese Firms in the United States[J]. The Review of Economics and Statistics,1991(3):294-300.

[34]Clausing K A. Does Multinational Activity Displace Trade?[J]. Economic Inquiry,2000,38(2):190-205.

[35]Bajo-Rubio O,María Montero-Mu? oz. Foreign Direct Investment and Trade:A Causality Analysis[J]. Open Economies Review,2001,12(3):305-323.

[36]Chiappini R. Do overseas investments create or replace trade? New insights from a macro-sectoral study on Japan[J]. Journal of international trade & economic development,2016,25(3-4):403-425.

[37]邱立成.论国际直接投资与国际贸易之间的联系[J].南开经济研究,1999(06):33-39.

[38]张应武.对外直接投资与贸易的关系:互补或替代[J].国际贸易问题,2007(06):87-93.

[39]莫莎,刘芳.中国对非洲直接投资与贸易的关系研究——基于面板数据的实证分析[J].国际经贸探索,2008,24(8):46-50.

[40]叶文佳,于津平.欧盟对中国FDI与中欧贸易关系的实证研究[J].世界经济与政治论坛,2008(04):21-28.

[41]刘向丽.日本对华制造业FDI对中日制成品产业内贸易影响的实证分析[J].国际贸易问题,2009(01):67-72.

[42]项本武.中国对外直接投资的贸易效应研究——基于面板数据的协整分析[J].财贸经济,2009(04):77-82+137.

[43]谢杰,刘任余.基于空间视角的中国对外直接投资的影响因素

与贸易效应研究[J].国际贸易问题,2011(06):66-74.

[44]张春萍.中国对外直接投资的贸易效应研究[J].数量经济技术经济研究,2012,29(06):74-85.

[45]李东阳,杨殿中.中国对中亚五国直接投资与双边贸易关系研究[J].财经问题研究,2012(12):90-95.

[46]王恕立,向姣姣.创造效应还是替代效应——中国OFDI对进出口贸易的影响机制研究[J].世界经济研究,2014(06):66-72+89.

[47]蒋冠宏,蒋殿春.中国企业对外直接投资的"出口效应"[J].经济研究,2014,49(05):160-173.

[48]王胜,田涛,谢润德.中国对外直接投资的贸易效应研究[J].世界经济研究,2014(10):80-86+89.

[49]毛其淋,许家云.中国对外直接投资促进抑或抑制了企业出口?[J].数量经济技术经济研究,2014,31(09):3-21.

[50]范红忠,陈攀.我国OFDI与出口贸易关系及其时空差异分析[J].国际商务(对外经济贸易大学学报),2017(02):16-25.

[51]任志成,朱文博.中国对外直接投资与进出口贸易关系——基于"一带一路"沿线国家的实证分析[J].南京审计大学学报,2018,15(05):103-111.

[52]王煌,邵婧儿."一带一路"建设下中国OFDI的贸易效应研究——基于GTAP模型的分析[J].国际经贸探索,2018,34(02):36-52.

[53]毛海欧,刘海云.中国对外直接投资对贸易互补关系的影响:"一带一路"倡议扮演了什么角色[J].财贸经济,2019,40(10):81-94.

[54]张苑斌,赖伟娟.我国对"一带一路"沿线国家OFDI的贸易效应研究[J].商业经济研究,2021(12):143-146.

[55]Brainard S L. An Empirical Assessment of the Proximity-Concentration Trade-off between Multinational Sales and Trade[J]. American Economic Review,1997,87(4):520-544.

[56]Gruber W,Vernon R,Keesing D B. The r & d factor in international trade and international investment of United States industries[J]. Thunderbird International Business Review,1967,9(3):5-5.

[57]Horst T. The Industrial Composition of U. S. Exports and Subsidiary Sales to the Canadian Market[J]. American Economic Review,1972,62(1/2):37-45.

[58]Helpman, Elhanan, Marc J. Melitz, and Stephen R. Yeaple. Export Versus FDI with Heterogeneous Firms[J]. American Economic Reviewer,2004(3):300-316

[59]Markusen,J. R. and Venables,A. J. 'The Increased Importance of Direct Investment in North Atlantic Economic Relationships:a Convergence Hypothesis', in M. B. Canzoneri, W. J. Ethier and V. Grilli (eds), The New Transatlantic Economy, Cambridge, Cambridge University Press. 1996.

[60]Pain N,Wakelin K. Export Performance and the Role of Foreign Direct Investment[J]. The Manchester School,1998,66(S):62-88.

[61]Kimimo S,Saal D S,Driffield N. Macro determinants of FDI inflows to Japan:an analysis of source country characteristics[J]. The World Economy,2007,30(3):446-469.

[62]Gopinath, M., Pick, D. and Vasavada, U., Exchange Rate Effects on the Relationship between FDI and Trade in the U. S. Food Processing Industry[J]. American Journal of Agricultural Economics, 1998(80):1073-1079.

[63]薛敬孝.日本对华直接投资与对华贸易的关系——促进效果与替代效果[J].南开管理评论,1997(03):3-7.

[64]汪素芹,姜枫.对外直接投资对母国出口贸易的影响——基于日本、美国对华投资的实证分析[J].世界经济研究,2008(05):78-81+86+89.

[65]周昕,牛蕊.中国企业对外直接投资及其贸易效应——基于面板引力模型的实证研究[J].国际经贸探索,2012,28(05):69-81+93.

[66]欧定余,魏聪.OFDI促进了中国的出口吗？——基于动态面板模型的系统GMM检验[J].湘潭大学学报(哲学社会科学版),2016,40(02):73-79.

[67]程中海,冯梅,袁凯彬."一带一路"背景下中国对中亚区域OFDI的能源进口贸易效应[J].软科学,2017,31(03):30-33+67.

[68]康振宇.全球价值链下中国对外直接投资的贸易效应[M].北京:知识产权出版社,2017.

[69]J. P. Neary. Factor Mobility and International Trade[J]. Canadian Journal of Economics,1995(28):53-68.

[70]Roger,Svensson.Effects of Overseas Production on Home Country Exports:Evidence Basedon Swedish Multinationals[J]. Weltwirtschaftliches Archiv,1996(2):304-329.

[71]Bruce,A,Blonigen. In search of substitution between foreign production and exports[J]. Journal of International Economics,2001(53):81-104.

[72]Swenson D L. Foreign Investment and the Mediation of Trade Flows[J]. Review of International Economics,2004,12(4):609-629.

[73]Mullen J K,Williams M. Bilateral FDI and Canadian Export Activity[J]. International Trade Journal,2011,25(3):349-371.

[74]项本武.对外直接投资的贸易效应研究——基于中国经验的实证分析[J].中南财经政法大学学报,2006(03):9-15+142.

[75]蔡锐,刘泉.中国的国际直接投资与贸易是互补的吗?——基于小岛清"边际产业理论"的实证分析[J].世界经济研究,2004(08):64-70.

[76]王迎新.论海外直接投资与贸易的关系[J].财贸经济,2003(01):81-86+98.

[77]陈石清.对外直接投资与出口贸易:实证比较研究[J].财经理论与实践,2006(01):56-61.

[78]胡兵,乔晶.中国对外直接投资的贸易效应——基于动态面板模型系统GMM方法[J].经济管理,2013,35(04):11-19.

[79]綦建红,陈晓丽.中国OFDI的出口效应:基于东道国经济发展水平差异的实证分析[J].学海,2011(03):136-142.

[80]陈俊聪,黄繁华.中国对外直接投资的贸易效应研究[J].上海财经大学学报,2013,15(03):58-65.

[81]杨平丽,张建民.对外直接投资对企业进出口贸易的影响——来自中国工业企业的证据[J].亚太经济,2016(05):113-119.

[82]林志帆.中国的对外直接投资真的促进出口吗[J].财贸经济,2016(02):100-113.

[83]魏兰叶,陈晓.中国在中亚直接投资对双边贸易的影响——基于丝绸之路经济带的研究视角[J].现代经济探讨,2017(12):41-48.

[84]李晓钟,徐慧娟.中国对"一带一路"沿线国家直接投资贸易效应研究[J].国际经济合作,2018(10):4-9.

[85]谢娜.中国对"一带一路"沿线国家直接投资的贸易效应研究——基于制度距离差异的实证分析[J].宏观经济研究,2020(02):112-130+164.

[86]张娜,李立民.基于产业内贸易视角的中国与东盟产业结构调整探讨[J].东南亚纵横,2008(04):22-27.

[87]贾妮莎,雷宏振.中国OFDI与"一带一路"沿线国家产业升级——影响机制与实证检验[J].经济科学,2019(01):44-56.

[88]Dimelis, Sophia P. Spillovers from foreign direct investment and firm growth: technological, financial and market structure effects[J]. International Journal of the Economics of Business, 2005, 12(1): 85-104.

[89]Keller W, Yeaple S. Multinational Enterprises, International Trade, and Productivity Growth: Firm-Level Evidence from the United States[J]. National Bureau of Economic Research, Inc, 2003.

[90]Girma S. Absorptive capacity and productivity spillovers From FDI: a threshold regression analysis[J]. European Economy Group Working Papers, 2003, 67(3): 281-306.

[91]Buzdugan S R, Tüselmann. Making the Most of FDI for Development: 'New' Industrial Policy and FDI Deepening for Industrial Upgrading[J]. Transnational Corporations, 2018, 25(1): 1-21.

[92]杨俊龙,张媛媛.外商直接投资与我国产业结构调整[J].宏观经济管理,2004(07):40-42.

[93]CAVES, R. E. Multinational Firms, Competition and Productivity in Host-country Markets[J]. Economica, 1974(41): 176-193

[94]Blomstrom M, Persson H. Foreign investment and spillover efficiency in an underdeveloped economy: Evidence from the Mexican manufacturing industry[J]. World Development, 1983, 11(6): 493-501.

[95]纪祥裕.OFDI、制度质量与"一带一路"沿线国家产业结构升级[J].湖南科技大学学报(社会科学版),2019,22(02):52-59.

[96]乔敏健.对外直接投资带动东道国产业升级的效果分析——来自"一带一路"国家的经验证据[J].亚太经济,2019(05):103-112+152.

[97]田晖,谢虎,肖琛,宋清.我国对外直接投资与东道国产业结构升级——基于"一带一路"倡议的调节效应[J].中南大学学报(社会科学

版),2021,27(06):105-118.

[98]Venables M. Foreign direct investment as a catalyst for industrial development[J]. European Economic Review,1999,43(2):335-356.

[99]潘伟康. 农业 FDI 的贸易效应及其微观解释[D]. 浙江大学,2018.

[100]朱东波,任力. 环境规制、外商直接投资与中国工业绿色转型[J]. 国际贸易问题,2017(11):70-81.

[101]刘强. 走出外贸低迷——基于对外直接投资和国际技术扩散的视角[M]. 北京:中国社会科学出版社,2021.

[102]郭树华. 外国直接投资与东道国产业关联演进[J]. 思想战线,2004,(02):11-15.

[103]沈潇. 以产业升级促进对外贸易跃级发展[J]. 人民论坛,2018,(20):72-73.

[104]金秀,杨文兵. 经济增长:产业结构和贸易结构互动升级之结果[J]. 现代财经(天津财经大学学报),2011,31(09):118-123.

[105]刘来会,邓文慧. 中国对"丝绸之路经济带"沿线国家直接投资:现状、动机与政策建议——基于不同发展经济体的比较研究[J]. 经济问题探索,2017(05):101-109.

[106]韩立岩,顾雪松. 中国对外直接投资是过度还是不足？——基于制度视角与跨国面板数据的实证研究[J]. 中国软科学,2013(10):21-34.

[107]盛明泉,刘悦. 外商直接投资如何影响企业全要素生产率[J]. 现代经济探讨,2021(06):84-93.

[108]江小涓. 中国的外资经济对增长、结构升级和竞争力的贡献[J]. 中国社会科学,2002,(06):4-14+204.

[109]杨俊,邵汉华. 环境约束下的中国工业增长状况研究——基于 Malmquist-Luenberger 指数的实证分析[J]. 数量经济技术经济研究,2009,26(09):64-78.

[110] Kokko A. Technology,market characteristics,and spillovers[J]. Journal of Development Economics,1994(2),279-293.

[111]Blomstrom M, Economics J, Regibeau P,et al. Foreign Investment and Productive Efficiency:The Case of Mexico[J]. The Jour-

nal of Industrial Economics,1986,35(1):97-110.

[112]赵宸宇,李雪松.对外直接投资与企业技术创新——基于中国上市公司微观数据的实证研究[J].国际贸易问题,2017(06):105-117.

[113]Steven Globerman. Foreign Direct Investment and &♯x27;Spillover&♯x27;Efficiency Benefits in Canadian Manufacturing Industries[J]. Canadian Journal of Economics,1979,12(1):42.

[114]Chuang, Yih-Chyi, Lin, Chi-Mei. Foreign direct investment, R&D and spillover efficiency:Evidence from Taiwan's manufacturing firms[J]. Journal of Development Studies,1999,35(4):117-137.

[115]PENEDER M. Industrial structure and aggregate growth[J]. Structural change and economic dynamics,2003,14(4):427-448.

[116]孙浦阳,彭伟瑶.外商直接投资、资源配置与生产率提升——基于微观数据的验证[J].中南财经政法大学学报,2014(06):131-139+160.

[117]杨栋旭,于津平.投资便利化、外商直接投资与"一带一路"沿线国家全要素生产率[J].经济经纬,2021,38(02):54-63.

[118]孙晓华,王昀,郑辉.R&D溢出对中国制造业全要素生产率的影响——基于产业间、国际贸易和FDI三种溢出渠道的实证检验[J].南开经济研究,2012(05):18-35.

[119]蒋樟生.制造业FDI行业内和行业间溢出对全要素生产率变动的影响[J].经济理论与经济管理,2017(02):78-87.

[120]李敏杰,王健.外商直接投资质量与中国绿色全要素生产率增长[J].软科学,2019,33(09):13-20.

[121]冯伟,徐康宁.外商直接投资对提升地区生产率存在溢出效应吗——来自我国省级动态面板数据的实证分析[J].财经科学,2014,(02):114-121.

[122]Harrison A. Do Domestic Firms Benefit from Direct Foreign Investment? Evidence from Venezuela[J]. American Economic Review,1999,89(3):1369-1401.

[123]盛明泉,刘悦.外商直接投资如何影响企业全要素生产率[J].现代经济探讨,2021(06):84-93.

[124]王春法.FDI与内生技术能力培育[J].国际经济评论,2004(02):19-22.

[125]范丹.经济转型视角下中国工业行业环境全要素生产率及增长动力分析[J].中国环境科学,2015,35(10):3177-3186.

[126]Copeland B R. International Trade and the Environment: Policy Reform in a Polluted Small Open Economy[J]. Journal of Environmental Economics and Management,1994,26(1):44-65.

[127]强永昌.国际直接投资的贸易理论研究[M].上海:复旦大学出版社,2013.

[128]赵维,邓富华,霍伟东."一带一路"沿线国家互联网基础设施的贸易效应——基于贸易成本和全要素生产率的中介效应分析[J].重庆大学学报(社会科学版),2020,26(03):19-33.

[129]李小平.国际贸易与技术进步的长短期因果关系检验——基于VECM的实证分析[J].中南财经政法大学学报,2007(01):26-31.

[130]黄建忠,郑智昕.基于H-O模型的外生技术进步与国际贸易分析[J].商业研究,2011(09):111-115.

[131]梁会君,史长宽.中国制造业出口"生产率悖论"的行业分异性研究[J].山西财经大学学报,2014,36(07):59-69.

[132]徐莉.中国企业对外直接投资风险影响因素及控制策略研究[D].山东大学,2012.

[133]Globerman S, D Shapiro. Global Foreign Direct Investment Flows:The Role of Governance Infrastructure[J]. World Development,2002,30(11):1899-1911.

[134]张建红,姜建刚.双边政治关系对中国对外直接投资的影响研究[J].世界经济与政治,2012(12):133-155+160.

[135]姜丽群,张新蕾,黄江英.双边政治关系、投资动机与对外直接投资——基于12个主要交易国面板数据的实证研究[J].哈尔滨商业大学学报(社会科学版),2020(05):55-66.

[136]Habib M, Zurawicki L. Corruption and Foreign Direct Investment[J]. Journal of International Business Studies,2002,33(2):291-307.

[137]冀相豹.中国对外直接投资影响因素分析——基于制度的视角[J].国际贸易问题,2014(09):98-108.

[138]谢孟军.出口抑或对外投资——基于制度距离的视角[J].国际商务(对外经济贸易大学学报),2015(06):114-124.

[139]雷瑞.中国与东南亚国家制度距离对投资的影响研究[J].经济问题探索,2017(05):148-154.

[140]王金波.双边政治关系、东道国制度质量与中国对外直接投资的区位选择——基于2005—2017年中国企业对外直接投资的定量研究[J].当代亚太,2019(03):4-28+157.

[141]陈相森.国家文化影响外商对华直接投资的实证分析[J].科学学与科学技术管理,2013,34(11):70-81.

[142]刘爱兰,王智烜,黄梅波.文化差异比制度差异更重要吗?——来自中国对非洲出口的经验证据[J].世界经济研究,2018(10):91-107+137.

[143]王永钦,杜巨澜,王凯.中国对外直接投资区位选择的决定因素:制度、税负和资源禀赋[J].经济研究,2014,49(12):126-142.

[144]吴亮,吕鸿江.资源禀赋、制度环境与中国企业海外进入模式选择[J].国际经贸探索,2016,231(03):75-88.

[145]王晓颖.东道国自然资源禀赋、制度禀赋与中国对ASEAN直接投资[J].世界经济研究,2018(08):123-134+137.

[146]杨嬛,邓涛涛.市场距离、市场规模与中国企业对外直接投资的市场进入次序[J].经济管理,2017,561(09):20-34.

[147]王启洋,任荣明.投资壁垒的博弈分析及我国企业的应对策略研究[J].国际贸易问题,2013(03):88-94.

[148]郭卫军,黄繁华.东道国外商投资壁垒与中国对外直接投资[J].世界经济研究,2020(05):85-97+136-137.

[149]陆建明,姚鹏,卢萌.投资壁垒与海外投资企业数量的增长边际[J].国际贸易问题,2020(01):144-158.

[150]蒋冠宏,张馨月.金融发展与对外直接投资——来自跨国的证据[J].国际贸易问题,2016,397(01):166-176.

[151]刘志东,高洪玮.东道国金融发展、空间溢出效应与我国对外直接投资——基于"一带一路"沿线国家金融生态的研究[J].国际金融研究,2019,388(08):45-55.

[152]刘和东,施建军.FDI技术溢出的渠道、影响因素分析[J].科技管理研究,2009,29(06):347-348+343.

[153]王雪,马野驰.东道国金融发展、经济政策不确定性与中国对外直接投资的空间溢出效应[J].云南财经大学学报,2021,37(08):

1-15.

[154]陈涛涛.影响中国外商直接投资溢出效应的行业特征[J].中国社会科学,2003(04):33-43+204.

[155]郑秀君.我国外国直接投资技术溢出效应影响因素的实证研究[J].国际贸易问题,2007(03):72-77.

[156]胡兵,乔晶.我国对外直接投资的贸易效应及政策研究[M].北京:科学出版社,2019.

[157]左孝顺.从新贸易理论看国际直接投资理论的新主张[J].南方经济,1996(02):25-26.

[158]王阳.中国对欧盟直接投资的贸易效应研究[D].武汉大学,2016.

[159]Macdougall G D A. The benefits and costs of private investment from abroad: a theoretical approach 1 [J]. Oxford Bulletin of Economics and Statistics,1960,22(3):189-211.

[160] Ari, Kokko. Technology, market characteristics, and spillovers [J]. Journal of Development Economics,1994,43(2):279-293.

[161]Kopecky K. Economic growth,capital movements and the international transfer of technical knowledge[J]. Journal of International Economics,1977,7(1):45-65.

[162]傅元海,唐未兵,王展祥.FDI溢出机制、技术进步路径与经济增长绩效[J].经济研究,2010,45(06):92-104.

[163]Lin,P,Liu,et al. Do Chinese domestic firms benefit from FDI inflow:Evidence of horizontal and vertical spillovers[J]. CHINA ECONOMIC REVIEW-GREENWICH-,2009,20(4):677-691.

[164]E,Borensztein,and,et al. How does foreign direct investment affect economic growth? [J]. Journal of International Economics,1998.

[165]Caves R. E. Multinational Firms,Competition and Productivity in Host Country Market[J]. Economica,1974(41).

[166]刘宇飞,王征.基于外商直接投资渠道的国际技术溢出文献综述[J].科学决策,2017(02):76-96.

[167]吴林海,罗佳,杜文献.跨国R&D投资技术溢出效应的理论分析框架[J].中国人民大学学报,2007(02):113-119.

[168]Grg H,Strobl E,F Walsh. Why Do Foreign-Owned Firms

Pay More? The Role of On-the-Job Training[J]. World Scientific Book Chapters,2007,143(3):464-482.

[169]Strobl H G. Features ‖ Multinational Companies and Productivity Spillovers:A Meta-Analysis[J]. Economic Journal,2001,111(475):723-739.

[170]唐杰英. 日本对外直接投资的贸易效应及其启示[J]. 世界经济研究,2009(12):65-70+86.

[171]李平,卢霄. 外资自由化与中国制造业企业生产率[J]. 南开经济研究,2020(04):88-106.

[172]毛其淋,方森辉. 外资进入自由化如何影响中国制造业生产率[J]. 世界经济,2020,43(01):143-169.

[173]Aitken B J,Harrison A E. Do Domestic Firms Benefit from Direct Foreign Investment? Evidence from Venezuela[J]. American Economic Review,1999,89(3):605-618.

[174]何洁. 外国直接投资对中国工业部门外溢效应的进一步精确量化[J]. 世界经济,2000(12):29-36.

[175]易善策. 产业结构演进与城镇化互动发展研究[D]. 武汉大学,2011.

[176]魏然. 产业链的理论渊源与研究现状综述[J]. 技术经济与管理研究,2010(06):140-143.

[177]李一鸣,刘军. 产业发展中的相关理论与实践问题研究[M]. 成都:西南财经大学出版社,2006.

[178]刘贵富. 产业链基本理论研究[D]. 吉林大学,2006.

[179]朱卫平,陈林. 产业升级的内涵与模式研究——以广东产业升级为例[J]. 经济学家,2011(02):60-66.

[180]吴彦艳. 产业链的构建整合及升级研究[D]. 天津大学,2009.

[181]Buckley P J,Casson M. The Future of the Multinational Enterprise 25th Anniversary[M]. London:Palgrave Macmillan,2002.

[182]韩剑,徐秀军. 美国党派政治与中国对美直接投资的区位选择[J]. 世界经济与政治,2014(08):135-154+160.

[183]Nigh D. Political Events and the Foreign Direct Investment Decision:An Empirical Examination[J]. Managerial & Decision Economics,1986,7(2):99-106.

[184]Desbordes R,Vicard V. Foreign direct investment and bilateral investment treaties:An international political perspective[J]. Journal of Comparative Economics,2009,37(3):372-386.

[185]张建红,姜建刚. 双边政治关系对中国对外直接投资的影响研究[J]. 世界经济与政治,2012(12):133-155+160.

[186]王珏,李昂,周茂. 双边政治关系距离对中国出口贸易的影响:基于联合国大会投票数据的研究[J]. 当代财经,2019(01):96-107.

[187]刘晓光,杨连星. 双边政治关系、东道国制度环境与对外直接投资[J]. 金融研究,2016(12):17-31.

[188]杨连星,刘晓光,张杰. 双边政治关系如何影响对外直接投资——基于二元边际和投资成败视角[J]. 中国工业经济,2016(11):56-72.

[189]韩民春,江聪聪. 政治风险、文化距离和双边关系对中国对外直接投资的影响——基于"一带一路"沿线主要国家的研究[J]. 贵州财经大学学报,2017(02):84-91.

[190]姜丽群,张新蕾,黄江英. 双边政治关系、投资动机与对外直接投资——基于12个主要交易国面板数据的实证研究[J]. 哈尔滨商业大学学报(社会科学版),2020(05):55-66.

[191]李建平. 文化认同理念与中国—东盟文化产业合作发展[J]. 沿海企业与科技,2007(02):1-3.

[192]高英祺. 梁玉. 文化认同与跨文化交际[N]. 光明日报. 2014-09-07.

[193]顾国达,张正荣. 文化认同在外商直接投资信号博弈中的作用分析[J]. 浙江社会科学,2007(01):16-21.

[194]Zaheer S. Overcoming the Liability of Foreignness[J]. The Academy of Management Journal,1995,38(2):341-363.

[195]殷华方,鲁明泓. 文化距离和国际直接投资流向:S型曲线假说[J]. 南方经济,2011(01):26-38.

[196]綦建红,杨丽. 中国OFDI的区位决定因素——基于地理距离与文化距离的检验[J]. 经济地理,2012,32(12):40-46.

[197]谢孟军. 文化"走出去"的投资效应研究:全球1326所孔子学院的数据[J]. 国际贸易问题,2017(01):39-49.

[198]李俊久,丘俭裕,何彬. 文化距离、制度距离与对外直接投

资——基于中国对"一带一路"沿线国家 OFDI 的实证研究[J]. 武汉大学学报(哲学社会科学版),2020,73(01):120-134.

[199]Karunaratna D A. Developing a multidimensional instrument to measure psychic distance stimuli[J]. Journal of International Business Studies,2006,37(5):578-602.

[200]刘希,王永红,吴宋. 政治互动、文化交流与中国 OFDI 区位选择——来自国事访问和孔子学院的证据[J]. 中国经济问题,2017,303(04):98-107.

[201]许陈生,王永红. 孔子学院对中国对外直接投资的影响研究[J]. 国际商务(对外经济贸易大学学报),2016(02):58-68.

[202]蒋冠宏. 制度差异、文化距离与中国企业对外直接投资风险[J]. 世界经济研究,2015(08):37-47+127-1285.

[203]岳咬兴,范涛. 制度环境与中国对亚洲直接投资区位分布[J]. 财贸经济,2014(06):69-78.

[204]李世杰,程雪琳,金卫健. 制度质量影响中国对"一带一路"沿线国家 OFDI 效率了吗?[J]. 宏观质量研究,2021,9(03):36-49.

[205]钱进,王庭东. "一带一路"倡议、东道国制度与中国的对外直接投资——基于动态面板数据 GMM 的经验考量[J]. 国际贸易问题,2019,435(03):101-114.

[206]祁春凌,邹超. 东道国制度质量、制度距离与中国的对外直接投资区位[J]. 当代财经,2013,344(07):100-110.

[207]陈兆源. 东道国政治制度与中国对外直接投资的区位选择——基于 2000-2012 年中国企业对外直接投资的定量研究[J]. 世界经济与政治,2016,435(11):129-156+160.

[208]丁世豪,张纯威. 制度距离抑制了中国对"一带一路"沿线国家投资吗[J]. 国际经贸探索,2019,275(11):66-81.

[209]赵云辉,赵传莉,陶克涛. 制度差异、二元经验与中国对外直接投资——基于 50 个"一带一路"国家和 20 个发达国家的经验证据[J]. 现代财经(天津财经大学学报),2020,371(12):64-78.

[210]姚辉斌,张亚斌. 要素禀赋差异、制度距离与中国对"一带一路"沿线国家 OFDI 的区位选择[J]. 经济经纬,2021,200(01):66-74.

[211]武立东,杨军节. 制度距离、双边外交关系和对外直接投资——基于中国宏观数据的实证分析[J]. 预测,2016,210(03):26-31.

[212]许家云,周绍杰,胡鞍钢.制度距离、相邻效应与双边贸易——基于"一带一路"国家空间面板模型的实证分析[J].财经研究,2017,422(01):75-85.

[213]刘德学,孙博文.经济制度距离与贸易发展——基于跨国面板数据的实证研究[J].国际商务(对外经济贸易大学学报),2019,186(01):21-33.

[214]王勤.中马经贸关系的发展:回顾与展望[J].南洋问题研究,2000(02):18-23.

[215]陆建人.中国与马来西亚经贸关系分析[J].创新,2015,9(02):92-96+128.

[216]李建伟,刘长声.中国对东盟直接投资的策略选择[J].国际贸易论坛,2008(10):52-56.

[217]金刚,沈坤荣.中国企业对"一带一路"沿线国家的交通投资效应:发展效应还是债务陷阱[J].中国工业经济,2019,(9):79-97.

[218]刘梦恒.中国对外直接投资的空间效应研究[D].浙江大学,2019.

[219]Nareerat Wiriyapong, Bangkok Post. "Don't sell ASEAN short"[EB/OL]. https://www.bangkokpost.com/business/1958055/dont-sell-asean-short.登录时间:2021年9月20日.

[220]赵春明,陈开军.对外直接投资如何促进贸易高质量发展[J].开放导报,2020(02):51-58.

[221]沈建光,朱太辉,徐天辰.第一财经网.东盟贸易增长背后的产业链风险不容忽视[EB/OL]. https://www.yicai.com/news/100731771.html.登录时间:2021年10月20日.

[222]张帅.借助"双循环"构建中国与东盟可持续的制造业分工关系[EB/OL]. https://m.thepaper.cn/newsDetail_forward_8722330,登录时间:2021年9月20日.

[223]何敏,冯兴艳.东盟国家在亚太区域生产网络中的地位——中间产品贸易视角下的分析[J].国际经济合作,2017(04):20-26.

[224]徐芳燕,曾紫幸,刘巍.中国企业投资东盟是否提高了全要素生产率[J].国际经贸探索,2021,37(05):20-34.

[225]赵春明,陈开军.对外直接投资如何促进贸易高质量发展[J].开放导报,2020(02):51-58.

[226]李坚照.外国直接投资与东盟国家的工业化[J].亚太经济,1989(02):32-34.

[227]黄涛.东南亚地区钢铁产业现状分析[J].冶金管理,2020(04):23-28.

[228]聂世坤,叶泽樱.双边关系、制度环境与中国对"一带一路"国家OFDI的出口创造效应[J].国际经贸探索,2021,37(02):67-82.

[229]张彦.国际合作中敏感性和脆弱性的关系和规律探究——以中国—东盟经贸数据为量化分析样本[J].太平洋学报,2015,23(01):32-44.

[230]杜兰.疫情下中国—东盟关系的新进展与未来挑战[J].国际问题研究,2021(06):54-69.

[231]魏玲.伙伴关系再升级:东盟关切、中国责任与地区秩序[J].国际问题研究,2021(06):32-53+141-142.

[232]Luo Y,Tung R L. International expansion of emerging market enterprises:A springboard perspective[J]. Journal of International Business Studies,2007,38(4):481-498.

[233]Child J,Rodrigues S B. The Internationalization of Chinese Firms:A Case for Theoretical Extension?[J]. Management and Organization Review,2005,1(3):381-410.

[234]封艳萍.论中国—东盟合作化进程中的文化认同建构[J].广西青年干部学院学报,2013,23(06):76-78.

[235]郭丽燕,庄惠明.制度距离、"经验效应"与中国OFDI的区位分布——基于"一带一路"沿线国家的经验数据分析[J].统计学报,2021,2(04):44-52.

[236]Kolstad,I.,Wiig,A. 2010. Multinational corporations and host country institutions:A case study of CSR activities in Angola[J]. International Business Review(19):178-190.

[237]蒋冠宏.制度差异、文化距离与中国企业对外直接投资风险[J].世界经济研究,2015(08):37-47+127-128.

[238]朱陆民,崔婷."一带一路"倡议下中国对东盟直接投资的风险及化解路径[J].印度洋经济体研究,2018(02):100-113+140.

[239]赵晓峰,李虹含.中国对东盟直接投资的现状、问题与对策探析[J].现代管理科学,2015(10):79-81.

[240]太平,李姣.中国对外直接投资:经验总结、问题审视与推进路径[J].国际贸易,2019(12):50-57.

[241]高鹏飞,胡瑞法,熊艳.中国对外直接投资70年:历史逻辑、当前问题与未来展望[J].亚太经济,2019(05):94-102+151-152.

[242]张弛,程君佳.关于中国对外直接投资管理模式的思考[J].西南金融,2018(06):18-27.

[243]太平,李姣.中国企业对东盟国家直接投资风险评估[J].国际商务(对外经济贸易大学学报),2018(01):111-123.

[244]林丹阳.民主制度之"踵":家族式恩庇侍从关系与菲律宾政治[J].东南亚研究.2018(5):19-36.

[245]李灵.跨文化因素对中国企业海外直接投资的影响研究[D].天津财经大学.2018.

[246]农方.文化差异对中国在东盟直接投资的影响研究[D].广西大学,2017.

[247]刘海洋,林令涛,刘铁斌.新新贸易理论研究——基于企业异质性的分析框架[M].北京.经济科学出版社,2018.

[248]Yuqing,Xing,Laixun,et al. Reverse Imports,Foreign Direct Investment and Exchange Rates[J]. JAPAN AND THE WORLD ECONOMY,2008(20):275-289.

[249]Liu B J,Huang F M. Outward Direct Investment,Reverse Import,and Domestic Production:Evidence from Taiwanese Manufacturing Firms[J]. Hitotsubashi Journal of Economics,2005,46(1):65-84.

[250]林创伟,谭娜,何传添.中国对东盟国家直接投资的贸易效应研究[J].国际经贸探索,2019,35(04):60-79.

[251]林志帆.中国的对外直接投资真的促进出口吗[J].财贸经济,2016(02):100-113.

[252]王恕立,向姣姣.创造效应还是替代效应——中国OFDI对进出口贸易的影响机制研究[J].世界经济研究,2014(06):66-72+89.

[253]蒋冠宏,蒋殿春.中国对发展中国家的投资——东道国制度重要吗?[J].管理世界,2012(11):45-56.

[254]康振宇.全球价值链下的中国对外直接投资的贸易效应[M].北京:知识产权出版社,2017.

[255]王瑞,王永龙.我国与"丝绸之路经济带"沿线国家农产品进口贸易研究[J].经济学家,2017(4):97-104.

[256]支宇鹏,陈乔.境外产业园区、制度质量与中国对外直接投资[J].国际经贸探索,2019,35(11):97-112.

[257]隋月红."二元"对外直接投资与贸易结构:机理与来自我国的证据[J].国际商务(对外经济贸易大学学报),2010(06):66-73.

[258]隋月红,赵振华.出口贸易结构的形成机理:基于我国1980-2005年的经验研究[J].国际贸易问题,2008(03):9-16.

[259]贺培,封肖云,林发勤.中国对外直接投资如何影响出口——基于目的地"建设许可"工具变量的研究[J].中央财经大学学报,2017(02):110-119.

[260]章秀琴,余长婧."一带一路"基础设施建设的贸易效应研究[J].国际商务(对外经济贸易大学学报),2019(01):72-83.

[261]范海君.国际直接投资的贸易效应:一个理论分析框架[J].当代经济研究,2012(03):70-74.

[262]张曙宵.对外贸易结构论[M].北京:中国经济化版化,2003.

[263]赵东麒,桑百川."一带一路"倡议下的国际产能合作——基于产业国际竞争力的实证分析[J].国际贸易问题,2016(10):3-14.

[264]Lall, and Sanjaya. "The Technological Structure and Performance of Developing Country Manufactured Exports, 1985-98." Oxford Development Studies. 2000(3):337-369.

[265]杨汝岱,朱诗娥.中国对外贸易结构与竞争力研究:1978-2006[J].财贸经济,2008(02):112-119+128.

[266]陈俊聪,黄繁华.对外直接投资与贸易结构优化[J].国际贸易问题,2014(03):113-122.

[267]湛柏明,龙世але.来自中国进口商品对美国行业增长的效应分析[J].世界经济研究,2014(12):9-15+84.

[268]张鹏,李荣林.外国直接投资与双边贸易关系中的国别差异[J].国际贸易问题,2007(01):84-90.

[269]刘再起,谢润德.中国对东盟OFDI的国别贸易效应实证分析[J].世界经济研究,2014(06):80-86+89.

[270]贾妮莎,申晨.中国对外直接投资的制造业产业升级效应研究[J].国际贸易问题,2016(08):143-153.

[271]乔敏健.对外直接投资带动东道国产业升级的效果分析——来自"一带一路"国家的经验证据[J].亚太经济,2019(05):103-112+152.

[272]顾雪松,韩立岩,周伊敏.产业结构差异与对外直接投资的出口效应——"中国-东道国"视角的理论与实证[J].经济研究,2016,51(04):102-115.

[273]袁欣.中国对外贸易结构与产业结构:"镜像"与"原像"的背离[J].经济学家,2010(06):67-73.

[274]张曙霄,张磊.中国贸易结构与产业结构发展的悖论[J].经济学动态,2013(11):40-44.

[275]乔敏健.对外直接投资带动东道国产业升级的效果分析——来自"一带一路"国家的经验证据[J].亚太经济,2019(05):103-112+152.

[276]陈元清.中国对东盟十国直接投资的产业升级效应分析[J].山西大学学报(哲学社会科学版),2019,42(06):115-123.

[277]徐明君,黎峰.基于生产效率视角的全球价值链分工:理论解释及实证检验[J].世界经济与政治论坛,2015(06):74-94.

[278]蔡昉.以提高全要素生产率推动高质量发展[N].人民日报,2018-11-09(007).

[279]聂文星,朱丽霞.企业生产率对出口贸易的影响——演化视角下"生产率悖论"分析[J].国际贸易问题,2013(12):24-35.

[280]Caves D W, Christensen L R, Diewert W. The Economic Theory of Index Numbers and the Measurement of Input, Output, and Productivity. 1982,50(6):1393-1414.

[281]温忠麟,叶宝娟.中介效应分析:方法和模型发展[J].心理科学进展,2014,22(05):731-745.

[282]Delpachitra S, Dai P V. The Determinants of TFP Growth in Middle Income Economies in ASEAN: Implication of Financial Crises[J]. International Journal of Business and Economics,2012,11(1):63-88.

[283]王勇,黎鹏.信息通信基础设施对东盟全要素生产率的影响[J].亚太经济,2019(02):23-32+42+149-150.

[284]赵慧,范祚军.基于技术视角的东盟国家全要素生产力分析:1980-2011[J].南洋问题研究,2016(01):54-64.

[285]李俊久,丘俭裕,何彬.文化距离,制度距离与对外直接投

资——基于中国对"一带一路"沿线国家 OFDI 的实证研究[J].武汉大学学报:哲学社会科学版,2020,73(1):15.

[286]戴利研,李震.双边政治关系、制度质量与中国对外直接投资[J].经济理论与经济管理,2018(11):94-109.

[287]杨连星,刘晓光,张杰.双边政治关系如何影响对外直接投资——基于二元边际和投资成败视角[J].中国工业经济,2016(11):56-72.

[288]韩民春,江聪聪.政治风险、文化距离和双边关系对中国对外直接投资的影响——基于"一带一路"沿线主要国家的研究[J].贵州财经大学学报,2017(02):84-91.

[289]张建红,姜建刚.双边政治关系对中国对外直接投资的影响研究[J].世界经济与政治,2012(12):133-155+160.

[290]姜丽群,张新蕾,黄江英.双边政治关系、投资动机与对外直接投资——基于12个主要交易国面板数据的实证研究[J].哈尔滨商业大学学报(社会科学版),2020(05):55-66.

[291]刘敏,朱亚鹏,辜良烈.双边政治关系与中国企业跨国并购成功率——基于联合国大会投票数据的研究[J].南方经济,2020(07):18-38.

[292]潘镇,金中坤.双边政治关系、东道国制度风险与中国对外直接投资[J].财贸经济,2015(06):85-97.

[293]张建红,姜建刚.双边政治关系对中国对外直接投资的影响研究[J].世界经济与政治,2012(12):133-155+160.

[294]张倩,李芳芳,程宝栋.双边政治关系、东道国制度环境与中国 OFDI 区位选择——基于"一带一路"沿线国家的研究[J].国际经贸探索,2019,35(06):89-103.

[295]杨亚平,高玥."一带一路"沿线国家的投资选址——制度距离与海外华人网络的视角[J].经济学动态,2017(04):41-52.

[296]Lee C W. Does religion affect international trade in services more than trade in goods? [J]. Applied financial letters,2013,20(10-12):998-1002.

[297]Luo Y,Tung R L. International expansion of emerging market enterprises:A springboard perspective[J]. Journal of International Business Studies,2007,38(4):481-498.

[298]Child J,Rodrigues S B. The Internationalization of Chinese

Firms:A Case for Theoretical Extension? [J]. Management and Organization Review,2005,1(3):381-410.

[299]韦永贵,李红,牛晓彤.中国—东盟文化多样性与相似性测度及其投资效应研究[J].世界地理研究,2019,28(02):45-57.

[300]张帆.文化贸易与文化认同[J].思想战线,2007(03):94-98.

[301]曲如晓,李婧,杨修.文化认同对来华留学生规模的影响[J].经济经纬,2016,33(03):48-53.

[302]张文.旅游与文化[M].北京:旅游教育出版社,2001.

[303]彭雪清,夏飞,陈修谦.文化认同是中国对东盟文化产品出口的催化剂吗——基于LSDV的实证检验[J].国际经贸探索,2019,35(12):57-69.

[304]刘洪铎,李文宇,陈和.文化交融如何影响中国与"一带一路"沿线国家的双边贸易往来——基于1995-2013年微观贸易数据的实证检验[J].国际贸易问题,2016(02):3-13.

[305]Kogut B,Nath R. The Effect of National Culture on the Choice of Entry Mode[J]. Journal of International Business Studies,1988,19(3):411-432.

[306]施炳展.文化认同与国际贸易[J].世界经济,2016,39(05):78-97.

[307]康继军,孔明星,谈笑.文化认同对中国出口分行业贸易影响分析[J].国际贸易问题,2019(01):67-79.

[308]汪颖.边界条件下文化近似对"一带一路"沿线国家双边贸易的影响[J].当代财经,2021(07):103-113.

[309]赵赛.基于制度环境视角的中国OFDI的贸易效应研究——基于"一带一路"沿线64个国家的实证分析[J].经济问题探索,2022(01):166-180.

[310]聂爱云,何小钢,朱国悦,李建体.制度距离与中国对外直接投资的出口贸易效应——对"制度接近性"假说的再检验[J].云南财经大学学报,2020,36(10):20-31.

[311]潘镇.制度质量、制度距离与双边贸易[J].中国工业经济,2006(07):45-52.

[312]祁春凌,邹超.东道国制度质量、制度距离与中国的对外直接投资区位[J].当代财经,2013,344(07):100-110.

[313]文淑惠,张昕.中南半岛贸易潜力及其影响因素——基于随机前沿引力模型的实证分析[J].国际贸易问题,2017,418(10):97-108.

[314]潘伟康.农业FDI的贸易效应及其微观解释[D].浙江大学,2018.

[315]Aigner,Lovell,Schmidt. Formulation and Estimation of Stochastic Frontier Production Function Models[J]. Journal of Econometrics,1977(6):21-37.

[316]Meeusen,Broeck. Efficiency Estimation from Cobb-Douglas Production Functions with Composed Error[J],International Economic Review,1977(18):435-444.

[317]Schmidt P,Sickles R. Production frontiers and panel data[J],Journal of Business Economics and Statistics,1984,2(4):367-374.

[318]Wang H J. Ho C W. Estimating fixed-effect panel stochastic frontier models by model transformation[J]. Journal of Econometrics,2009,157(2):286-296.

[319]Battese G E,Coelli T J. A model for technical inefficiency effects in a stochastic frontier production function for panel data[J]. Empirical Economics,1995,20(2):325-332.

[320]刁莉,罗培,胡娟.丝绸之路经济带贸易潜力及影响因素研究[J].统计研究,2017,34(011):56-68.

[321]Armstrong S. Measuring Trade and Trade Potential:A Survey[J]. Crawford School Asia Pacific Economic Paper,2007(368):1-19.

[322]Bergstrand J H. The generalized gravity equation, monopolistic competition,and the factor proportions theory in international trade[J]. Review of Economics & Statistics,1989,71(1):143-153.

[323]王瑞,王永龙.我国与"丝绸之路经济带"沿线国家农产品进口贸易研究[J].经济学家,2017,000(004):97-104.

[324]王领,陈珊.孟中印缅经济走廊的贸易效率及潜力研究——基于随机前沿引力模型分析[J].亚太经济,2019(04):47-54+150-151.

[325]刘宏曼,王梦醒.制度环境对中国与"一带一路"沿线国家农产品贸易效率的影响[J].经济问题,2017(07):78-84.

[326]李村璞,柏琳,赵娜.中国与东南亚国家贸易潜力及影响因素研究——基于随机前沿引力模型[J].财经理论与实践,2018,39(05):

122-127+147.

[327]文淑惠,张昕.中南半岛贸易潜力及其影响因素——基于随机前沿引力模型的实证分析[J].国际贸易问题,2017(10):97-108.

[328]丁世豪,何树全.中国对中亚五国农产品出口效率及影响因素分析[J].国际商务(对外经济贸易大学学报),2019(05):13-24.

[329]王勇,黎鹏.基于新经济地理"3D"框架的中国与RCEP伙伴国贸易效率影响因素研究[J].经济经纬,2021,38(05):51-60.

[330]张艳艳,印梅.中国对"一带一路"国家出口贸易效率及影响因素[J].首都经济贸易大学学报,2018,20(05):39-48.

[331]蒋冠宏,蒋殿春.中国对发展中国家的投资——东道国制度重要吗?[J].管理世界,2012(11):45-56.

[332]谭秀杰,周茂荣.21世纪"海上丝绸之路"贸易潜力及其影响因素——基于随机前沿引力模型的实证研究[J].国际贸易问题,2015(02):3-12.

[333]李文霞,杨逢珉.中国农产品出口丝绸之路经济带沿线国家的影响因素及贸易效率——基于随机前沿引力模型的分析[J].国际贸易问题,2019(07):100-112.

[334]龚新蜀,乔姗姗,胡志高.丝绸之路经济带:贸易竞争性、互补性和贸易潜力——基于随机前沿引力模型[J].经济问题探索,2016(10):145-154.

[335] Battese G E,Corra G S. Estination of a production frontier model:with application to the pastoral zone of eastern Australia[J]. Australian Journal of Agricultural Economics. 1977,21(3):169-179.

[336]严佳佳,刘永福,何怡.中国对"一带一路"国家直接投资效率研究——基于时变随机前沿引力模型的实证检验[J].数量经济技术经济研究,2019,36(10):3-20.

[337]陈创练,谢学臻,林玉婷.全球贸易效率和贸易潜力及其影响因素分析[J].国际贸易问题,2016(07):27-39.

[338]王勇,黎鹏.基于新经济地理"3D"框架的中国与RCEP伙伴国贸易效率影响因素研究[J].经济经纬,2021,38(05):51-60.

[339]张亮.中国对东盟的投资效应及产业影响研究[J].山东社会科学,2021(04):137-143.

[340]王勤.面向工业4.0的中国与东盟区域合作[J].创新,2019,

13(05):17-24+2.

[341]张中元.基础设施互联互通对出口经济体参与全球价值链的影响[J].经济理论与经济管理,2019(10):57-70.

[342]冯怀宇.东盟标准化政策战略[J].标准科学.2018(6):6-10.

[343]乔小勇,王耕,朱相宇,刘海阳.全球价值链嵌入的制造业生产分工、价值增值获取能力与空间分异[J].中国科技论坛,2018(08):58-65.

[344]刘慧岭,凌丹.全球价值链重构与中国制造业转型升级——基于价值链分布的视角[J].中国科技论坛,2019(07):84-95.

[345]姜志达,王睿.中国—东盟数字"一带一路"合作的进展及挑战[J].太平洋学报,2020,28(09):80-91.

[346]卢文雯,林季红.中国与东盟跨境电商合作研究[J].亚太经济,2021(05):12-20.

[347]陈爱贞.构筑一带一路高质量发展的共建之路.https://m.gmw.cn/baijia/2022-02/16/35521682.html[EB/OL].登录时间:2022年2月16日.

[348]曾楚宏,王钊.中国主导构建"一带一路"区域价值链的战略模式研究[J].国际经贸探索,2020,36(06):58-72.

[349]熊琦.东盟国家在全球生产网络中的分工与地位——基于TiVA数据与全球价值链指数的实证分析[J].亚太经济,2016(5):51-56.

[350]王勤.全球价值链下的中国与东盟经贸关系[J].国际贸易,2019(02):40-45.

[351]任远喆."一带一路"与中国在东南亚的"高铁外交"实践[J].东南学术,2019(03):140-148.

[352]王建华."一带一路"区域建设境外产业园区的战略思考[J].技术经济与管理研究,2018(1):122-127.

[353]梁颖,卢潇潇.打造中国—东盟自由贸易区升级版旗舰项目 加快中国—中南半岛经济走廊建设[J].广西民族研究,2017(05):165-171.

[354]王建华."一带一路"区域建设境外产业园区的战略思考[J].技术经济与管理研究,2018(1):122-127.

[355]钱学锋,裴婷.国内国际双循环新发展格局:理论逻辑与内生动力[J].重庆大学学报(社会科学版),2021,27(01):14-26.

[356]吴春霞,曲林迟.RCEP:中国"双自"联动的政策选择[J].探索与争鸣,2021(10):120-129+179.

[357]马子红,余志鹏,周心馨.OFDI与产业结构升级的互动性——基于VAR模型的实证分析[J].云南民族大学学报(自然科学版),2020,29(04):401-408.

[358]刘恩专.自贸试验区(FTZ)与自由贸易区(FTA)"双自联动"的机制与对策[J].港口经济,2016(08):5-7.

[359]黄汉权.加快构建双循环相互促进的新发展格局[N].经济日报,2020-07-15(011).

[360]成汉平,宁威."大变局"视野下中国—东盟关系中的问题、挑战与对策[J].云南大学学报(社会科学版),2020,19(01):126-134.

[361]苏长和.中国地方政府与次区域合作:动力、行为及机制[J].世界经济与政治,2010(05):4-24+156.

[362]范祚军.后疫情时代中国—东盟战略伙伴关系发展前景[J].当代世界,2021(08):41-47.

[363]陆建人,蔡琦.中国—东盟人文交流:成果、问题与建议[J].创新,2019,13(02):45-54.

[364]郭业洲."一带一路"民心相通报告[M].北京:人民出版社,2018.

[365]崔新健,彭谓慧.新冠疫情影响下跨国公司企业社会责任新趋势[J].国际贸易,2020(09):14-21.

[366]刘镇,邱志萍,朱丽萌.海上丝绸之路沿线国家投资贸易便利化时空特征及对贸易的影响[J].经济地理,2018,38(03):11-20.

[367]沈铭辉.金砖国家合作机制探索——基于贸易便利化的合作前景[J].太平洋学报.2011(10):28-37.

[368]于田,杜秋.构建高新企业"走出去"的金融财政支持机制[J].国际融资,2018(08):28-29.

附　图

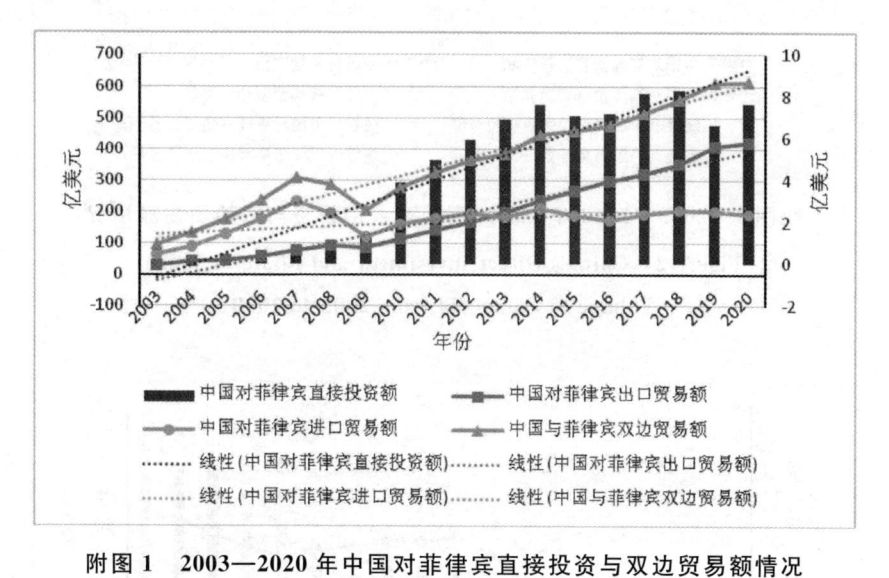

附图1　2003—2020年中国对菲律宾直接投资与双边贸易额情况

Figure 1　China's Direct Investment and Bilateral Trade Volume to Philippines from 2003 to 2020

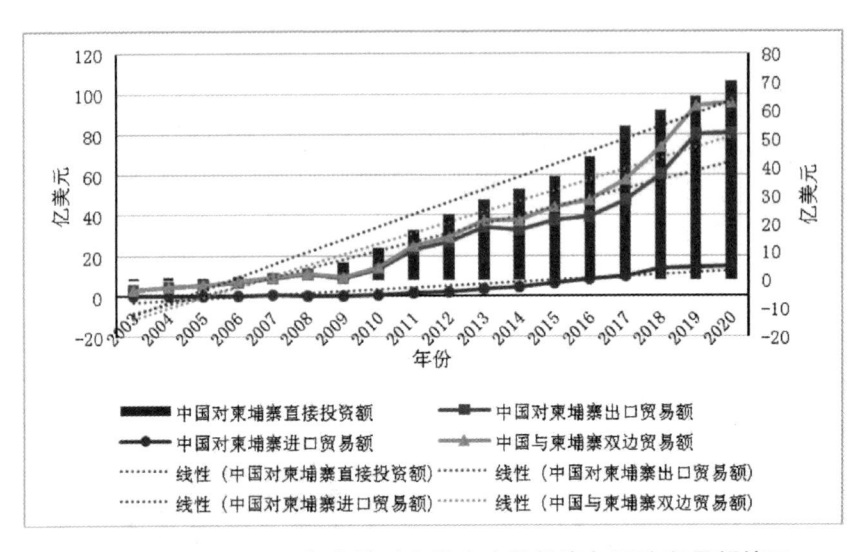

附图 2　2003—2020 年中国对柬埔寨直接投资与双边贸易额情况

Figure 2　China's Direct Investment and Bilateral Trade Volume to Cambodia from 2003 to 2020

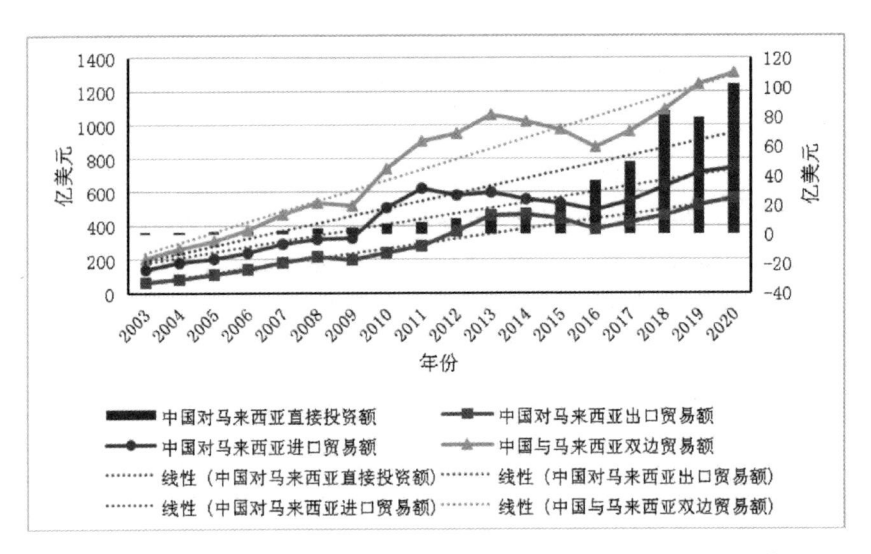

附图 3　2003—2020 年中国对马来西亚直接投资与双边贸易额情况

Figure 3　China's Direct Investment and Bilateral Trade Volume to Malaysia from 2003 to 2020

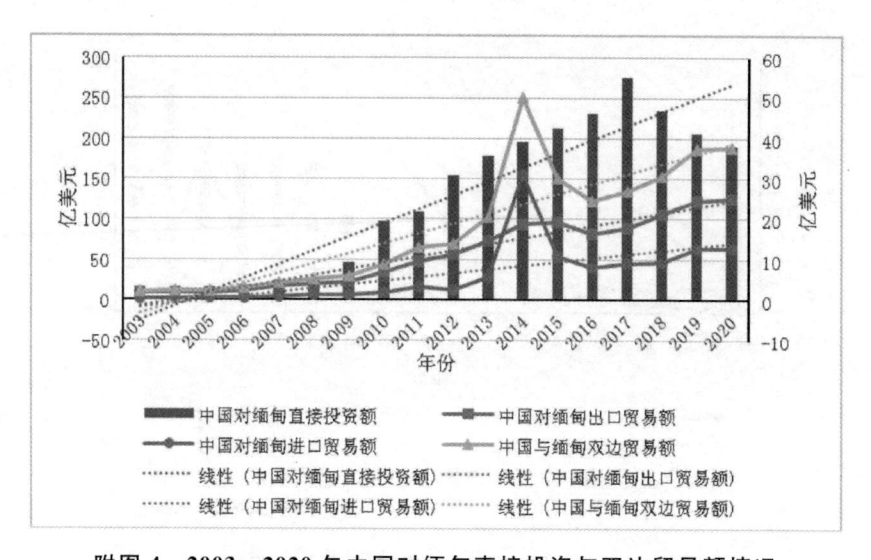

附 图

附图4 2003—2020年中国对缅甸直接投资与双边贸易额情况

Figure 4　China's Direct Investment and Bilateral Trade Volume to Myanmar from 2003 to 2020

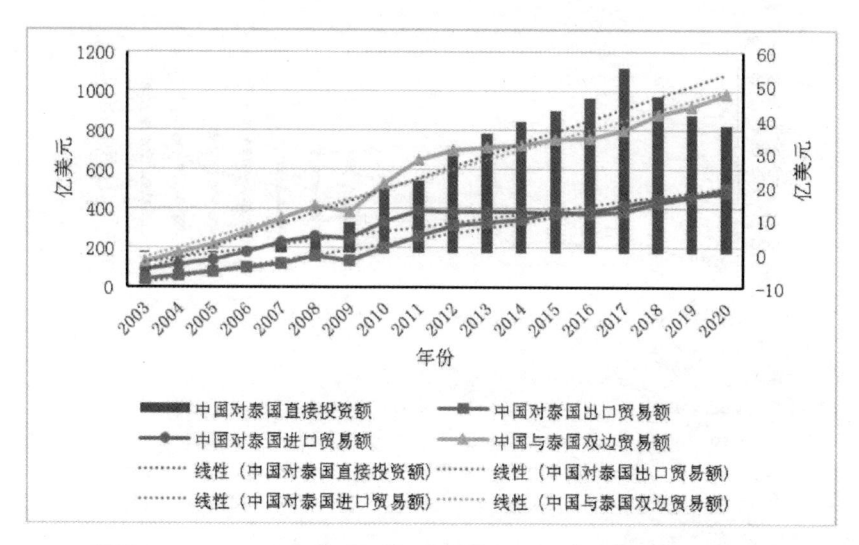

附图5 2003—2020年中国对泰国直接投资与双边贸易额情况

Figure 5　China's Direct Investment and Bilateral Trade Volume to Thailand from 2003 to 2020

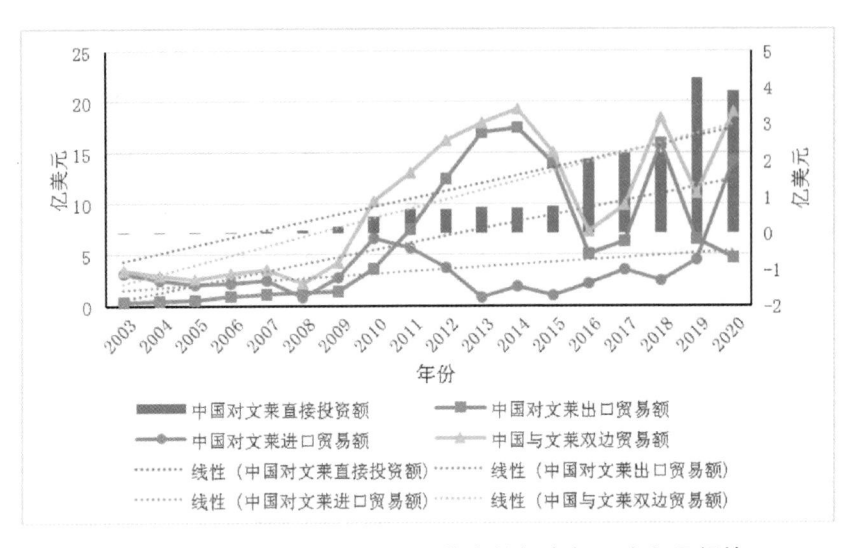

附图 6　2003—2020 年中国对文莱直接投资与双边贸易额情况

Figure 6　China's Direct Investment and Bilateral Trade Volume to Brunei from 2003 to 2020

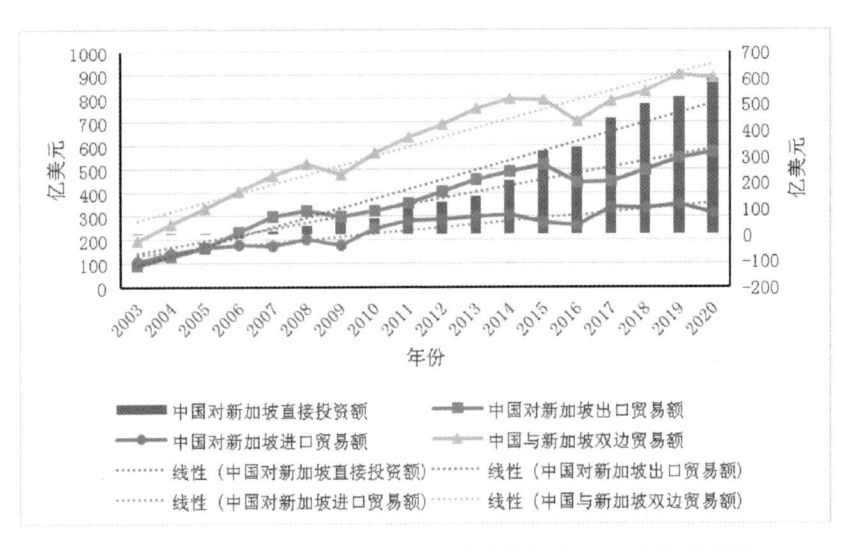

附图 7　2003—2020 年中国对新加坡直接投资与双边贸易额情况

Figure 7　China's Direct Investment and Bilateral Trade Volume to Singapore from 2003 to 2020

附 图

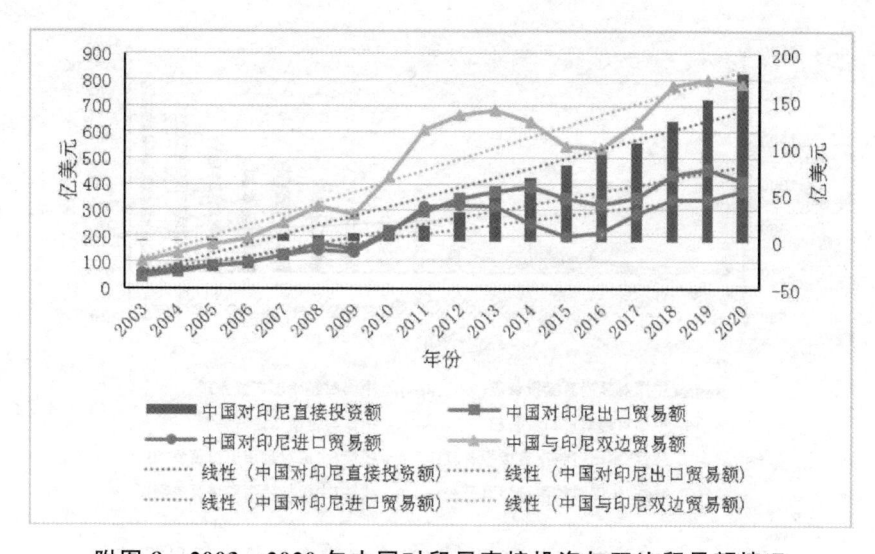

附图8 2003—2020年中国对印尼直接投资与双边贸易额情况

Figure 8 China's Direct Investment and Bilateral Trade Volume to Indonesia from 2003 to 2020

附图9 2003—2020年中国对老挝直接投资与双边贸易额情况

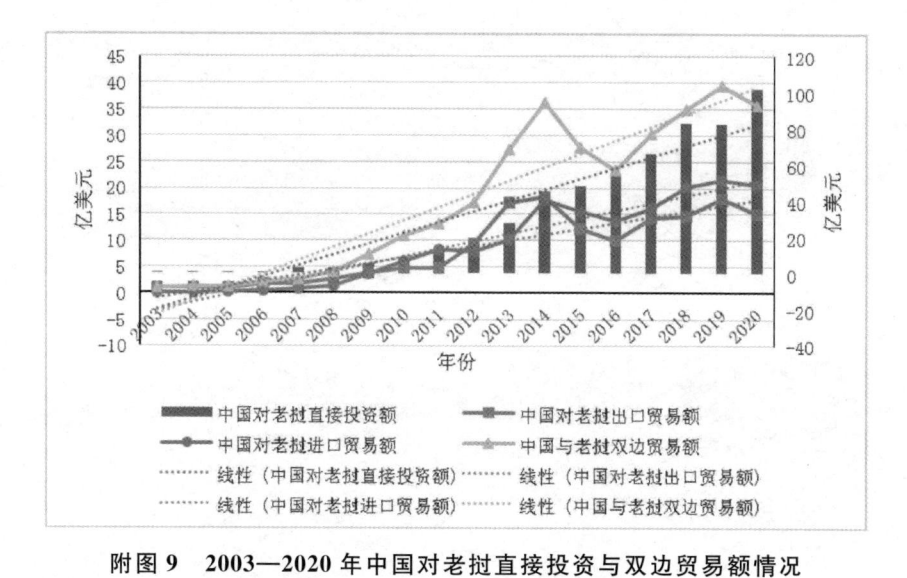

Figure 9 China's Direct Investment and Bilateral Trade Volume to Laos from 2003 to 2020

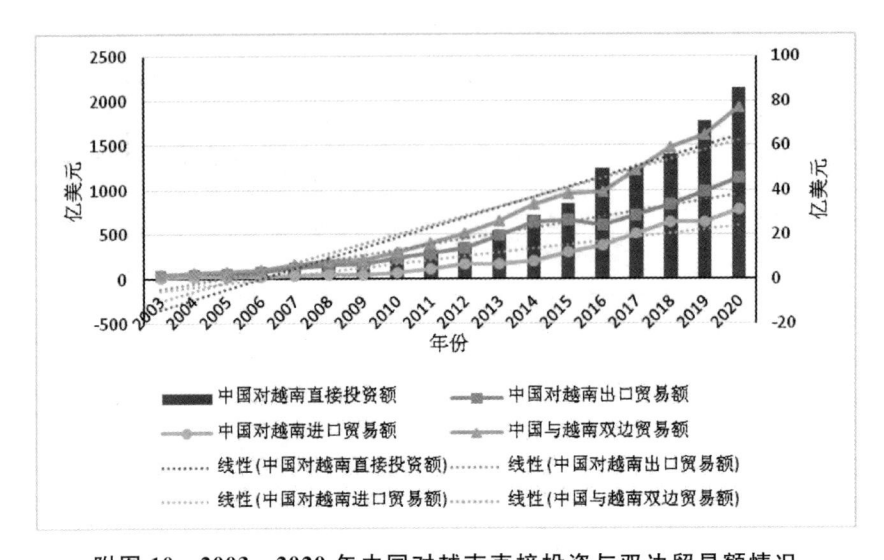

附图 10　2003—2020 年中国对越南直接投资与双边贸易额情况

Figure 10　China's Direct Investment and Bilateral Trade Volume to Vietnam from 2003 to 2020